Oscar storia

Edgarda Ferri

Maria Teresa

Una donna al potere

Arnoldo Mondadori Editore

I edizione Le Scie aprile 1994
I edizione Oscar saggi settembre 1995

ISBN 88-04-42449-4

Questo volume è stato stampato
presso Arnoldo Mondadori Editore S.p.A.
Stabilimento Nuova Stampa - Cles (TN)
Stampato in Italia - Printed in Italy

Ristampe:

1 2 3 4 5 6 7 8 9 10 11 12

1996 1997 1998 1999 2000

La prima edizione Oscar storia
è stata pubblicata in concomitanza
con la prima ristampa
di questo volume

INDICE

MARIA TERESA

I
NASCITA DI MARIA TERESA.
LA «GRANDE FAMIGLIA ASBURGO».
LA PRAMMATICA SANZIONE

L'imperatrice Elisabetta Cristina ha le doglie. Rannicchiata in una poltrona, stringe fra le mani un libro di preghiere. Ha paura. Pochi mesi prima, suo figlio Leopoldo è morto ancora bambino, ucciso da una febbre intestinale. Ora, la grande Casa d'Asburgo attende imperiosamente da lei un altro maschio. E sano.

L'imperatore Carlo sta dormendo a Laxenburg. Nella dimora che ama più di ogni altra, ha mangiato e bevuto insieme agli amici dopo una partita di caccia alla volpe. Ricca di foreste e di selvaggina, Laxenburg non è lontana da Vienna. Per l'imperatore, che non sopporta i cortigiani e gli amministratori corrotti della capitale, è un ristoro, una nicchia. Carlo è arciduca d'Austria, re d'Ungheria, re di Boemia, e imperatore del Sacro Romano Impero col nome di Carlo VI. Ha trentun anni, una figura massiccia e, come la moglie, è biondo. La sua carnagione olivastra mette in risalto gli occhi di porcellana azzurra e le labbra sporgenti, mentre un'indomabile malinconia spegne il suo volto lungo e severo. Da due anni, è l'unico erede dello smisurato patrimonio paterno. La morte dell'intraprendente e brillante fratello maggiore, Giuseppe, era stata improvvisa.

Carlo chiama sua moglie Liesel, Lisetta. Elisabetta Cristina di Brunswick, di carattere riservato e risoluto, ha venticinque anni ed è molto bella. Chiusa oramai da otto ore nella «stanza del parto» della Hofburg, insieme a un medico, una levatrice e tre dame di corte, verso le due del mattino ordina brevemente: «Avvertite Sua maestà».

Ancora prima dell'alba, un messaggero raggiunge Laxenburg. Con ossessiva convinzione, Carlo è schiavo di un'etichetta soffocante, appassionatamente assorbita da quella spagnola quando viveva fra Barcellona e Madrid. Questa volta, però, non rispetta le regole. Anziché in carrozza e in corteo, sprona il cavallo verso Vienna, solo.

La voce della precipitosa nascita del tanto atteso erede, prevista soltanto tra due o tre settimane, ha già fatto il giro delle piazze e dei vicoli. Ammassati sotto il nero cancello di ferro della Kärtner, la porta più vicina alla Hofburg, la residenza imperiale, accovacciati per terra, in carrozza, in portantina, giocando ai dadi, o facendo solitari con le carte, nobili e popolani spiano le due finestre illuminate dove Elisabetta Cristina sta per partorire. Senza frenare il galoppo, Carlo passa impetuosamente fra loro.

Alle sette e mezzo precise, la campana della torre della cattedrale, che il popolo conosce come *Steffl*, Stefanino, si scatena in un concerto vivace e brevissimo. L'imperatrice ha partorito, il neonato è vivo. La folla corre giù per la tortuosa Kohlmarkt, calpesta il camposanto in disuso di Santo Stefano, e in disordine si ammucchia intorno alla chiesa. Già dalla notte precedente, in molti hanno scommesso in denaro sul sesso del figlio del Kaiser.

Di lì a poco, da una portantina coperta, l'espressione indecifrabile e la parrucca di boccoli gonfi, scende gravemente l'imperatore. A piedi, percorre la navata centrale dell'immensa costruzione gotica sfilando, senza alzare lo sguardo, davanti a una selva polverosa di bandiere, lacero e costoso trofeo delle vittorie contro i turchi. Infine, irrigidito nell'abito di damasco nero, siede sull'imponente trono protetto dal baldacchino dorato, alla destra dell'altare maggiore. Nel silenzio richiesto dalla circostanza, il coro dei canonici intona il *Te Deum*. La bella voce da basso di Carlo, cadenzata e solenne, sovrasta quella di tutti gli altri. Quando canta l'imperatore, è prudente tenere toni sommessi. Carlo canta il *Te Deum*, ma senza evidente entusiasmo. L'imperatrice ha partorito una bambina.

Delusa, la folla sciama per le strade sudice e fangose della città. Il popolo si avvia svogliatamente al lavoro nelle soffitte delle case intorno alla piazza del Graben. Cantilenando, gli ambulanti spingono i loro carretti carichi di mercanzie d'ogni genere agli angoli dei vicoli soffocati dall'altezza vertiginosa degli edifici. Chi non ha niente da fare, torna a curiosare davanti alla Hofburg. Per tutta la giornata, intorno ai bisunti tavoli delle taverne, e a quelli delle mense principesche scintillanti di porcellane e cristalli, si spettegola sulla nascita inopportuna di una femmina.

Carlo e sua moglie erano stati cinque anni senza avere figli. Addirittura si mormorava che la sposa fosse sterile, ed è un miracolo se sono nati, uno di seguito all'altro, il defunto Leopoldo e la bambina ancora priva di un nome. Col fastidio e la noia stampati sul viso terreo, l'imperatore si figura il vespaio che lo assalirà a corte. Già più di una volta era stato obbligato a zittire bruscamente ambasciatori, ministri e consiglieri quando, con allusioni fin troppo eloquenti, gli facevano intendere quanto provvidenziale sarebbe stata la morte di Liesel, che gli avrebbe consentito così di trovare una donna capace di dargli il maschio che tutti aspettavano. Per dominare l'ansia, sua sconvolgente compagna, il giovane padre snocciola fra le grosse labbra scarlatte una sequela di *Paternoster*.

Al tramonto di quello stesso giorno, preceduto da tre secchi squilli di trombe, esce dalla Hofburg il corteo imperiale. Secondo l'usanza, si deve subito battezzare la bambina nella cattedrale di Santo Stefano, patrono della città. Tesi fino allo spasimo nell'impegno di dare una sacra rappresentazione di sé, sfilano gli Asburgo dentro le carrozze dorate, le ruote posteriori altissime, le fiancate dipinte con stemmi, fiori, angeli e santi, i vetri molati, le imbottiture di velluto rosso. Tra un fitto bisbiglio e un irrequieto tappeto di schiene ricurve in profondi inchini, carichi di gioielli e pennacchi, i cavalli ingualdrappati avanzano con cautela per non scivolare sul perenne pantano della Kohlmarkt.

Apre Carlo con un tiro a otto, il volto e le mani imprigionati fra alte e inamidate trine bianche. Le gemme della corona e della croce che gli pende sul petto, scintillano fra il tremolio delle lanterne. Dopo di lui, avanza la carrozza della bambina, che ha assunto automaticamente il titolo di granduchessa. La bambina è fra le braccia del principe di Liechtenstein, raffinato collezionista di opere d'arte, proprietario del nuovissimo palazzo barocco costruito nel sobborgo di Rossau. «Hans il ricco», lo chiamano. Tanto ricco da aver comprato campi, boschi e intere montagne in Svevia e in Ungheria, e possedere un forziere colmo di un milione di fiorini. Gli Asburgo ricavano denaro soprattutto dalle tasse riscosse dai commercianti e dai contadini. Chiesa e nobiltà, possidenti di terre sconfinate, sono esentati dai tributi. Tuttavia, in cambio di titoli e favori imperiali, i nobili elargiscono periodicamente armi, munizioni, interi eserciti. Il privilegio di reggere la neonata fra le braccia spetta al principe di Liechtenstein perché, in questo preciso momento, risulta il maggior creditore di oro e ingentissime somme della Casa d'Austria.

La bambina indossa una lunga camicia di tulle bianco, fittamente ricamata d'oro e schegge di diamanti. Mentre la vestivano, le dame di corte avevano sfiorato, fra gridolini stupiti, il suo collo sottile e le mani delicate, eredità della madre. Un nastro di raso adorna la cuffia arabescata con minuscole perle, e una coperta di ermellino la difende dall'umidità della sera. Il principe di Liechtenstein la tiene sollevata all'altezza dei finestrini, in modo che i viennesi possano vederne, almeno, il candido e luminoso involucro

In terza posizione, meno imponente, con ruote più piccole e meste imbottiture brune, segue la carrozza della vedova di Giuseppe. L'ex imperatrice Amalia siede fra le due figlie, Maria Giuseppa e Maria Amalia. Fino all'ultimo istante, la maggiore delle ragazze aveva avuto buone probabilità di aspirare alla successione diretta. Infatti, dieci anni prima, con la sorprendente risoluzione che prendeva in considerazione la successione al trono anche per una donna, il nonno paterno Leopoldo aveva deciso che, qualora Giuseppe fosse morto senza discendenza maschile, le corone d'Austria, Ungheria e Boemia sarebbero passate a Carlo. Se neppure Carlo, però, avesse generato maschi, l'eredità avrebbe privilegiato la figlia maggiore del primogenito.

Fino alla seconda gravidanza di Elisabetta Cristina, la morte del piccolo «Poldi» aveva dato un buon motivo di speranza alla vedova e alle principesse orfane, mentre la nascita di una femmina le aveva brevemente illuse di tornare ad abitare, un giorno, nell'ala imperiale della Hofburg. Ma l'ordine delle carrozze, stabilito senza esitazione dal padre della nuova granduchessa, equivale a un perentorio messaggio a cognata e nipoti. Se un maschio non fosse mai nato, dopo di lui avrebbe governato Maria Teresa Walburga Amalia Cristina d'Asburgo, venuta al mondo a Vienna, il 13 maggio 1717. Con questi nomi viene infatti battezzata la figlia di Carlo, mentre un'ampolla contenente cinque gocce del fiume Giordano è religiosamente versata nel fonte battesimale dopo che, sul fondo, l'arcivescovo ha deposto una reliquia: una spina della corona di Cristo. Padrino del battesimo, il nunzio pontificio Spinoza. Madrine, le vedove di due imperatori Asburgo: l'afflitta zia Amalia e la nonna paterna Eleonora del Palatinato.

Il corteo lascia la cattedrale verso le nove di sera. Fra le braccia di una dama di corte, Maria Teresa viene ricondotta nella Leopoldinischer Trakt, l'abitazione privata della coppia imperiale nel complesso della Hofburg. È un edificio di tre piani, rinnovato dopo un incendio che lo aveva distrutto quasi vent'anni prima, bianco e lungo, la servitù nelle soffitte, il corpo di guardia al pianterreno, le inferriate in ferro nero e dorato contro ampie e squadrate finestre.

L'interno è sfarzoso, impreziosito da stucchi, affreschi, porcellane, specchi, oro, tappeti, sete e broccati scelti dall'elegante e ambizioso imperatore. Ordinatamente ingabbiate in griglie di legno bianco, le vetrate si aprono, da un lato, sul cortile interno; verso l'esterno, si allineano invece lungo la piazza vasta e cintata da tigli giganteschi, destinata alle parate militari.

Per i parenti più prossimi, viene servito un quieto e composto pranzo. Vegliata da due dame di corte, Elisabetta riposa nella sua stanza sotto un baldacchino sovrastato dalle insegne imperiali. Mentre le battezzavano la figlia, ha pregato diligentemente in presenza del cappellano di corte. Fin dal suo arrivo a Vienna, le sue maliziose e bigotte dame di compagnia avevano sparso la voce che la nipote dell'autorevole duca di Brunswick-Wolfenbüttel, nata luterana e divenuta cattolica senza convinzione, professasse con apparente fervore la religione del marito, ma, in privato, seguitasse a recitare il Credo ribelle di Martin Lutero.

La disposizione delle carrozze non ha gettato nella confusione soltanto l'ex imperatrice madre e le sue figlie orfane. Il corteo si era appena mosso verso la cattedrale di Santo Stefano, e già gli ambasciatori, gli osservatori, le spie, avevano inviato preoccupanti messaggi alle case regnanti dell'intera Europa. Assegnando la precedenza alla carrozza della neonata, anziché a quella della cognata e delle nipoti, Carlo ha sottolineato la ferma volontà di riconoscere a sua figlia il pieno diritto all'eredità di tutti i beni degli Asburgo. Un sopruso evidente, che coinvolge sia le figlie di Giuseppe, che avrebbero potuto vantar precedenze grazie alle disposizioni del nonno, sia molti altri principi, granduchi e monarchi imparentati con loro.

L'inequivocabile violenza, tuttavia, non avrebbe dovuto sorprendere più di tanto. Nel 1713, Carlo VI aveva infatti compiuto una mossa con la quale aveva sovvertito ogni norma lecita e legale in materia di successione. Il gesto, reso pubblico come Prammatica sanzione, perché autonomamente promulgato con decreto imperiale, all'inizio era sembrato così paradossale che nessun pretendente l'aveva preso sul serio. Tanto più che Carlo, a quel tempo, non aveva figli. Né sua moglie aveva l'aria di metterne al mondo, dopo cinque anni di matrimonio sterile.

Carlo aveva ventotto anni, quando aveva ereditato tutti i possedimenti asburgici. Il documento paterno, che stabiliva la successione della primogenita di Giuseppe nel caso fossero morti senza discendenza maschile sia lui che suo fratello, lo inquietava costantemente e aumentava la sua naturale insicurezza. Accentratore orgoglioso, non poteva piegarsi all'idea che le sue creature, per quanto non ancora nate, dovessero venir scavalcate dalla granduchessina Maria Giuseppa. Ma ancora più insopportabile, per lui, era l'incubo di lasciare alla sua morte un'eredità ambigua e confusa, così da provocare l'unica, vera catastrofe temuta da tutti gli Asburgo nel corso della loro lunghissima egemonia: la divisione delle terre e dei beni; lo sbriciolamento di tutto ciò che avevano riunito nel corso di tanti secoli; lo smembramento dei possedimenti fra gli innumerevoli sovrani d'Europa che potevano vantare qualche diritto. La «Erzhaus», come si ripetevano gonfiando le gote di padre in figlio. L'amatissima «Casa», ridotta al fantasma di ciò che era stata. Impensabile.

Al momento di promulgare la Prammatica sanzione, la Erzhaus governata da Carlo aveva come sede principale Vienna e possedeva il granducato d'Austria, comprendente anche il Tirolo, la Stiria, la Carinzia e la città di Trieste, strategicamente aperta sull'Adriatico. Inoltre, era padrona del vescovato di Trento, della Brisgovia nella Foresta Nera, del principato di Burgau e della Carniola; dei regni di Boemia, comprendenti la Slesia e la Moravia, dell'Ungheria, della Croazia, il Banato, la Transilvania. Più a nord, governava i Paesi Bassi spagnoli (attuali Belgio e Lussemburgo). In Italia, il Milanese e Mantova. Infine, il porto di Coblon, sulla costa del Coromandel. Tutti popoli inquieti, differenti fra loro per religioni e culture.

Terre vaste ricche di pascoli, campi, bestiame e miniere, intrise del sangue di chi, invano, le aveva difese. Quando Carlo fosse scomparso, niente e nessuno avrebbe potuto impedire rivendicazioni più o meno legittime, e la conseguente frantumazione degli sterminati possedimenti. Occorreva pensare al futuro. Era necessario compiere un atto definitivo, con prestigio e con forza.

L'atto conosciuto come Prammatica sanzione viene reso noto alle dieci di mattina del 19 settembre 1713, nella sala del trono della Hofburg. Una riunione pubblica, tutti in piedi lungo le pareti, solo Carlo seduto, due crocefissi d'argento e due candele accese sul tavolo. Con voce cantilenante, un ignoto scrivano legge il documento che cambierà la storia d'Europa. Qualora Carlo abbia un figlio maschio, verranno scavalcate le due femmine del fratello Giuseppe. Qualora Carlo abbia soltanto femmine, si procederà come se la maggiore di queste fosse un maschio. Niente altro. Da quel giorno, Carlo non riposa più. Né mai può abbandonarsi alla serena certezza che la creatura nata dal suo sangue avrà i suoi stessi diritti. Per tutta la vita che gli resta, deve difendere fino al delirio un diritto usurpato, pagando prezzi talvolta altissimi. Ma niente, e nessuno, oserà modificare le insegne del grandioso potere che gli hanno trasmesso i suoi avi.

II

MARIA TERESA BAMBINA. IL FIDANZAMENTO CON CLEMENTE DI LORENA

Volando sui pattini e schioccando le fruste, otto valletti disegnano una danza festosa intorno alla minuscola slitta dorata trainata da due cavallini bianchi, guidata da una bambina in cuffia e guanti di pelo. Fischiando impettito dietro il sedile, un uomo in giubba rossa e parrucca coordina le mosse del festoso carosello sulla piazza deserta all'interno della Hofburg dove, fino a poche ore prima, non c'era ombra di ghiaccio. È stato l'imperatore a ordinarne l'allagamento. Il freddo invernale di una notte di luna piena l'ha trasformata in un compatto cristallo sul quale potrà divertirsi, e respirare aria frizzante, sua figlia Maria Teresa.

Resel, viene chiamata in famiglia. Teresina. È bella. Occhi azzurri e vivaci, carnagione rosea, labbra golose e dal sorriso spontaneo, fronte ampia e bombata, capelli biondi con riflessi ramati. Di salute fragile, è però riuscita ad evitare il vaiolo che, con imparziale costanza, distribuisce sofferenza, deturpazione e lutti anche dentro le mura della corte. Tra prevedibili imbarazzi, e limitate felicitazioni, le è nata una sorella battezzata col nome di Maria Anna. Le separa soltanto un anno di età. D'aspetto identico, hanno un temperamento del tutto differente. Tanto Maria Teresa è estroversa, così Maria Anna è silenziosa, chiusa.

L'imperatore ha stabilito per le figlie un'educazione che prevede soltanto nozioni adatte alla vita mondana. All'età di sei anni, a Maria Teresa è stato assegnato il critico d'arte italiano Antonio Bertolla, perché la eserciti nel disegno.

Il celebre Giorgio Wagenseil le insegna musica. La contessa Carlotta Fuchs le impartisce lezioni di etichetta e portamento. A Resel piace dipingere all'acquerello, danzare il minuetto, tirare con l'arco, suonare la spinetta, cantare, mascherarsi, recitare. Va pazza per il melodramma, e si è già esibita sul palco del teatro di corte dove, davanti a un pubblico composto da parenti e ambasciatori, ne ha cantato uno intero, interpretando tutte le parti. Issato sul podio, maestoso come sul trono, l'aveva diretta l'imperatore suo padre che, dell'opera, era anche l'autore.

Carlo è un uomo grave e pedante, che ha imposto per legge la snervante etichetta spagnola appresa negli anni in cui combatteva per conquistare la corona di Spagna. Fatta eccezione per le calze scarlatte, veste soltanto di nero, esige un cerimoniale rigoroso, scandito con esasperata lentezza secondo regole ferree di precedenze e conteggio di inchini. Bigotto fino alla superstizione, così come lo era stato suo padre, passa molto tempo a pregare nella cappella di corte e a visitare, con pesanti e costosissime scorte, gli innumerevoli santuari austriaci ai quali invia casse di fiorini perché siano rinnovati, ampliati, gonfiati d'oro e di volute barocche. Non sorride mai. Nessun sentimento, o emozione, trapela dal suo volto fermo e imbronciato, già trasformato in monumento di sé.

Non colto e raffinato come Leopoldo, Carlo ha ereditato da lui una passione quasi maniacale per la musica e l'architettura. È un uomo noioso. Col tempo, la sua malinconia si è accentuata. La depressione lo ammutolisce per lunghi periodi. Nei momenti dell'ira, intorno a lui piomba un silenzio sgomento, mentre i cortili della Hofburg, solitamente animati da un viavai di impiegati chiacchieroni e famigli buontemponi, si pietrificano in una calma terrorizzata.

Pura immagine del falso, Carlo riesce a tornare se stesso soltanto in privato, ben protetto fra le mura della Leopoldinischer Trakt; nell'amato castello di Laxenburg, dove va a caccia; nel palazzo della Favorita, dove vive quasi abitualmente la sua famiglia. Con la moglie e le figlie è disteso, cordiale. Nei rari istanti di tenerezza, l'imperatrice torna ad essere la sua «bianca, saggia Lisetta», mentre un'incerta, estatica beatitudine, scioglie il suo pigro sguardo celeste soltanto quando può suonare il violino. Compone più che dignitosamente persino opere intere, e spesso invita per lunghe conversazioni l'erudito veneziano Apostolo Zeno, da lui chiamato a Vienna come poeta di corte e abituato a dargli sempre ragione.

Come tutti i depressi, Carlo ha brevi ma accesi lampi di entusiasmo. Si scatena allora in festeggiamenti sbalorditivi, nel tentativo di eguagliare il fasto dei re di Francia. Elisabetta Cristina sta quietamente in disparte. Per quanto si mormori che sia molto influente sul marito, appare di rado e soltanto nelle occasioni ufficiali. Per temperamento, o destino, anche lei sorride a fatica, esprimendo un'aria scontenta, rassegnata. Vivrà assai più a lungo del marito, enorme e triste balena costretta a rinunciare alla sua religione per la ragion di Stato, e mai del tutto amata dai suoi popoli. Prima di lei, nessuna imperatrice aveva negato un maschio agli Asburgo. Non saprà darsene pace. Del resto, neanche l'Austria la perdonerà mai.

Da aprile a settembre Carlo e la sua famiglia vivono alla Favorita, una villa non grande ma piena di luce e di verde, in cima a un'altura fuori dalle mura. Protetta da una cancellata di ferro, la Favorita è poco distante dalla costruzione appena iniziata della Karlskirche, grandioso tempio voluto dall'imperatore; quasi di fronte al Belvedere non ancora del tutto ultimato, spettacolare residenza estiva del principe Eugenio di Savoia; e appena un poco più in alto della Paulanerkirche, una chiesa barocca dalla facciata appesantita da un numero esorbitante di statue di santi.

Come tutti i nuovi e ricchi edifici della capitale, anche la Favorita ha un aspetto sobrio, poco appariscente. Sulle lunghe facciate, è stato steso un liscio intonaco bianco. Le porte, le finestre, i balconi, hanno decorazioni di stucco rigorosamente grigio. L'interno di queste dimore dai tetti spioventi, progettate da architetti italiani in gara con altrettanto brillanti colleghi austriaci, è però scintillante e sfarzoso. I loro giardini, le pinacoteche, i teatri, sono sottoposti a rifacimenti e ricostruzioni convulse nella perpetua ricerca di superare in splendore, grazia e ricchezza, l'irraggiungibile Versailles. Le case delle famiglie Schwarzenberg, Liechtenstein, Khevenhüller, Zinzerdorf, Harrach, Kinsky, Schönborn, Eszterházy, costruite nei sobborghi appena fuori città, sono autentiche regge dove, talvolta, Carlo si degna di andare in visita.

Maria Teresa e Maria Anna vivono con persone adulte, e raramente frequentano altri bambini. Fra i parenti, del resto, la scelta è misera. La giovanissima cugina Maria Amalia sta per sposare il principe Carlo Alberto di Baviera, mentre Maria Giuseppa, la primogenita del defunto zio Giuseppe, è già stata data in moglie al principe Augusto di Sassonia.

La malinconia ha sopraffatto Maria Anna. Maria Teresa si difende dalla solitudine sfogandosi in spericolate cavalcate nel parco. Suo padre gliele ha invano proibite, ritenendo che la figlia di un imperatore abbia il dovere di impegnarsi soprattutto a imparare le buone maniere, il minuetto e il ricamo. Esercizi che Maria Teresa conosce benissimo, e tuttavia non le bastano. La contessa Fuchs è sua complice, e l'imperatrice è palesemente gelosa di questa donna vivace e intelligente che organizza per l'irrequieta bambina gite fuori le mura, e l'aiuta a scegliere originali travestimenti per le sere di sabato, quando la famiglia Asburgo si riunisce al completo e, tutti insieme, si esibiscono in balli, cori, canzoni e recite di poesie o madrigali. Sul modo di condurre la loro vita privata, da piccoli borghesi che si divertono al profumo della torta di mele, in Europa si parla come di una bizzarria, una stranezza quasi inconcepibile soprattutto in un uomo come Carlo, vittima consenziente di un'etichetta antiquata e impietosa.

La maggioranza degli istitutori di corte appartiene all'ordine dei gesuiti, in Austria tanto influenti da tenere ben stretto in pugno il monopolio dell'insegnamento. Essendo una femmina, i maestri impartiscono a Maria Teresa distratte e supponenti lezioni di matematica e scienze. La bambina scrive malissimo. Pessima calligrafia, ortografia insufficiente, lessico trascurato. Nelle occasioni ufficiali, l'imperatore e l'imperatrice si esprimono in latino, di cui Carlo è padrone. Abitualmente conversano in francese, usando molte parole italiane. In pubblico, anziché del tedesco, amano servirsi del dialetto viennese. Maria Teresa usa una sorta di esperanto, approssimativo e raffazzonato, che stride coi suoi modi pieni di grazia. Fin da piccola è spontaneamente civetta, e sa prendersi in giro con tanta leggerezza da farsi perdonare gli accenti sbagliati e gli strafalcioni. «Una simpatica peste», dicono di lei.

Maria Teresa gioca con cavalli, marionette, trottole, palle, birilli di legno e cartone pressato. Le sue bambole sono di pezza imbottita, la cui faccia di porcellana dipinta ha un'espressione attonita, già adulta. Anche l'aspetto della bambina è stato prontamente mutato in quello di una donna. Per ordine del padre, ogni mattina le arricciano i capelli con ferri arroventati, li immobilizzano con forcine, li opprimono con pesanti acconciature. Obbedendo a una moda spietata, le strizzano il busto in corsetti trapuntati d'oro, d'argento, di gemme, e la costringono dentro gonne pesanti e tanto larghe sui fianchi che, passare per certe porte, o percorrere certe scale, risulta rischioso e difficile. Se Maria Anna subisce, sottoponendosi alla tortura della complessa vestizione, Maria Teresa protesta, e sempre più spesso disobbedisce. In poco tempo la trasgressione diventa la sua più evidente caratteristica. Ama scherzare, anche in presenza di estranei. In questa creatura spontanea, che dimentica le cuffie e le parrucche nei corridoi della Hofburg, e interviene nelle conversazioni anche quando non le è stato dato il permesso, la spodestata zia

Amalia riconosce l'acceso temperamento del marito scomparso.

Come accade in tutte le corti d'Europa, Maria Teresa viene fidanzata giovanissıma, e per motivi di interesse. Ha infatti da poco festeggiato il suo sesto compleanno quando la informano che è stato scelto per lei il quindicenne Clemente, nipote del duca di Lorena. L'unione fra una piccola Asburgo e un Lorena è stata suggerita all'imperatore da Eugenio di Savoia, il principe mercenario che, per quasi tutta la vita, aveva combattuto al servizio della Casa d'Austria. Astiosamente, Carlo invidia le indiscusse qualità dell'austero e leale soldato. Tuttavia, lo rispetta e lo ascolta. È l'uomo che vince le guerre, colui che tiene alto il nome della nazione a dispetto di errori e incertezze del suo stesso re. Per l'Austria, Eugenio è una bandiera.

È innanzitutto per gratitudin, che il Savoia sostiene il matrimonio fra i due ragazzi. Nella cacciata definitiva dei turchi dai confini dell'impero austriaco, Carlo di Lorena si era rivelato un alleato prezioso e generoso. Né va sottovalutata la parentela che lega i Lorena e gli Asburgo. Il nonno di Clemente e quello di Maria Teresa erano cognati. «Coi tempi che corrono», aveva mormorato all'imperatore il prudente consigliere, «è rassicurante sapere chi ci si porta in casa». Tanto più se la sposa diventerà, come sembra, erede assoluta.

La Prammatica sanzione ha provocato malumori e perplessità in ogni parte d'Europa. Finora, tuttavia, le reazioni sono state soltanto verbali. Dopo la nascita di Maria Teresa, Carlo si comporta in modo che non rimangano dubbi sulla serietà del suo atto, assegnando alla figlia primogenita un posto privilegiato nelle cerimonie ufficiali. Non si preoccupa affatto che questa ragazzina spensierata venga preparata ai difficili compiti di governo. A parte l'etichetta e le buone maniere, Resel non riceve una sola lezione di storia, geografia, finanza, ordinamento militare, politica.

Già fidanzata, la piccola granduchessa compie il suo primo viaggio ufficiale a Praga, dove assisterà alla consacrazione del padre a re di Boemia, sfilando a capo di un convoglio tutto suo, un suo seguito, e con uno sterminato bagaglio. La notte della vigilia, dorme fra i fantasmi dell'inquietante e capricciosa reggia sulla collina di Hradčany, che l'avo Rodolfo aveva trasformato nella più grande e superba galleria d'arte d'Europa e ora, dopo la spropositata ruberia dei bavaresi e degli svedesi durante la guerra dei trent'anni, è ridotta a pochi e disastrati ricordi.

La cerimonia è fastosa, rutilante di bandiere, esibizioni, rulli di tamburi, fuochi artificiali, messe, processioni, folle nervose e arcigne, nobili rivestiti e incipriati per l'occasione. Negli anni passati, gli Asburgo avevano sconvolto e decimato quella che era ritenuta la più bella città d'Europa. Bruciati, torturati, esiliati gli ebrei, i luterani e i ribelli, per piegare Praga alla religione cattolica, Leopoldo e Carlo l'avevano invasa fanaticamente con eserciti di aggressivi gesuiti, petulanti cappuccini e intriganti domenicani che subito, fin sotto ai fianchi del castello, si erano impegnati all'abbattimento sistematico dei severi edifici gotici per costruire conventi, chiese cariche di fregi d'oro, abbazie principesche. E poi, da lì, avevano esercitato il loro incombente, soverchiante potere.

Fra la madre e la sorella minore, issata su uno sgabello sulla tribuna eretta al termine dell'antichissimo ponte che unisce la Città Vecchia con la cittadella di *Malá Strana*, Maria Teresa assiste al complesso passaggio del corteo imperiale verso la cattedrale di San Vito, in cima all'altura di Hradčany. Il ponte porta il nome dell'imperatore boemo Carlo IV, e si va sempre più popolando di giganteschi e scuri santi di pietra, spettri allarmanti che sembrano muoversi alla luce delle torce, grotteschi e deformi sotto gli alti cappucci di neve negli interminabili inverni. Suo padre indossa un pesante mantello di velluto rosso, ricamato con perle e diamanti. La giubba risplende di decorazioni e medaglie. Dal collo, ondeggiano a ogni suo passo catene tempestate di smalti e pietre preziose. Scintillano le calze di seta bianca, tessute con fili d'oro a motivi di corone, fiori, arabeschi, monogrammi. È una visione maestosa. Abituata a vederlo vestito sempre di nero, la bambina ha un gesto di meraviglia, e lo applaude. Più tardi, con tenera malinconia, Maria Teresa avrebbe raccontato ai suoi figli l'insopprimibile desiderio di volare fra le braccia di quell'aristocratico e irriconoscibile signore che, al sicuro nelle loro stanze private, cantava sonoramente, recitava filastrocche, si travestiva da orco. Tra il paludato re di Boemia e la sua bambina, quel giorno non ci sono baci, né abbracci. Tuttavia, mentre l'imperatore varca la soglia dell'alta cattedrale dalle bianche nervature di marmo protese verso il cielo, a Resel è sembrato di scorgere, sulle sue labbra sensuali, il balenio di un sorriso d'intesa. Così, almeno, volle credere per tutta la vita.

III

L'ADOLESCENZA. IL GRANDE AMORE DI MARIA TERESA PER FRANCESCO STEFANO DI LORENA

Il principe Clemente di Lorena, *das Wunderkind*, il ragazzo prodigio, come veniva chiamato per intelligenza e cultura, muore di vaiolo proprio mentre si preparano le stanze per riceverlo alla Hofburg, e celebrare il fidanzamento ufficiale con Maria Teresa. Come un automa, la bambina viene rivestita a lutto e portata in corteo nella chiesa degli Agostiniani, dove assiste distrattamente al *Requiem* per un amore mai nato. In questo luogo non grande, collegato alla reggia attraverso un severo convento, si celebrano i matrimoni degli Asburgo mentre, giù nella cripta, i loro visceri e cuori vengono chiusi in raccapricciantі urne d'argento.

La notizia della scomparsa di Clemente è giunta a Vienna con un messaggero vestito dei colori della Lorena che, in una mano, tiene la lettera con l'annuncio di morte; con l'altra, porge una disinvolta proposta del principe padre, Leopoldo. Molto interessato a ottenere attraverso i figli la protezione imperiale, si dichiara disponibile a un matrimonio del primogenito Francesco Stefano con Maria Teresa. È sano, vigoroso, di buon carattere. Carlo diffida del nuovo aspirante. Ha saputo che è assai meno intelligente del fratello, e sembra subisca fortemente l'influenza della madre Elisabetta d'Orléans, una fiera e orgogliosa francese nipote di Luigi XIV, storico nemico dell'Austria. Alla fine, tuttavia, segue il consiglio di Eugenio di Savoia; da tutti venerato per la sua saggezza e, benché non del tutto persuaso, invita a corte il ragazzo senza però sbilanciarsi sul fidanzamento, assumendolo come suo paggio. In quei mesi, tra l'altro, l'imperatore vive aggrappato a un'estrema speranza. Elisabetta Cristina è incinta. Se nascesse un maschio, trovar marito all'irrequieta Resel avrebbe un significato del tutto diverso. Un conto è stringere buone alleanze attraverso il matrimonio di una figlia. Altro, è riconoscere il «principe consorte».

Francesco Stefano arriva alla Hofburg con una corte di scatenati adolescenti. Alto e biondo, bellissimo, è di carattere allegro e spensierato. Goloso di dolci, scrive ancor peggio di Maria Teresa, parla il tedesco comicamente, né si prende la briga di migliorarlo. Però cavalca come un eroe antico e ha una mira superba. A sua volta appassionato di cavalli e di caccia, l'imperatore lo conduce con sé ovunque si presenti un'occasione per abbattere cervi, caprioli, lepri, volpi, lupi. Quando i due sono insieme, liberi vagabondi fra i boschi e sui monti austriaci e boemi, finalmente lontani dalla città e gli intrighi di corte, li circonda il frastuono di una battaglia. Con la differenza che, a battaglia finita, il pretendente alla mano di Maria Teresa, e il re dall'incostante carattere, emergono dal sangue delle prede come i chicchi del melograno: profumati, splendenti, pronti per un festoso banchetto. Complici nel più assoluto disimpegno, Carlo e Francesco Stefano, subito Franz per la famiglia Asburgo, brindano, bevono, scherzano. Trascorre poco tempo, e l'irritabile Carlo non riesce più a fare a meno della compagnia spensierata di questa vitale, pagana creatura. È il ricordo stesso della sua giovinezza. Lo spettro di una stagione felice e brevissima, ancora incontaminata dalla tetraggine che lo aveva risucchiato da quando, in Spagna, aveva assaggiato per la prima volta il frutto inquietante del potere.

Carlo ha ammesso Franz alla sua mensa privata. Alla Hofburg si pranza in lunghe anticamere, appena fuori le stanze da letto. Mentre i commensali vengono serviti di cibo e bevande, a ridosso delle pareti si ammassa una folla di amici, dignitari, segretari e cortigiani che espongono petizioni, riferiscono pettegolezzi, supplicano, intrattengono. A capo della tavola, siede l'imperatore. Carlo prende immancabilmente i pasti con la moglie e le figlie, così che non manchi loro il conforto della sua presenza; né, al numerosissimo pubblico, venga meno l'immagine di una famiglia unita e armoniosa. È dopo, se mai, il passo indolente e felpato che va a incontrare altre signore. Il luogo deputato ai convegni galanti è dietro le cortine di velluto rubino del palco reale nel nuovo Hofburgtheater dove, per sua disposizione, si rappresentano quasi soltanto opere straniere, di preferenza italiane.

Con l'ingenuo slancio e la sfrenata fantasia di una bambina di sette anni, Maria Teresa si è subito invaghita del duca. Ne parla in continuazione e, per cavalcare, giocare, recitare, chiede ansiosamente la sua compagnia. Il simpaticissimo Franz è brillante e astuto. La bambina ha ancora poca voce in capitolo. Tuttavia, è importante che si comprometta dichiarandosi pubblicamente innamorata. Impassibile, Carlo assiste agli sguardi languidi e spersi che Maria Teresa gli lancia attraverso la tavola da pranzo. Lui e sua moglie non ignorano che la contessa Fuchs si presta, talvolta, a portarle fiori e fondenti rigorosamente color celeste, avvolti in carta stampata con le insegne della Lorena. La speranza di avere un maschio si è dileguata dopo una serie di spaventosi deliqui della sua mortificata consorte. Da allora, a dispetto dell'idillio della figlia con Franz, ancora più inesorabilmente si infittiscono i negoziati fra le corti d'Europa per trovare un marito degno di una futura sovrana.

Gli ambasciatori lavorano con la pazienza e la costanza dei segugi, e inviano a Carlo lunghi rapporti sui possibili candidati. Per un certo periodo, l'imperatore ritiene di poter contare sull'erede al trono del Portogallo. Ma tutti i progetti sono caduti insieme al sospetto che il ragazzo subisca la premurosa e interessata influenza del re di Francia. Va a monte anche il matrimonio con don Carlos di Spagna, una mossa strategica che avrebbe rimesso un

Asburgo sui domini spagnoli. Ligio al dovere di consigliere dell'imperatore, anche se tiene spasmodicamente al Lorena, Eugenio di Savoia suggerisce Massimiliano di Baviera, figlio dell'elettore Carlo Alberto e di Maria Amalia, orfana dell'imperatore Giuseppe. Si tratta però di un neonato, così che Maria Teresa non potrebbe sposarsi subito, e poi con un uomo di dieci anni meno di lei. Non sarebbe da scartare la proposta dell'ambasciatore a Berlino, il conte di Seckendorf, che suggerisce il principe ereditario di Prussia. Una duratura alleanza con l'attuale re Federico Guglielmo, risulterebbe preziosa per l'Austria. Al principe, si chiede unicamente la conversione al cattolicesimo. Federico, di corporatura minuta e capelli color carota, respinge la proposta battendo i piedi per terra e vietando ai suoi segretari di aprire la cassetta contenente il ritratto di Maria Teresa. Già da qualche tempo, infatti, per le corti d'Europa viene distribuito un dipinto a grandezza naturale dell'erede Asburgo, dove la bambina appare abbigliata come una nana. Ma è incantevole per l'espressione del viso, e la grazia con cui atteggia il candido collo e le splendide mani.

Di volta in volta, Maria Teresa viene informata sul conto dei suoi pretendenti. Ma nessuno riesce a smuoverla dalla sua decisione di sposare Franz. Furbissima, con le idee chiare fin da principio, scoraggia l'imperatore con strilli, pianti, svenimenti e minacce di seppellirsi in un convento. Gli ambasciatori, sempre più spesso presenti alle rumorose e turbolente scene organizzate dalla bambina al momento opportuno, informano i loro signori che, alla corte di Vienna, sta crescendo una ragazzetta dal carattere irremovibile e capace di dare molto filo da torcere, in un futuro assai prossimo, a chiunque abbia a che fare con lei.

Maria Teresa ha appena compiuto undici anni, quando Francesco Stefano è costretto a tornare in Lorena. S ıo padre è morto, la madre è rimasta sola con tre figli ancora piccoli, le finanze dello Stato sono del tutto dissestate. Per Franz, è terminata l'età degli svaghi e dell'apprendistato alla corte d'Asburgo. La sua presenza in patria è indispensabile. Il nuovo principe dell'antica famiglia Lorena lascia Vienna abbracciando Resel in lacrime. Il pianto è diventato la forza di questa bambina cocciuta che, mostrando senza vergogna i propri sentimenti e trasgredendo a ogni etichetta e costume, è finora riuscita a vanificare tutte le proposte di matrimonio che il padre le va ripetutamente facendo. Al momento del patetico addio, Francesco Stefano ha vent'anni.

Maria Teresa è una creatura romantica. Colleziona fiori per seccarli nei libri di preghiera, e ricamarne l'immagine a piccolo punto su cuscini e tappeti insieme alla più quieta e rassegnata Maria Anna. Accompagnandosi alla spinetta, canta storie d'amore appassionate con bella voce da contralto. Dalle dame di compagnia si fa leggere saghe e racconti gotici, dove l'amore trionfa anche sulla morte. Mentre saluta Franz, è riuscita a farsi promettere che non le farà mai mancare sue notizie. Francesco Stefano è un giovanotto rassicurante, le riserva modi suadenti e parole tenerissime. Maria Teresa non deve temere nulla. Andrà in patria, sistemerà gli affari di famiglia e di Stato, e poi tornerà a prenderla in moglie. Fra loro, hanno stretto un solenne patto segreto: con o senza il consenso dell'imperatore, si sposeranno.

A quattordici anni, Maria Teresa siede nella grande sala del Consiglio. Sta in disparte, su una tribunetta di legno massiccio e scuro. Non l'ha invitata suo padre. Spontaneamente, ha chiesto di esservi ammessa come uditrice. «Non farò domande, voglio soltanto ascoltare», spiega. È vestita di azzurro, il suo colore preferito. Alta e sottile, gli occhi grandi e vivaci, stringe fra le mani un quadernetto di cuoio rosso. È eccitata. Finora, nessuno l'ha mai ufficialmente informata che sarà l'erede della grande Casa d'Asburgo. Sull'argomento, la madre non spende una parola. Carlo parla con lei soltanto di musica, feste, cavalli. Lei, è di carattere impaziente. Ma un solido buonsenso le ha insegnato a osservare, e aspettare.

In questo momento, anche se le agitazioni sono sempre sul punto di trasformarsi in conflitti, i domini dell'imperatore vivono in uno stato di relativa pace. Maria Teresa non sa che cosa sia una battaglia, non ha mai assistito a una ritirata, ignora il vero significato di un assalto, non ha mai visto un ferito. Del resto, suo padre ha sempre fatto in modo che il territorio austriaco fosse escluso dallo scempio della guerra. «Il sangue», sostiene, «deve scorrere oltre i confini della nostra terra». Quel poco che conosce quest'adolescente dall'aspetto grazioso e risoluto, basta però a farle provare orrore per lo scontro armato. Il suo grande sogno, assai più che un'illusione, è quello di un'esistenza di pace all'interno di un impero laborioso e felice.

Negli anni dell'infanzia, Maria Teresa ha giocato a lungo sulle ginocchia di Eugenio di Savoia. Fedele alla Erzhaus, il principe aveva scelto per sé l'impegnativo motto: «Leopoldo I fu mio padre, Giuseppe I fu mio fratello, ma Carlo VI è il mio padrone». Gli osservatori dei paesi stranieri ritengono che, pur lasciando credere a Carlo che non sia così, in realtà sia lui a governare. È un uomo di poche parole, ma le dimostra un tenero affetto. Prima di rientrare al Belvedere, si presenta spesso alla Favorita a portare un saluto, e viene accolto come un parente nell'appartamento privato. Scontroso, nato da un matrimonio affrettato, cresciuto sui campi di battaglia, vive in solitudine e subisce il fascino dell'aristocratico e bizzarro gruppetto che, in vestaglia e pantofole, aspetta l'ora di andare a dormire solfeggiando note casalinghe e cantando madrigali in italiano. La Resel bambina ha giocato con le medaglie del fedele soldato, che non ha mai perso l'occasione per parlarle di guerra e di pace. «La pace, mia cara, è meglio di ogni altra cosa al mondo. Tuttavia, per difenderla, occorre essere disposti anche a fare la guerra». Così, le ripeteva.

In Consiglio, si discute soprattutto della situazione interna ai paesi di cui Carlo è sovrano. I contadini boemi contestano con dimostrazioni e pericolosi incendi le tasse insostenibili. La situazione sanitaria, sia in Austria che negli altri domini asburgici, è un disastro. Il vaiolo ricompare e uccide a ogni cambio di stagione e, dopo gli stermini provocati dai turchi, l'Ungheria è un deserto da dove tutti cercano di fuggire. Di conseguenza nascono pochi bambini e la popolazione va diminuendo di giorno in giorno. Se ci saranno altre guerre, presto non si saprà dove reclutare la truppa. Infine, le casse dello Stato sono quasi vuote. Mantenere gli eserciti, costa moltissimo. Occorre pagarli bene, per contare sulla loro incerta lealtà. Si boccheggia, informa il ministro delle Finanze. Impassibile, Carlo ascolta i desolati resoconti. È bene, gli suggeriscono, sospendere il lavoro delle opere architettoniche da poco intraprese. Si dovrà, innanzitutto, fare una pausa nella dispendiosa costruzione della Karlskirche. Gli architetti Fischer von Erlach sono bravi, ma il loro progetto è faraonico.

Carlo è il diretto responsabile dell'immane edificio. Durante un'epidemia di peste, la gente stramazzava lungo le strade intorno alla Hofburg, i lazzaretti erano gremiti, i malati cercavano aiuto nelle chiese e nei conventi. Vestito a lutto, l'imperatore era andato in processione fino alla cattedrale recando fra le braccia una reliquia di San Carlo Borromeo, al quale aveva promesso una chiesa se avesse salvato ciò che restava della città decimata. Secondo il suo megalomane punto di vista, solo un tempio gigantesco avrebbe dato garanzia della sua massima riconoscenza. Il suo modello era la basilica di San Pietro a Roma. Il santo aveva esaudito la drammatica preghiera di un uomo che amava profondamente il suo popolo, per quanto l'etichetta spagnola gli imponesse un costante cipiglio. La Karlskirche sarebbe diventata una delle più grandi e sfarzose chiese d'Europa, e il miserando stato delle finanze non induce l'imperatore a rinunciare al progetto. «Aspetterò tempi migliori», decide. Così, infatti, viene approvato.

Dalla sua tribunetta di uditrice Maria Teresa vede bloccare anche i lavori di ammodernamento della Hofburg. La reggia era vecchia, tetra, chiusa in mura color fango, altissime e oramai in rovina. Suo nonno aveva cominciato a schiarirla e ad ampliarla, aprendo finestre, intonacando di bianco le facciate. I suoi genitori avevano reso gli interni della Leopoldinischer Trakt festosi, accoglienti. Le volte dei soffitti si tingevano di affreschi luminosi. La ricca biblioteca aveva arredi nuovi, legni e pavimenti pregiati, lampadari, tappeti. La Hofburg non sarà mai Versailles, però sta diventando bellissima. Maria Teresa ascolta il padre che dice gravemente: «Fermeremo anche questi lavori, se è necessario».

La presenza di Maria Teresa alle sedute del Consiglio si ripete regolarmente, e questo infastidisce la corte. Una ragazzina. Perché non pensa, piuttosto, a prepararsi per diventare una buona sposa? Sono in pochi, a Vienna, a immaginare con soddisfazione il pesantissimo e immenso cumulo di corone e poteri della Erzhaus sul capo e sulle spalle di una donna. Lei ascolta tutto, ma finge di non sentire. Impavida, va dritta per la sua strada.

Mentre prende appunti nella sala del Consiglio, Maria Teresa scarabocchia una lettera al giorno per Francesco Stefano, firmandosi «tua fedelissima sposa» e chiamandolo «mio topolino». Non ha ancora imparato l'ortografia e, per amore del suo adorato Lorena, si sforza di scrivere in francese. A sua volta, senz'ombra di vergogna, lui risponde infilando uno dietro l'altro spaventosi strafalcioni. Inutilmente, durante i suoi viaggi all'estero, la madre gli ha inviato accorate missive, raccomandandogli di studiare il tedesco. «Non ti accetteranno mai, se non imparerai la loro lingua», lo minaccia. Il ragazzo non si è degnato neppure di rispondere. Conosce perfettamente la sua innamorata. Lui è brillante, elegante, ha viaggiato, ha conosciuto donne di rango e di mondo. Fin da ora, però, sa con certezza che sarà lei, la compagna della sua vita. Per tenersela, non dovrà esageratamente apparire, conquistare, sedurre. Deve, semplicemente, piacerle.

Nuovo principe di Lorena, Francesco Stefano viaggia per farsi conoscere e presentarsi alle corti d'Europa. Carlo VI gli ha offerto la compagnia del generale Neippberg, già suo istruttore militare a Vienna, lettere d'appoggio e ottime credenziali. È stato ricevuto alla corte di Francia ed è il re in persona che lo ha condotto in carrozza a visitare i giardini di Versailles, lungo i sei percorsi disegnati personalmente dal padre, il «re Sole», affinché gli ospiti godessero l'incomparabile spettacolo degli alberi, i laghi, le statue, le fontane e i padiglioni eseguiti dall'architetto Le Nôtre, responsabile di aver rovinato il sonno agli Asburgo, costantemente affannati nel vano tentativo di superarli.

Franz è stato anche in Olanda, dove ha stretto amicizia con lord Chesterfield, ambasciatore del re d'Inghilterra. Accortamente, evita però di informare la cattolica e osservante granduchessa della proposta cui ha prontamente aderito. Nel 1731 è sorta a Londra una confraternita segreta e potente, con riti iniziatici e non ammessa dal Papa il cui nome, massoneria, non va mai pronunciato in presenza d'altri. L'Inghilterra intende diffondere la setta anche in Olanda, dove lord Chesterfield offre al giovane Lorena di farne parte. Sperando di saldare con quest'abile mossa legami che un giorno risulteranno preziosi al marito di una sovrana, Francesco Stefano aderisce. Invece, con grandi particolari, le racconta di aver trovato un grande amico in Federico, erede al trono di Prussia. «Un ragazzo intelligentissimo, colto. Peccato sia trattato dal padre come l'ultimo dei servi. Mi ha confidato che gli ha buttato nel caminetto il flauto prediletto, perché l'aveva sorpreso a suonare mentre avrebbe dovuto essere al campo militare per le esercitazioni. È stata frustata pubblicamente una signora, colpevole di essersi prestata ad acccompagnarlo alla spinetta, ospitandolo nel suo appartamento di Potsdam».

Nel frattempo, a Maria Teresa è nata e morta una terza sorella. Maria Amalia ha resistito faticosamente fino ai sette anni prima di cedere al disperato delirio del vaiolo.

Maschi non ne arrivano, ma ancora non si dispera. Lealmente, la figlia primogenita di Carlo sottoscrive un documento dove, «sul mio onore mi impegno: nel caso Vostra maestà mio padre avesse un figlio maschio, a cedergli i diritti di successione. Ma fino a quando non vedrò questo bambino, mi riterrò la Vostra unica erede».

IV

IL FALLITO MATRIMONIO CON FEDERICO DI PRUSSIA. IL PREZZO PAGATO DA FRANCESCO STEFANO PER SPOSARE MARIA TERESA

Maria Teresa ha quindici anni, quando Francesco Stefano ritorna a Vienna. Dopo gli istruttivi e divertenti viaggi all'estero, e le festose accoglienze ricevute nelle corti d'Europa, al principe di Lorena sembra arrivato il momento di chiedere ufficialmente la sua mano. E sarebbe già in Austria se, con una mossa astuta e studiata apposta per procrastinare ancora un poco il fidanzamento della figlia con un uomo che ancora non lo convince, Carlo non lo avesse improvvisamente dirottato a Magonza, con l'incarico di sistemare una controversia presso l'elettore locale. Maria Teresa scrive a Franz lettere appassionate e patetiche, conta i minuti che li separano e, senza alcuna misura e pudore, gli confessa di sognarlo ogni notte. La contessa Fuchs, vicina a lei con tenera comprensione, subisce pazientemente gli interminabili sfoghi della granduchessa innamorata. Per la verità, il brillante giovanotto non è molto generoso nelle risposte alle appassionate parole che Resel scrive su carta azzurrina decorata a fiorellini da lei stessa dipinti, limitandosi a ripeterle che sarà felice di rivederla e, se Dio vorrà, un giorno si sposeranno. Ciò che a lui preme, innanzitutto, è ingraziarsi l'imperatore. Dipende dal suo buon comportamento, ma ancor più dalla sua capacità di obbedire e di essere leale nei confronti della Erzhaus, se un giorno diventerà, oltre che marito della regina, imperatore del Sacro Romano Impero.

Conclusa la mediazione a Magonza, Francesco Stefano è finalmente in vista di Vienna con l'invito ufficiale di presentarsi alla Hofburg, quando riceve un secondo, sconvolgente messaggio. Con una lettera ipocritamente compiaciuta, Carlo VI lo nomina suo rappresentante in Ungheria. L'incarico è di somma fiducia, e difficilmente un giovane principe potrebbe contare su qualcosa di altrettanto lusinghiero. In quell'ennesima incombenza, che ancora una volta lo allontana da Vienna, Francesco Stefano legge tuttavia il pericolo di perdere Maria Teresa. A meno che l'Asburgo non conceda un immediato consenso, seguito da altrettante immediate nozze, saranno ancora una volta divisi. E basterà che un altro pretendente appaia più degno della mano della granduchessa; un cambiamento improvviso di equilibri in Europa; persino un capriccio dell'imperatore, e l'erede al trono gli sarà sfuggita per sempre. «La partenza è immediata», ordina Carlo. E sapendo di toccare un tasto sensibilissimo, gli ricorda come gli ungheresi avessero sostenuto fortemente la Prammatica sanzione. Dunque non dimentichi, questo intraprendente Lorena, che si dovrà anche alla loro lealtà, se Maria Teresa diventerà regina. Ammutolito dal sottile ricatto, Franz ottiene di rimanere a Vienna per pochi giorni soltanto.

Quando Francesco Stefano varca i cancelli della Favorita, Maria Teresa sporge pericolosamente il busto scollato e ben tornito dal balcone centrale del palazzo, così da salutarlo per prima agitando tutte e due le mani. Rabbrividiscono le dame di corte per l'ennesima infrazione all'etichetta, che lei così bene conosce ed esige con rigore dagli altri. È bella, e come sempre è vestita di azzurro. Porta la parrucca, ma è riuscita a strappare al padre il permesso di limitare il volume dei riccioli, e che l'abito non sia zeppo di fronzoli. Consapevole della propria femminilità, con fine maestria sa usare la forza del sorriso abbagliante, la grazia della voce, l'armonia disinvolta dei movimenti. Il Consiglio non la ritiene degna di ereditare l'impero di suo padre. Ma nessuno può negare che sia incantevole.

Arrossisce Maria Teresa, mentre Franz attraversa il profumato giardino con le fontane e le innumerevoli statue di ninfe e di fauni scolpiti nella pietra chiara. Il principe porta calzoncini di raso attillati e ricamati a tralci di fiori, la parrucca legata in un codino leggero, trine vaporose sulla camicia e ai polsi, scintillanti decorazioni straniere. Poco dopo, nel grande salone illuminato da una selva di giganteschi lampadari su un immenso sfondo di specchi, le maschere a distribuire dolci e confetti, l'orchestra d'archi a diffondere note delicatissime dal palcoscenico tappezzato di broccato bianco e oro, inizia il rito ufficiale dei saluti, gli inchini, i complimenti, i doni. Francesco Stefano consegna a Maria Teresa un medaglione di smalto legato in una corona di brillantini, contenente il ritratto che si è fatto fare in Olanda da un artista famoso. Durante il ballo, i due ragazzi sono quasi sempre vicini. Lei è accaldata, lui è galante. L'imperatrice sorride enigmaticamente. Carlo dà segni di noia profonda. Prima della mezzanotte, proprio quando una parte di invitati si è ritirata in un padiglione per mascherarsi e interpretare una commedia musicale, l'imperatore lascia intendere che se ne sta andando. La festa è finita. Francesco Stefano ha appena il tempo di cogliere il suo sguardo, carico di perentoria fermezza. Sprofondandosi in un inchino, lascia Maria Teresa e raggiunge l'imperatore che già si allontana.

«Non è il caso che vi ricordi che dovete partire», sillaba Carlo.

«Quando?», balbetta frastornato il Lorena.

«Domani», è la secca risposta. Avvolto nell'ondeggiante ala nera di cortigiani e camerieri spagnoli che si muovono, vestono, parlano come lui, l'Asburgo è già sparito. Durante la notte, Franz ha tutto il tempo per riflettere. Cortesemente, ma inequivocabilmente, il padre di Maria Teresa lo ha messo alla porta.

Il mattino seguente, all'alba, gli innamorati si incontrano nel giardino della Favorita sotto un pergolato di glicini. Francesco Stefano è in abito da viaggio. Fuori dal palazzo, lo attende una carrozza con gli stemmi di Lorena e d'Asburgo. Maria Teresa si fa trovare avvolta in un mantello di seta, il largo cappuccio che incornicia l'oro dei capelli. Annodato al collo con un nastrino di velluto azzurro, scende giù fino al seno, quasi interamente svelato, il medaglione col ritratto di lui. «Non ho chiesto il permesso a nessuno», gli dice. Il sorriso, è quello di una ragazza sicura di sé. A sua volta, Franz la informa di aver avuto il permesso ufficiale di scriverle. E poi, alludendo all'improvviso allontanamento da Vienna: «Vostro padre non mi ha parlato di nozze, ma è stato egualmente benevolo. Non posso che esserne lusingato, felice».

«Serenissima duchessa, mia angelica sposa, carissima, non vi sarà difficile credere che nulla è per me più duro che avvicinarmi a voi per lettera, invece di gettarmi di persona ai vostri piedi. Permettetemi, o carissima tra le spose, di essere certo che in tutto il mondo non c'è promesso sposo più devoto e reverente di quello che è il promesso del mio angelo. Vostro fedelissimo servitore, Franz», è la sua prima missiva, non appena arrivato a Presburgo.

Subito dopo, da Vienna risponde lei: «Dilettissimo, vi sono infinitamente obbligata per avermi inviato notizie vostre, poiché ero inquieta per voi come un cagnolino. Amatemi e perdonatemi se non scrivo più a lungo, ma sono le dieci e il corriere sta aspettando. Addio, topolino, vi abbraccio con tutto il cuore. Abbiatevi cura, dilettissimo. Sono la vostra felice sposa». La corrispondenza fra i due innamorati si infittisce. Maria Teresa è sempre più eccitata e impaziente, mentre Franz non le nasconde di sopportare a fatica il soggiorno in Ungheria. Si annoia, approfitta di ogni occasione per tornare almeno per un poco a Vienna, a corteggiare la focosa ereditiera e partecipare alle partite di caccia dell'imperatore.

In questo periodo, Carlo VI non ha tempo di occuparsi dei due ragazzi. L'inverosimile pigrizia che lo ha preso negli ultimi anni gli permette soltanto di impegnarsi per ottenere il riconoscimento ufficiale della Prammatica sanzione da parte delle famiglie interessate a un'eventuale successione. È stanco e ipocondriaco, sopraffatto dal terrore che, morendo, il grande impero degli Asburgo vada in frantumi. Da secoli, gli Asburgo sono allenati a sentirsi più Asburgo che austriaci. Carlo pensa soprattutto alla Erzhaus ed è pronto, per la Erzhaus, a combattere. Infatti, per stringerlo dalla sua parte, ha promesso al marito della nipote Maria Giuseppa, Augusto re di Sassonia, la corona della Polonia. La mossa è azzardata e altamente provocatoria, visto che il re di Francia, a sua volta, tenta di riconsegnarla al legittimo proprietario, il genero Stanislao Leszczyński. Ed è per mostrarsi riconoscente a re Federico Guglielmo di Prussia, disposto a sostenerlo nel caso si scatenassero opposizioni alla Prammatica sanzione, che combina un matrimonio fra una nipote di sua moglie e il figlio di lui Federico, che non ne vuole assolutamente sapere, e accetta con villana insofferenza la piccola Brunswick.

Appassionato studioso di scienza, filosofia, musica e pittura, Federico suona, scrive poesie, e non ha alcuna propensione verso le donne. Alla sorella Guglielmina, di quattro anni maggiore di lui, Federico descrive con ferocia la sposa: «Né brutta né bella, non del tutto scema, ma molto male educata, timida e senza grazia. Ha la risata sgradevole, cammina come un'anatra, mette in mostra brutti denti, si veste male, parla senza riflettere, ma fortunatamente sta zitta il più spesso possibile. Si sforza di esser compita, ma lo è sempre troppo, o troppo poco». Guglielmina, legata a lui da un affetto morboso, dopo l'incontro con la cognata aggiunge altro veleno: «È alta, però massiccia. Mette fuori la pancia, il che sciupa del tutto la sua linea. Il pallore mortale del colorito fa ancor più risaltare la tinta accesa delle gote. Gli occhi, di un azzurro troppo chiaro, non esprimono una grande intelligenza. La bocca è piccola e i lineamenti sono fini, senza tuttavia che si possano dire belli. Ha i capelli naturalmente ricciuti, ma tutto ciò che in lei potrebbe aver fascino è guastato dai brutti denti, irregolari e neri». Dal sacrificio della cuginetta Brunswick, Maria Teresa ha imparato a conoscere quanto si debba indistintamente pagare per la grande Casa d'Asburgo, mai sazia di potere e dominio. E si dispera, si ribella, piange tutte le sue lacrime davanti all'inflessibile padre quando viene a sapere che la prossima vittima pretesa dalla voracissima Erzhaus è proprio il suo adorato Franz.

Il re di Francia ha dichiarato guerra all'Austria per la corona di Polonia, e l'Austria sta perdendo uomini, terra, denaro. Stratega oramai lontano dai campi di battaglia per la malferma salute, Eugenio di Savoia studia dal Belvedere le carte che gli inviano i messaggeri sempre più spaventati dalle sconfitte ai confini dell'impero. «Bisogna far pace», consiglia all'orgoglioso Asburgo. «Non ci possiamo permettere altre perdite. Nelle casse dello Stato non ci sono più soldi».

La guerra continua però ancora per due anni e, alla fine, Carlo è costretto a patteggiare un armistizio. Il re di Francia aspettava astutamente un momento di debolezza dell'Asburgo per chiedere, in cambio della deposizione delle armi, la piccola ma strategicamente preziosa Lorena. Ecco il conto, fa sapere alla Hofburg. Si convinca Francesco Stefano a seppellire sette secoli di storia del suo nobile casato: e non ci saranno più morti in battaglia. Luigi XV ha imposto un ricatto vergognoso. E lo sa bene anche Carlo, che ne è umiliato, e ne soffre, mentre uno dei suoi ministri urla nei corridoi della Hofburg: «Vergogna, vergogna! Il nostro imperatore trattato dalla Francia peggio di un delinquente!».

Per ottenere la pace, Carlo accetta di mediare il baratto. Gli ripugna chiedere un così gran sacrificio al suo giovane amico, ma il bene degli Asburgo non ha prezzo. Il pratico e astuto Eugenio suggerisce, allora, una mossa che disarmerà i due ragazzi. Se Francesco Stefano accetterà di cedere la Lorena, otterranno il permesso di sposarsi. Maria Teresa si lascia persuadere. Pur di non perdere Franz, è disposta a tutto. «Ma vuoi che non abbia capito», singhiozza inviperita davanti a suo padre, «che mi avete usato come premio di consolazione per una terra venduta?»

Per convincere il principe all'umiliante cessione, Carlo incarica il ministro Gian Cristoforo Bartenstein, uomo rude e sbrigativo che mette Francesco Stefano davanti al dilemma: niente cessione della Lorena, niente granduchessa. Frattanto, gli sono state vietate le visite a corte. Non vedrà né l'imperatore né Maria Teresa, lo informano, se prima non avrà firmato. Dalla Lorena, sua madre e Carlo, il fratello minore, gli scrivono lettere minacciose: non lo riconosceranno più, non lo vorranno mai più vedere, se si piegherà all'infame rinuncia. Già poco portato a discussioni e polemiche, Francesco Stefano è sconvolto dalle pressioni. Bartenstein insiste, non c'è tempo da perdere, il re di Francia è ancora con le armi levate, minaccia di riprendere i combattimenti, è fermo nella sua decisione. Per non infierire sul tramortito amico e compagno di caccia, l'imperatore gli ha promesso il granducato di Toscana. Non appena morirà Gian Gastone de' Medici, già molto malato, lo scarno e lontano territorio in terra italiana sarà suo. Non è una proposta entusiasmante. L'interessato cede, alla fine. Soprattutto per avere Maria Teresa.

Quando Francesco Stefano varca la soglia della Hofburg per la rinuncia ufficiale alla Lorena, lo aspetta Bartenstein col documento di cessione già pronto. Manca solo la firma. Per tre volte, prende in mano la penna che, per tre volte, gli scivola via e rotola a terra. Implacabile, Bartenstein si china a raccoglierla e, senza una parola, la posa nuovamente sul tavolo. Spazientito, il ministro è costretto, alla fine, a chiuderla dentro le dita livide e contratte del principe. Francesco Stefano firma e, travolto dall'ira, scaglia lontano la penna e la carta. Poi, quasi fuggendo, senza un saluto lascia la stanza. Nella Leopoldinischer Trakt, è atteso dalla famiglia imperiale. «Ecco la tua sposa», esordisce solennemente il padre di Maria Teresa. Insieme alla mano della figlia, gli consegna il contratto dove è stato fissato per il 12 febbraio 1736 il giorno delle nozze. Mancano pochi mesi. Maria Teresa alterna sorrisi di gioia agli ultimi singhiozzi di umiliazione. Francesco Stefano si comporta con esemplare dignità. Ha firmato, ha ceduto la terra di Lorena ai francesi. Dalle sue labbra, mai più un commento.

V
NASCITE E LUTTI INTORNO A MARIA TERESA. LA DRAMMATICA MORTE DI SUO PADRE, L'IMPERATORE CARLO VI

La notizia delle nozze del figlio con l'erede dell'imperatore del Sacro Romano Impero non placa la duchessa di Lorena, che strepita e invoca su Francesco Stefano «la collera del cielo per aver tradito i suoi antenati e spogliato i suoi discendenti». A sua volta esautorato di ogni diritto, suo fratello Carlo ne parla con disprezzo chiamandolo «traditore della nostra antica e gloriosa casa». Francesco Stefano non è però meno avvilito di loro. La soddisfazione di sposare Maria Teresa non lo compensa dell'infamia di quella firma che Bartenstein gli ha strappato col ricatto, riducendolo a un principe senza terra e potere. «Cos'ha fatto di male? A chi ha dato fastidio? Franz non meritava tanta umiliazione», aveva strepitato l'appassionata Maria Teresa. E minacciosamente aggiungeva: «Se lui ha subito un'offesa bruciante, sappiate che anch'io sono stata insultata, perché non lascerò mai mio marito da solo di fronte al destino».

Il 31 luglio 1735, alle undici del mattino, il promesso sposo arriva alla Hofburg in carrozza, accompagnato dal suo segretario particolare e ministro presso la corte di Vienna, barone di Jacquin, e scortato dal ciambellano e dallo scudiero dell'imperatore, i conti Giovanni Casper di Coblenz ed Enrico Giovanni Giuseppe di Auersperg. È il giorno del fidanzamento ufficiale e, secondo l'etichetta, non vedrà la fidanzata fino al momento delle nozze. S'incontra invece con l'imperatore al quale, dopo un discorso di circostanza, chiede formalmente la mano di Maria Teresa. Subito dopo, fa visita all'imperatrice Elisabetta Cristina e, per ultima, all'imperatrice vedova, Amalia Guglielmina, alle quali porta doni preziosi e promette di dare tutta la felicità che si merita alla «piccola Resel».

Abbandonando per sempre la patria, Francesco Stefano ha sottolineato un aspetto della sua elegante personalità portando con sé non tesori o cimeli di famiglia, ma il meglio degli artisti e scienziati di Nancy. È un uomo di mondo che ha imparato perfettamente le regole di corte. Conversa con garbato brio e, pur non avendo una solida istruzione di base, è molto più intelligente di quanto l'imperatore non creda. In corrispondenza con alcuni enciclopedisti di Parigi già da quando aveva incontrato Federico di Prussia, conosce a fondo la botanica, l'archeologia, la mineralogia, la scienza e l'economia. In particolare, nutre una quasi smodata passione per la finanza. Già da ragazzo, infatti, si era distinto per l'abilità con cui aveva amministrato il suo patrimonio personale, e quello della Lorena. E se il polacco Leszczyński troverà, adesso, un ducato in grande ripresa, dovrà essere grato soltanto a lui, che l'aveva raccolto quasi allo stremo dalle mani del padre morente.

Compiuta la visita, Franz torna a Presburgo dove Maria Teresa gli scrive quotidianamente, spesso scarabocchiando sul retro di una lettera protocollare parole traboccanti di tenerezza, e usando il francese mischiato, secondo un costume abituale fra gli abitanti della corte, con il tedesco, il latino e l'italiano. «Caro "viso" (in italiano), vi sono infinitamente grata per la premura che avete usato nel darmi vostre notizie, perché ero in pena come una povera cagnetta. Amatemi un po' e perdonatemi se non vi scrivo a lungo, ma sono le dieci ed Heberville aspetta la mia lettera. Addio "mauslein" (in tedesco, topolino), vi abbraccio di tutto cuore. Abbiatevi riguardo, sono la vostra dilectissima Maria Theresia (in latino)», gli scrive.

Più controllato, il fidanzato risponde: «Ho ricevuto la gentile lettera di colei che mi è tanto cara, lettera quanto mai preziosa per la mia solitudine. Vi assicuro che i giorni in cui non ho notizie della mia carissima promessa sposa mi sembrano insopportabili; sarei davvero molto triste se non pensassi costantemente alla nostra unione nella chiesa di Sant'Agostino, domenica prossima. Essa completerà la mia felicità».

È infatti in un mattino di domenica che, secondo la tradizione della Casa Asburgo, il corteo nuziale lascia il palazzo della Favorita per scendere fino alla parrocchia di corte. La chiesa, dallo spoglio interno gotico a tre navate, è gremita dei rappresentanti di tutti gli Stati d'Europa, elettori, ambasciatori dei paesi sudditi dell'impero, vescovi, cardinali, nunzi apostolici. Dame e cavalieri sfoggiano abiti e uniformi lussuosi. La sposa è bellissima e sontuosamente scollata, l'abito gonfio di broccato bianco e oro, i guanti lunghi di fine capretto ricamati di perle e brillanti, un diadema di pietre preziose che raccoglie il velo di trina appartenuto alla nonna paterna. Dono di nozze dell'imperatore e ulteriore consolazione al defraudato Francesco Stefano, è il governatorato dei Paesi Bassi, e la promessa di dare in moglie al fratello di lui, l'infuriato Carlo, l'altra sua figlia Maria Anna. A fianco della sposa, sia in chiesa che al banchetto di nozze, c'è il principe Eugenio, esultante per l'unione fra il nipote dell'uomo che lottò con lui contro i turchi e un'Asburgo, combinazione non priva di senso, nata nel medesimo giorno in cui, lui e il Lorena, avevano strepitosamente sgominato «gli infedeli» a Belgrado.

I festeggiamenti si protraggono a lungo, con visite nei castelli dei parenti e dei principi, che organizzano sfarzosi ricevimenti in loro onore. Fra i primi viaggi, Maria Teresa ha messo in programma il pellegrinaggio in Stiria, nel santuario di Mariazell. Qui, a dodici anni, aveva fatto la sua prima comunione e, ogni sei mesi, qui torna a inginocchiarsi davanti all'immagine di una madonna romanica chiusa in un massiccio altare d'argento, nella cui protezione suo padre crede tanto profondamente da averle assegnato l'appellativo di *Magna Mater Austriae*.

Religiosa e pia, Maria Teresa assiste tutte le mattine alla messa, si comunica ogni domenica, manifesta grande pietà per i poveri e i vinti visitando gli ospedali e confortando gli ammalati, protegge gli anziani e i deboli, segue a piedi le processioni e, durante la settimana santa, vestita a lutto e gli occhi velati, compie il giro di sette chiese di Vienna. Per quanto il suo confessore la definisca amabilmente «la nostra buona Resel», non mostra però gran simpatia verso il clero, diffidando in particolar modo dei gesuiti. «Tetri», è lo sbrigativo commento. Quando erano suoi maestri, non avevano mai risposto al suo chiaro, accattivante sorriso. Il motivo della sua malcelata avversione risiede, in verità, nella consapevolezza del soverchiante esercizio di potere della Chiesa. La Casa d'Austria è cattolica e bigotta, ma non ha mai accettato la sottomissione al Papa. Nella coscienza della futura sovrana, che si inginocchia davanti a Dio e però mai lo farebbe davanti a un suo rappresentante in terra, la separazione fra clero e Stato deve essere netta, inequivocabile.

Seguendo la tradizione degli Asburgo, anche la giovane coppia, così come tutti gli altri componenti la famiglia imperiale, ha la sua residenza ufficiale fra le mura della Hofburg. Ogni nucleo familiare abita in suo appartamento con la sua corte. Da una parte la nonna, da quell'altra la zia Amalia, dall'altra ancora il padre e la madre. Gli sposi hanno avuto a disposizione un'ala della Leopoldinischer Trakt dove, fra le altre dame, Maria Teresa trasferisce anche la fedele contessa Fuchs.

Per tutto il tempo della luna di miele, la granduchessa non frequenta il Consiglio e si diverte. Le piace sempre ballare, mentre detesta la caccia tanto amata dal marito e dal padre. Si occupa della sua casa, che pretende chiara, illuminata da larghi e caldi tappeti orientali, delicati arazzi fiamminghi, mobili e vasi cinesi, lampadari, tappezzerie bianche e dorate, porcellane, argenti, cristalli. Sceglie personalmente il luogo dove sistemare il letto nuziale, pretendendo per sé il lato di fianco a una finestra, che terrà spalancata di giorno e di notte, d'estate e d'inverno, perché non sopporta il caldo. «Un sangue bollente», la definiscono i medici. E più tardi la salasseranno di tanto in tanto, finché il rosso purpureo che le invade repentinamente il collo e le gote non andrà a stemperarsi in un più quieto femmineo rosa.

Entusiasta, efficiente, Maria Teresa non perde una riunione degli architetti di corte, imponendo ovunque il timbro costante del prediletto colore azzurro, col quale inonda le volte delle stanze, tappezza le pareti, vela i sipari delle rappresentazioni teatrali dove, quasi ogni sera, ma sempre più spesso in assenza del padre, recita e canta. Il grande ballo mascherato per ottocento invitati nello sterminato salone rivestito di specchi, che Carlo VI ha fatto rimodernare in occasione delle nozze della figlia, e dove lei stessa ha impostato e diretto i lavori, offre alle mogli degli ambasciatori stranieri l'occasione per scrivere in patria lettere colme di meraviglia.

Dal marito, Maria Teresa ha imparato a giocare alle carte e talvolta, ancora giocando, viene sorpresa dall'alba. Insofferente della pesantezza e ridondanza degli abiti alla moda, è però molto elegante in vesti più leggere e semplici che lei stessa disegna. Il suo passo, disinvolto e deciso, è inconfondibile. E inutili sono i suoi travestimenti da popolana, *Dirndl*, con cappellacci di feltro e mantelle di loden, per andare a ballare senza scorta nelle osterie di campagna. La gente di Vienna si era infatti abituata a vederla fin da bambina per strada quando ogni giorno, in compagnia della contessa Fuchs, a lunghi e rapidi passi raggiungeva la cattedrale di Santo Stefano per venerare un'antica e popolare madonna esposta, in un magico bagliore di candeline gialle, sul lato destro all'ingresso della chiesa.

Le feste di nozze finiscono bruscamente. Il Belvedere è terminato da pochi anni ed è una delle più belle dimore d'Europa. L'architetto Hildebrandt ha progettato due costruzioni separate da una stupefacente prospettiva di giardini con statue e fontane digradanti verso la città. Il palazzo superiore ospita una straordinaria collezione di opere d'arte. Nel palazzo inferiore, Eugenio di Savoia vive da solo. La mattina del 21 aprile, mentre gli alberi del giardino trascolorano nelle sfumature perlacee delle prime gemme, un cameriere bussa a lungo alla porta della stanza da letto e trova il principe morto, compostamente vestito e seduto in poltrona. Sul tavolo accanto alla teca di cristallo dove brillano gli speroni d'oro, dono dell'amico Lorena dopo la vittoria contro i turchi, un fascio di carte, gli occhiali, la penna ancora umida d'inchiostro.

Niente lasciava prevedere una fine così improvvisa. La sera prima, Eugenio aveva discusso animatamente in Consiglio, polemizzando ancora una volta sulla cessione della Lorena alla Francia e sull'affronto crudele al quale era stato obbligato Francesco Stefano. La famiglia Asburgo lo piange con sincero dolore. E piange anche l'Austria, che ricorderà sempre l'eroe taciturno e severo. Per la scomparsa del primo consigliere privato dell'imperatore, che si firmava «Eugenio», all'italiana, «von», alla tedesca, «de Savoie», alla francese, col proposito di sottolineare una cultura e una mentalità cosmopolita, viene proclamato il lutto cittadino.

Alla morte di Eugenio, l'imperatore si ritrova solo. Gli uomini che gli restano, vecchi burocrati, avidi predatori, cattivi consiglieri, non sono minimamente paragonabili all'abile e scaltro Savoia. Privo dell'ombra del prudente stratega, prima che l'anno finisca prende una decisione sorprendente, pericolosa e cocciuta. La nuova imperatrice di Russia, la zarina Anna, è entrata in guerra contro i turchi. Carlo le offre il suo aiuto, buttandosi nel conflitto con la partecipazione e l'impegno del protagonista. Opponendogli il grave motivo dell'esaurimento quasi totale delle scorte del tesoro, il Consiglio della corona esprime una preoccupata contrarietà. Fragile e influenzabile, Carlo sta attraversando un periodo di depressione caratterizzata da forti crisi religiose. A chi tenta di dissuaderlo, risponde di aver sognato un comando direttamente dal cielo, e di averne ricevuto il consenso dal suo confessore.

L'inizio della guerra è disastroso. A capo dell'esercito austriaco viene messo il comandante luterano Seckendorf, che scatena all'interno dell'Austria un conflitto fra cattolici e luterani. L'Asburgo compie allora un secondo colpo di testa, affidando le truppe al genero, per sua stessa ammissione per nulla portato al comando e alle rapide decisioni. Quasi volesse ostentatamente umiliarlo, Carlo gli affianca il grande soldato Königsegg, col potere di annullare gli ordini dell'inesperto Lorena. La ripresa è buona, ma una successiva azione militare finisce in tragedia, costringendo Francesco Stefano a darsi malato per rientrare precipitosamente a Vienna.

Non è in questo modo, però, che Maria Teresa vuol veder tornare a casa il suo Franz. Infatti, dopo un abbraccio caldissimo, senza la minima esitazione persuade il padre a rimandarlo in guerra. Ne segue un altro disastro. Questa volta, è lo stesso imperatore a levargli il comando. A Vienna, città cinica e disincantata, Francesco Stefano diventa il ghiotto, inesauribile soggetto di storielle, vignette, battute e barzellette impietose. Il goffo comportamento in battaglia gli fa pagare anche la passione per la vita mondana e le belle signore, che frequenta anche dopo le nozze. Soprattutto, non gli viene perdonato il fatto di essere uno straniero, e per giunta massone. Da più parti, l'imperatore riceve addirittura pressioni perché sciolga il fidanzamento della figlia secondogenita col fratello di lui, e la corte approfitta della generale ostilità verso il Lorena per suggerire l'elettore di Baviera come sposo più adatto per Maria Anna. È un principe dal nome immacolato, si sottolinea, che potrebbe aspirare senza difficoltà al titolo di imperatore del Sacro Romano Impero. Infatti, quasi nessuno accetta volentieri la prospettiva che così nobili insegne finiscano sulla testa e le spalle di un giovanotto che si ostina a parlare francese. Dopo l'infausta esperienza di

Francesco Stefano in guerra, la giovane coppia non ha più alcun motivo per sentirsi felice alla Hofburg. Infatti, la loro decisione di partire per la Toscana ha quasi il sapore della fuga. Gian Gastone de' Medici è morto, rendendo vacante il granducato che il Lorena ha ricevuto in cambio della cessione della sua terra.

Mentre suo marito combatteva contro i turchi, Maria Teresa aveva partorito una figlia, Elisabetta. Subito dopo la definitiva sconfitta era nata Maria Anna. Portando con loro le figlie, il 17 dicembre 1738 Franz e Maria Teresa iniziano il loro viaggio verso la Toscana, scendendo da Innsbruck e varcando il Brennero sotto una bufera di neve. Sia per le sconfitte di Francesco Stefano, sia perché nessuno riesce a credere che Maria Teresa sarà veramente regina, la giovane famiglia gode di così poca attenzione che, a Verona, dov'è costretta a sostare in quarantena a causa del passaggio in una zona infestata dalla peste, viene dimenticata in un palazzetto senza riscaldamento, e senza la possibilità di ospitare il suo seguito. Maria Anna ha due mesi, e sua madre trova a fatica chi le procuri del latte fresco. Il 20 gennaio il trascurato e umiliato convoglio arriva a Firenze, dove i granduchi non vengono ricevuti con particolari onori, mentre la scontrosa nobiltà locale si astiene concordemente da tripudi eccessivi. La notizia del cattivo comportamento di Francesco Stefano durante la guerra contro i turchi si è diffusa anche lì. E questo ha il suo peso. Inoltre, sia Maria Teresa che Franz sono considerati due estranei, più che stranieri. I granduchi conducono vita ritirata. La granduchessa si annoia e trova distrazione soltanto nel canto, accompagnata alla spinetta da un artista fiorentino.

L'esperienza toscana non è entusiasmante, e quattro mesi dopo la giovane famiglia è sulla via del ritorno con una terza bambina, Maria Carolina. A Vienna, l'imperatore si è del tutto smarrito nell'angoscia. Durante la guerra contro i turchi ha perduto Belgrado, e l'esercito è a pezzi. Hanno persino sputato in faccia al suo ambasciatore che andava a chiedere una tregua. Le già scarse finanze sono rovinate. Anche se contano poco, occupati come sono nei loro affari personali, i ministri sembrano svaniti nel nulla. Come se non bastasse, il magro raccolto ha provocato una grave carestia. La depressione di Carlo è arrivata a un livello preoccupante, e le sue notti sono tormentate dal terrore di morire senza fare in tempo a vedere Maria Teresa. Finalmente, si è convinto che non avrà altro erede che lei. Ma non l'ha mai considerata, non le ha mai insegnato niente. Con parole imploranti, le scrive che è necessario che torni al più presto, per stargli vicino e apprendere, da lui, i fondamentali principi e segreti che caratterizzano il governo degli Asburgo. Per l'inquieto monarca, è giunto il momento del bilancio. L'orgoglioso signore è costretto a riconoscere di non essere onnipotente.

Il rientro a Vienna è malinconico, frettoloso. Durante il viaggio di ritorno, Francesco e Maria Teresa incontrano a Innsbruck la duchessa di Lorena. Elisabetta è ancora infuriata per il tradimento del figlio, ma la giovane sposa è piena di buonsenso, sa parlare con grazia e comprensione, e riesce a intenerire la suocera mettendole fra le braccia le bambine. Nel giorno degli addii, Elisabetta di Lorena saluta sua nuora chiamandola, «ma petite, adorable Maria Theresia».

A Vienna, la situazione è tesissima. L'ambasciatore d'Inghilterra descrive così, il 19 agosto 1739, l'atmosfera che si respira dentro e fuori la Hofburg: «Qui tutto volge alla confusione e alla rovina. Si vedono comparire i peggiori segni d'incoerenza e di follia che si siano mai abbattuti su un popolo maledetto dal cielo e oppresso sia dalle liti interne, come dalle calamità pubbliche: sconfitte continue, impotenza, carestia e peste». Poco dopo, ancora un documento che rispecchia lo spavento e lo sconforto della città: «I viennesi vedono già i turchi in Ungheria e gli ungheresi in rivolta contro i turchi. Immaginano i sassoni in Boemia e i bavaresi alle porte di Vienna. Quanto alla

Francia, che fomenta i loro nemici, credono di vederla ovunque».

Al suo ritorno, Maria Teresa trova la famiglia, la città e la patria sconvolte, quasi avessero perduto ogni punto di riferimento e la loro identità. In pochi mesi, Carlo VI è diventato un vecchio gonfio e curvo, chiuso nelle sue stanze a piangere e imprecare sulle disgrazie che gli sono piombate addosso. All'inizio dell'estate la piccola Elisabetta muore per un attacco di febbri intestinali, o forse di peste. Ha solo tre anni. Nell'appartamento privato della Favorita, l'imperatore singhiozza sconsolatamente fra le braccia della figlia. Maria Teresa è di nuovo incinta, e tenta di consolare il padre promettendogli un maschio. Incapace oramai di credere a qualsiasi cosa, Carlo scuote la testa. La superbia degli Asburgo è piegata. «Non farò in tempo a vederlo», balbetta.

Nei primi giorni di dicembre, l'imperatore ha raggiunto a cavallo il confine con l'Ungheria. La madre, la moglie e le figlie hanno insistito perché partecipi a una partita di caccia in suo onore. Una sera, Carlo smonta da cavallo accaldato e inzuppato di pioggia. Beve un bicchiere di acqua ghiacciata, e siede al banchetto dei cacciatori. Per cena, con la voracità degli ansiosi, divora un piatto di funghi. Durante la notte si sente male, la febbre lo fa delirare. La mattina seguente, in una corsa folle in carrozza, viene ricondotto alla Favorita. Era lì, aveva detto in un momento di lucidità, e non alla Hofburg, che voleva morire.

La misteriosa malattia si rivela gravissima. Già da nove giorni la vita dell'imperatore è appesa a un filo. I medici si alternano al capezzale del sovrano, che non collabora e non ha più voglia di vivere. Annoiato dal continuo e vano viavai, i salassi, le medicine, gli interminabili consulti, Carlo amaramente conclude: «Smettetela di palparmi. Aspettate almeno che muoia. Dopo, potrete squartarmi, studiare: e finalmente saprete di che cosa sono morto».

Maria Teresa gli è sempre vicino, e soltanto durante l'agonia viene trattenuta nella stanza accanto. Di tanto in tanto si affaccia alla stanza del moribondo, e non nasconde le lacrime. Corre, per la città, la voce di una futura regina che si comporta come una donnetta della Kohlmarkt. La notizia è sconvolgente. «È disperata», assicurano. «Piange». Perplessa, Vienna scuote la testa. A memoria d'uomo, non si è mai visto un membro degli Asburgo esprimere in pubblico il proprio dolore.

È la sera del 20 ottobre 1740. Carlo VI, imperatore e re, signore di un grande impero in condizioni rovinose, muore a cinquantacinque anni per una congestione intestinale. Così viene detto. Molti, però, sono pronti a giurare che l'hanno ucciso il dolore delle ultime sconfitte, e l'inestricabile confusione provocata dalla politica incerta degli ultimi anni. Per il popolo austriaco, il lutto non è inconsolabile. Una cattiva estate ha reso l'uva inutilizzabile. I concreti signori, e gli sfruttati contadini, mostrano più afflizione per il mancato raccolto che per la fulminea scomparsa del loro Kaiser.

VI

L'EREDITÀ DI MARIA TERESA. I CONTRASTATI DIRITTI DI SUCCESSIONE. LA GUERRA CON FEDERICO DI PRUSSIA

Il lutto di Maria Teresa dura soltanto una settimana. L'ottavo giorno, la granduchessa convoca i ministri alla Hofburg e si presenta nella sala del trono dove, incinta di quattro mesi e tutta vestita di nero, parla del padre con la voce spezzata dal pianto. Si riprende però in pochi istanti, e comunica a tutti coloro che avevano composto la corte di Carlo che è sua intenzione riconfermarli nelle rispettive cariche. «Ogni cosa continuerà come prima», li rassicura. Raggelandoli con la minacciosa aggiunta: «Per il momento». Dopo un breve silenzio, l'interminabile schiera di uomini, per la maggior parte anziani, sfila e si inchina davanti a lei e le bacia la mano, salutandola regina d'Ungheria, regina di Boemia, arciduchessa d'Austria, duchessa di Milano e con tutti gli altri titoli che spettano all'erede Asburgo. Senz'altra cerimonia, si compie così il passaggio dal regno di un monarca assolutista a una giovane donna della quale, finora, si può dire soltanto che è una sposa dal carattere risoluto e gaio, e una tenera madre. Alla fine del semplicissimo rito, la corte si allontana bisbigliando fittamente sulla prima, clamorosa infrazione di Maria Teresa alla rigida etichetta. Per tutto il tempo dell'udienza e dei saluti ufficiali, la sovrana è rimasta sotto il baldacchino dalle pesanti frange dorate, in piedi, e non si è mai seduta sul trono.

La proprietà degli Asburgo si era allargata fino ad arrivare a proporzioni quasi incalcolabili, soprattutto attraverso un incessante, fittissimo intreccio di matrimoni con principi e signori dell'intera Europa. «Felice Casa d'Asburgo! I regni che Marte concede agli altri come ricompensa, ad essa è Venere che li porta», si diceva di loro. Maria Teresa ha ereditato un'autorità inquieta e contestata su terre e popoli appartenenti a razze, culture e religioni diverse, comprendenti tedeschi, magiari, fiamminghi, rumeni, italiani, e un confuso assortimento di slavi. Carlo VI le lascia l'Austria, alcuni paesi dei Balcani, le terre della corona boema consistenti nella Boemia, nella Moravia e nella Slesia; le terre della corona ungherese, che comprendono l'Ungheria e la Croazia; numerosi territori nella Germania meridionale, chiamati collettivamente *Vorlände*; i Paesi Bassi austriaci, i ducati di Mantova, Milano, Parma e Piacenza. Il legame più stretto è col Tirolo, i ducati austriaci, il regno di Boemia e, in una certa misura, l'Ungheria. I *Vorlände* sono troppo lontani, ma poiché appartengono al Sacro Romano Impero, in qualche modo si sentono uniti alla Hofburg. I Paesi Bassi, Milano e Mantova, che comunque forniscono prestigio e potenza alla monarchia, vengono considerati appendici molto distaccate.

La Casa Asburgo era nata nel 1273 con l'oscuro principe Rodolfo di Svevia che, inaspettatamente eletto imperatore del Sacro Romano Impero, aveva stabilito di impadronirsi della capitale del Danubio governata dal re boemo Ottocaro. Per arrivare a Vienna, anziché tentare di farsi strada con le armi, Rodolfo aveva preferito dare in moglie una delle sue figlie all'elettore di Baviera, garantendosi un cammino sicuro e un primo alleato. Accampato sotto le porte della città, aveva ancora una volta evitato la guerra combinando un doppio matrimonio tra i suoi figli e quelli di Ottocaro. L'insediamento a Vienna era stato tanto pacifico, che il vescovo di Basilea, informato dell'abilità di Rodolfo, aveva commentato: «Se non stiamo attenti, questo Asburgo si prenderà anche il tuo trono, o mio Dio!». Le scelte di Rodolfo, che aveva considerato il sacrificio dei figli pochissima cosa a confronto del risparmio di vite umane, avevano contrassegnato il costume di tutti i suoi discendenti disposti a baratti matrimoniali, soprattutto per le femmine, assai simili a vere e proprie immolazioni, in nome del benessere della collettività.

Quando Maria Teresa succede al padre, la Casa d'Austria detiene un buon numero di prerogative sovrane su ogni possedimento ereditato. Tuttavia, i vastissimi domini non le concedono un potere assoluto. L'approvazione delle imposte, la loro entità, la loro ripartizione e riscossione, dipendono dalle Diete, a loro volta dominate dall'aristocrazia locale dei grandi proprietari fondiari. Questo vale soprattutto per l'Ungheria, dove il re viene dopo la costituzione; e, in un certo modo, anche per la Boemia, il Tirolo, la bassa Austria. I possedimenti degli Asburgo sono una confederazione di fatto, ma non di diritto, riunita sotto lo stesso principe, al quale fornisce uomini e denaro per la politica generale d'Europa. In ciascuno di questi paesi, il sovrano detiene la suprema autorità giudiziaria mentre, solo perché vi risiede l'imperatore del Sacro Romano Impero, ha sede a Vienna un Consiglio aulico dell'impero al quale, fatta eccezione per l'Ungheria, fanno capo anche le cause degli stati ereditari che dipendono dall'impero stesso. Degli affari di Germania si occupa la cancelleria imperiale, che non è però un'istituzione centrale per i paesi austroboemi. Esistono invece i consigli, nei quali vengono trattati gli affari generali della monarchia. Il primo è il consiglio segreto, o privato, chiamato conferenza, dove il gran maggiordomo di corte ha funzioni di primo ministro. Un altro, la camera «aulica dei conti», gestisce le entrate che i differenti paesi mettono a disposizione del sovrano. La spesa principale è costituita dal mantenimento dell'esercito, mentre la pesante e inquieta politica estera la costringe a contrarre debiti ovunque, soprattutto con banchieri olandesi e genovesi. La gestione era però un po' migliorata da quando Carlo VI aveva aperto la banca di Vienna, e l'aveva affidata al conte Starhemberg. I consiglieri della conferenza sono alti ufficiali che, dopo aver deliberato, sottopongono al *placet* del sovrano i progetti la cui esecuzione dipende, però, dalle Diete e dalle amministrazioni locali. Il sovrano è rappresentato negli altri stati da una luogotenenza, che governa e amministra a suo nome, ma sempre insieme alla Dieta. Gli ufficiali di giustizia e finanza, anche se nominati da lui, dipendono dalla Dieta per gli emolumenti, e servono il loro Stato piuttosto che il loro principe. Infine, un consiglio si occupa dell'esercito, che dipende dalla conferenza per i mezzi finanziari.

Al momento della morte di Carlo VI, la corona del Sacro Romano Impero è vacante. Dopo l'infelicissima e lontana esperienza di Irene «la viziosa», tanto pericolosa per le sue nefandezze da portare Carlo Magno alla soglia delle nozze con lei, così da toglierle il potere, una tacita legge vieta alle donne di pretendere la corona. Di conseguenza, Maria Teresa tutto può ereditare dal padre, fuorché lo storico titolo oramai privo di eccezionali poteri, ma ancora capace di conferire autorevolezza e dignità anche al più sbiadito degli uomini.

Le origini del Sacro Romano Impero risalgono all'età di Cesare Augusto, ma è con Carlo Magno, nell'Ottocento, che l'imperatore assume il suo più forte significato, diventando il simbolo stesso della difesa della cristianità. Dopo la disgregazione dell'impero, il titolo viene trasmesso, non più attraverso gli elettori (la Dieta), ma dalle mani del papa. Perduta, col tempo, la sua influenza politica, il papa non risulta più necessario all'elezione, e torna ad avere grandi poteri la Dieta. Per molte generazioni, il titolo di imperatore era stato in mano ai re di Sassonia. Era quindi passato agli Hohenstaufen e, dal 1438, spetta quasi automaticamente agli Asburgo, che se ne ritengono «eredi per diritto divino». Generazioni di giuristi, storici e bibliotecari, hanno infatti lavorato incessantemente alla corte di Vienna per dimostrare che, nell'interminabile loro genealogia, c'erano stati santi ed eroi fino a risalire, nientemeno, a Noè.

Il Sacro Romano Impero è composto da circa trecento

principati, distribuiti sui territori comprendenti Germania, Cecoslovacchia, Austria, Ungheria, una parte della Svizzera e dell'Italia, in un agglomerato senza coesione e, spesso, senza contatti. L'imperatore è nominato a vita da sette elettori che compongono la Dieta. Non ha mezzi per riscuotere le imposte, né una capitale, un tribunale, un esercito. Le sue forze militari sono quasi interamente fornite dai principi, o reclutate nei domini ereditari dell'imperatore stesso, che gode di prerogative politiche superiori a quelle di qualsiasi altro monarca. Nelle cerimonie, ha sempre il primo posto. Può concedere il titolo di re ai principi elettori. Nessun matrimonio fra principi è possibile senza il suo consenso. La sua influenza si estende anche sulla Chiesa, manifestandosi nella scelta dei vescovi e degli abati. Un tempo, imponeva la propria volontà nell'elezione del Papa. Infine, è l'unico al mondo a portare il titolo di «Sacra Imperiale Maestà». Questo spiega come, per tanti secoli, l'antico prestigio del titolo potesse essere sostenuto solo da una grande potenza; le lunghe e vane bramosie di molti re d'Inghilterra e di Francia; gli accanimenti di Enrico VIII e di Francesco I intorno a questa corona; l'affannosa inquietudine di Carlo VI che, vedendo spezzarsi il filo della candidatura diretta a causa di un'erede femmina, cerca di porla sul capo di un uomo degno di esercitarne il potere; e l'imbarazzante situazione di Francesco Stefano, che non era riuscito a battersi con dignità contro i turchi, costante e pesante minaccia di quella cristianità che un imperatore doveva essere in grado di difendere.

Subito dopo la morte del padre, con gli architetti di corte e il celebre disegnatore Moll, Maria Teresa scende nella Cripta del convento dei Cappuccini dove, da cento anni, sono sepolti gli Asburgo. Qui, in un'atmosfera soffocante e sinistra, dentro urne di bronzo illuminate da enormi torce fumose, giacciono l'imperatore Mattia, costruttore del convento e della cripta, e sua moglie Anna del Tirolo. Gli imperatori Ferdinando III e Ferdinando IV. Le imperatrici

Eleonora Maddalena, Eleonora Gonzaga, Margherita Teresa, Maria Leopoldina e Maria Anna. Il nonno di Maria Teresa, Leopoldo, e lo zio Giuseppe I. Infine, un'allarmante quantità di bambini chiusi in piccole bare senza nome. Per il padre, la sovrana ordina l'esecuzione di un sarcofago fastoso e lugubre, sul quale troneggia la figura a mezzobusto dell'imperatore in parrucca, di fianco a una donna seminuda e con la testa velata che, con una mano tiene un medaglione col ritratto di lui contro il petto; con l'altra, depone su un cuscino lo scettro e il globo imperiali. Simbolo estremo della vacuità del potere, quattro teschi coronati concludono, ai lati, l'impressionante sacello.

A Maria Teresa non è concesso altro tempo per la pietà. Dopo aver chiesto di essere ricevuto con la massima urgenza, il ministro delle Finanze Starhemberg le ha comunicato che resta a sua disposizione la miserabile cifra di centomila fiorini, tutti però pretesi da sua madre a titolo di «sussidio», in quanto vedova dell'imperatore. Il debito nazionale è esorbitante. Le fonti di reddito, come le miniere, il legname, il bestiame sono ipotecate. Sono stati spesi fino all'ultimo *Gulden* i prestiti ottenuti dai nobili. L'esercito, che in tempo di pace avrebbe dovuto essere composto da circa 160.000 uomini, è stato dimezzato dalle malattie contagiose provocate da fame e miseria. Da molti mesi, soldati e ufficiali non ricevono la paga, così che sono sempre più frequenti le diserzioni. I contadini che vivono nei dintorni della città sono già arrivati a Vienna e, a causa del gelo che ha compromesso la vendemmia, minacciano di invadere le riserve di caccia degli Asburgo e distruggere la selvaggina, ritenuta responsabile del saccheggio di ciò che resta nei loro miseri campi. Come se non bastasse, circola voce che l'elettore di Baviera abbia intenzione di far valere le sue ragioni, vantando pretese sul trono. La contessa Fuchs sorprende Maria Teresa che singhiozza con la testa china sul tavolo da lavoro mentre, sul suo diario, ha appena finito di scrivere: «Non credo si possa negare che la storia non conosca il caso di una testa coronata che incominciò il suo regno in circostanze più angosciose di quelle che accompagnarono la mia ascesa al trono».

Sgomenta, Maria Teresa non si fa però intimorire, e al cortigiano che si lascia sfuggire l'infelicissima frase, « a capo di tutto ciò sarebbe più valido un uomo», risponde pronta: «Io sono soltanto una regina. Ma ho il cuore di un re». È determinata, vuole imparare il suo mestiere. Ascolterà, interrogherà, passerà le notti a leggere le carte, a prendere appunti sulle relazioni dei ministri, a chiedere consigli. E non le basteranno le relazioni dei consiglieri. Avrà bisogno di continue verifiche, di fatti concreti. Una delle sue dame di compagnia, la contessa Elisabeth von Fritz, riceve l'incarico di aggirarsi per le strade della città travestita da popolana, perché ascolti le critiche e le proteste, si intrufoli nei capannelli dove la gente si riunisce per accusarla di un qualche eventuale torto, raccolga il maggior numero possibile di lamentele, sappia quali sono i principali motivi per cui non hanno fiducia in lei.

La contessa Fritz enumera diligentemente i fondamentali motivi del grande scontento che inquieta la città. A causa del cattivo raccolto, i contadini hanno fame. Inoltre, la gente non stima Francesco Stefano e teme che influenzi negativamente l'inesperta consorte. Maria Teresa ordina di sterminare le lepri, i daini, i cinghiali e gli uccelli che suo padre aveva fatto allevare nelle grandi proprietà della corona per le predilette partite di caccia. Non è molto, ma il gesto servirà a placare gli animi dal risentimento provocato dall'arroganza degli Asburgo sul loro pane quotidiano. Soffre per la cattiva fama di suo marito. L'ha nominato suo coreggente ma, più che altro, è stato un amorevole tentativo di non avvilire la sua disastrata immagine, e difenderlo in faccia al mondo. Del suo bellissimo Franz, si è proposta di fare un marito appagato e felice. Ma non si appoggerà a lui, non sarà influenzata dai suoi pareri per le questioni di governo. Fin dall'inizio, non si è fatta illusioni. La responsabilità delle scelte, anche le più sbagliate, sarà soltanto sua. Di fronte a un dominio immenso e sconosciuto sa di essere sola.

Sola, Maria Teresa è anche di fronte all'Europa, agitata da continue alleanze cucite e scucite apposta per tenerla a bada, pronta e vorace davanti alla prospettiva di spartirsi i lembi delle sue terre maggiormente in pericolo. A differenza del padre, che ascoltava controvoglia i sensati consigli di Eugenio, e sempre più spesso non li metteva in pratica, lei è decisa a non darsi pace finché non si sarà circondata da persone intelligenti, abili, lavoratrici, fedeli. E non importa, se non penseranno come lei. Se vivranno in maniera differente dal suo costume. Se useranno cinismo, crudeltà, volgarità. Maria Teresa è convinta che, per il bene della Casa d'Austria, sia necessario avere intorno soltanto chi è disposto, per l'Austria e per la sua sovrana, a sacrificare tutto.

La situazione esterna poggia su un precario equilibrio e, ai confini, è addirittura pericolosa. L'elettore di Baviera non si rassegna a rinunciare ai suoi diritti. La Francia, nella persona dell'abilissimo ministro degli Esteri cardinale Fleury, cerca di approfittare della sua debolezza di donna ricattandola instancabilmente. Dalla Spagna, Elisabetta Farnese minaccia nuovi conflitti. Ma il pericolo più vicino viene da Federico di Prussia, il sovrano che aveva rifiutato di sposarla quando erano ancora bambini, l'amico fraterno di suo marito, il poeta misogino, lo scostante sposo di sua cugina Elisabetta. Le notizie che giungono da Berlino sono allarmanti. La Prussia conta solo due milioni di sudditi. Niente, in confronto a quelli di Maria Teresa, che governa su un territorio enorme, con quindici milioni di abitanti. Rinforzando il suo esercito con sette nuovi reggimenti di fanteria, il prussiano ha compiuto una manovra preoccupante. E ci vuol poco a capire che, vicino com'è ai confini con l'Austria, sta armandosi non certo per lei: ma contro di lei.

Federico è salito al trono contemporaneamente a Maria Teresa, e inizia il suo regno con un atto che lo rende subito grande davanti al suo minuscolo popolo. Frugando negli archivi di famiglia, ha trovato cavilli sufficienti per vantare diritti sulla Slesia, una provincia confinante col Brandeburgo abitata da tedeschi luterani e ricca di prosperose manifatture tessili, attuale dominio dell'Austria.

Il Consiglio di Vienna mette subito in guardia la sovrana e, per ottenere chiarezza, Maria Teresa invia il conte Botta-Adorno a Berlino. Cortesemente ricevuto dal re, Botta lo ascolta recitare. «Se mai io avessi un piano militare, sarebbe unicamente per offrire il mio aiuto alla vostra sovrana». Federico è subdolo, quando parla non guarda mai in faccia nessuno. E Botta conosce il testo del messaggio che ha scritto a sua sorella: «O perirò, o avrò l'onore di questa impresa». Infatti, il conte è appena rientrato a Vienna quando, alla Hofburg, si presenta il barone Gotter, gran maresciallo di Prussia. Maria Teresa rifiuta di vederlo, e si fa rappresentare da suo marito. È stanca e provata dal dolore. La sua terza bambina, Maria Carolina, è morta in poche ore per un attacco di febbri intestinali. E sta per partorire per la quarta volta. Questo non le impedisce, però, di seguire il colloquio sedendo in poltrona nella stanza accanto, da dove fa sentire la sua presenza con colpetti di tosse, rumori, ordini. «Vengo con la salvezza della Casa d'Austria in una mano», dice Gotter, «e la corona imperiale nell'altra»: intendendo, con questo, che Federico appoggerà l'elezione di Francesco a imperatore soltanto se Maria Teresa cederà la Slesia. Incalza ancora il barone: «Nessuno è più fermo del mio sovrano nelle sue decisioni. Egli deve entrare nella Slesia, e vi entrerà. Una volta che vi sarà entrato, egli deve procedere: e procederà oltre. E se non avrà immediatamente assicurata la cessione di quella provincia, il suo denaro e le sue truppe saranno offerte all'elettore di Baviera e al re di Sassonia». Maria Teresa ha sentito tutto, ma suo marito non dovrà esprimere nessun parere. Soltanto lei, deciderà come rispondere. Aprendo la porta, mostrandosi solo a metà, tronca ogni discorso e annuncia imperiosamente: «Franz, è pronto in tavola».

Al secondo incontro, il barone Gotter informa Francesco Stefano che le truppe sono già entrate in Slesia, ma la

Prussia è ancora disposta a trattare. Neppure questa volta Maria Teresa si è degnata di incontrarlo, e incarica il marito di dargli risposta. «Ora andate», ordina Francesco Stefano, «tornate dal vostro signore, e ditegli che finché egli ha un uomo in Slesia, preferiremo morire piuttosto che trattare. Ma se non è entrato, e si asterrà dall'entrarvi o, entratovi, tornerà sui suoi passi, noi tratteremo con lui a Berlino». Mentre esprime la decisione della moglie, il Lorena è consapevole che è in gioco anche la sua sorte. Non è facile mettersi contro Federico, influente elettore del futuro imperatore del Sacro Romano Impero. Tuttavia, con voce nitida e alta, scandendo una per una le parole: «Per parte mia», aggiunge, «né per la corona imperiale, né per tutto il mondo, sacrificherò un diritto o un pollice dei legittimi possessi della regina». Il gesto coraggioso lo riabilita agli occhi dei viennesi. Sua moglie si getta fra le sue braccia, chiamandolo coi più teneri nomi.

«La politica dei grandi monarchi è sempre la stessa. Il principio fondamentale è immutabile: afferrare ogni cosa allo scopo di arricchire», scrive lucidamente Federico nel suo diario. Dinanzi alla fermezza dell'Austria, chiede una somma di denaro in cambio dell'abbandono della Slesia. Non ha però la pazienza di aspettare la risposta, che sarà negativa, e invade materialmente la provincia. Il primo giorno di gennaio del 1741, con 30.000 uomini entra a Breslavia. In poco meno di un mese, l'intero territorio viene occupato da un esercito che non ha avuto occasione di sparare un solo colpo di fucile. Quasi interamente luterana, la Slesia riceve come un liberatore il re di Prussia che, senza fatica, addirittura riscuote le imposte destinate a Maria Teresa.

Federico è nato nel 1712 ed è salito al trono nel 1740, quasi contemporaneamente alla sovrana austriaca. Suo padre era stato un odioso ma intelligente sovrano. Discendenti del Barbarossa, già da sei generazioni gli Hohenzollern erano titolari della corona di Prussia grazie alla benevolenza di un imperatore Asburgo. Nominato da Carlo VI

Grande elettore, Federico Guglielmo si era dimostrato un fidato e convincente sostenitore nella scelta del futuro capo del Sacro Romano Impero. Era stato un uomo instancabile, attivo, pratico, e aveva portato al benessere il suo paese imponendo un ordine ferreo, aprendo fabbriche, e incrementando soprattutto la manifattura tessile. Misogino, avrebbe voluto che le sue suddite non uscissero di casa. Avarissimo, aveva indossato fino a ridurli a brandelli i suoi già scarsi vestiti, di cui riutilizzava i bottoni quando, con la forza, veniva costretto a farne di nuovi. Si era ritenuto padrone assoluto della sua gente, e aveva seguito personalmente l'amministrazione pubblica passando il suo tempo a far conti sul rovescio delle buste già usate, e inventando le mezze maniche per non rovinare le passamanerie della giacca. Pochissimo amante della guerra, come Eugenio di Savoia credeva che la presenza di un esercito potente avrebbe potuto evitarla, scoraggiando gli avversari. Appassionato di divise militari, di cavalli e di eserciti, aveva collezionato per la sua guardia del corpo uomini altissimi, i minacciosi e possenti granatieri, cui teneva tanto da impedir loro di andare in battaglia.

Anche se giovanissimo e portato alle arti anziché alla guerra, Federico si rende conto che il padre, da lui detestato e disprezzato quand'era in vita, non aveva commesso altri errori oltre a quelli di averlo umiliato spezzandogli l'adorato flauto, di averlo preso pubblicamente a calci nel sedere e, giustiziando il suo amico Katte, di avergli impedito la fuga dalla Prussia. Il tremendo fatto era accaduto quando il principe aveva solo vent'anni. Umiliato, esasperato, aveva tentato di rifugiarsi presso il re d'Inghilterra, suo parente per parte della madre, Sofia Brunswick-Celle. Ma era stato sorpreso, imprigionato, condannato a morte dal suo stesso padre, graziato per le suppliche della corte, e costretto ad assistere dalla sua cella all'esecuzione del disgraziato complice. Per tutto il resto, Federico riconosceva nel padre un sovrano avveduto e leale coi sudditi che avevano imparato, temendolo, ad apprezzarlo, addirittura ad amarlo.

Non appena sul trono, Federico riprende a regnare con gli stessi criteri di suo padre. Economo, ordinato, pignolo, ancora più di lui geloso del reggimento dei granatieri, veste soltanto la divisa militare e si fa seguire, anche sui campi di battaglia, dalle scartoffie amministrative. Nella tenda da campo, su uno sgabello illuminato da una lanterna, trascorre gran parte della notte a controllare, uno per uno, i documenti contabili che rimanda prima dell'alba a Berlino. È un lavoratore febbrile, dorme quattro ore per notte, si nutre distrattamente, nel poco tempo che gli resta legge i classici, tiene un diario, scrive poesie, ascolta o fa musica, colleziona opere d'arte che ordina e compra in ogni parte d'Europa. È solo. Ha confinato la moglie in un palazzo di campagna, dove si reca soltanto nel giorno del compleanno della regina, facendole il grande onore di togliersi i vecchi, inzaccherati stivali militari.

Delusa nella buonafede, Maria Teresa è decisa a dichiarare guerra al re di Prussia. Franz tenderebbe a negoziare. Compagni di scapicollate avventure giovanili, per giunta massoni, è convinto che, se si incontrassero in privato e senza intermediari, lui e Federico troverebbero una soluzione capace di accontentare i due contendenti.

«Faremo la guerra», decide invece, brusca, sua moglie. Sta per partorire. La nascita di un maschio sarebbe il sistema più immediato per ottenere, non soltanto la fiducia, ma anche uomini e denaro dai suoi popoli. «Per avere un maschio, bisogna pregare San Giuseppe», le aveva consigliato la nonna, che così aveva fatto a suo tempo e, per riconoscenza, aveva chiamato Giuseppe il primogenito. Maria Teresa prega e, a sua volta, fa un voto: se nascerà finalmente un bambino, anche suo figlio porterà questo nome.

VII

NASCITA DI GIUSEPPE, L'EREDE. GLI UOMINI DI MARIA TERESA. MARIA TERESA «RE D'UNGHERIA»

Maria Teresa è raggiante. Le è nato un figlio maschio che pesa sedici ibbre e due once, strilla e si nutre regolarmente. Un bambino sano. È il 13 marzo 1741.
«Dopo quello delle mie nozze, è il secondo giorno veramente felice della mia vita», assicura. I suoi parti sono rapidi, senza dolore. Fino all'ultimo, la sovrana lavora, cavalca, balla. Poco dopo si rialza, e riprende a condurre un'esistenza dove le dense ore di governo si alternano a gite in campagna, feste, ricevimenti, recite.

Nonostante la grave preoccupazione di una guerra che non vuole, e però sembra imminente, Vienna è in festa per la nascita dell'erede. Il 20 marzo Maria Teresa esce in landò scoperto, con due cavalli e due servitori, per mostrarsi più da vicino e «per toccare con gli occhi la mia buona gente». Annota lord Harrington: «Le vie anguste erano zeppe di popolo minuto e di una folla cenciosa di disertori prussiani e turchi, ma ella proseguì la sua strada senz'altra dimostrazione che gli evviva e le espressioni di gioia di una popolazione eccitata». Contro la volontà della nonna Elisabetta di Brunswick, che avrebbe voluto fosse battezzato col nome di Carlo, il bambino è stato chiamato Giuseppe.

L'esultanza per l'arrivo del suo primo maschio non solleva Maria Teresa dall'avvilimento che le ha inflitto Federico, invadendo la Slesia ancor prima di una dichiarazione di guerra. Con imperdonabile slealtà, mentre i suoi ambasciatori fingevano ancora di negoziare e trattare con l'Austria, le truppe prussiane varcavano i confini della terra contesa. Duramente colpita nell'orgoglio, la sovrana aveva già stabilito, in gennaio, che occorreva armarsi per liberare le terre occupate. Tranne Bartenstein, il Consiglio avrebbe invece preferito tentare strade incruente, e arrivare alla pace.

In aprile, gli inglesi inviano un contributo di un milione di sterline, lasciandole intendere di non avere, però, più alcuna intenzione di mandare altri finanziamenti. Dopo aver invano sperato nell'aiuto dei russi, dei polacchi e dei francesi, quando Maria Teresa dichiara guerra alla Prussia è assolutamente sola. Preparandosi a rimproverarle, in avvenire, il grande prezzo pagato per riprendersi la Slesia, l'Europa resta a guardare. Ma nessun prezzo è abbastanza alto per lei, che ha ben assimilato la lezione degli avi: non si cede, non si lascia a nessuno, neppure un orto, appartenente agli Asburgo.

La sovrana ha nominato comandante in capo il generale Neippberg. È una scelta discussa perché, sotto il regno di Carlo, Neippberg era stato arrestato e punito per aver perduto Belgrado nella battaglia contro i turchi. I reggimenti che si trovavano in Ungheria, in Moravia e nella Slesia, sono stati richiamati per una nuova organizzazione. Maria Teresa segue di persona il comportamento delle truppe, leggendo con pignola attenzione le relazioni che pretende di ricevere in tempi brevissimi, anche dai più lontani avamposti. Quando era incinta, costretta a rimanere nel suo appartamento almeno nei giorni prossimi al parto, per non lasciarli soli e per incitarli a una maggior severità nell'organizzazione della difesa, riceveva i ministri in camera da letto. Scriveva al colonnello Roth, comandante della fortezza di Neisse: «Vedo benissimo che da noi tutto si fa troppo lentamente. Questo sarà la nostra rovina, a lungo andare. Non c'è sollecitudine nemmeno a compiere le cose di importanza suprema». La situazione da affrontare era rischiosa. «In quelle circostanze, mi trovai senza denaro, senza credito, senza un esercito, senza esperienza e conoscenza, persino senza consigli, perché tutti i miei ministri erano completamente occupati a cercare di scoprire da quale parte avrebbe tirato il vento», era il seguito.

Il governo le appare in tutto il suo desolato squallore. C'è qualcuno che ama davvero la grande Casa d'Asburgo? O tutti se ne servono per i loro affari privati? Oltre a essere molto anziani, i ministri ereditati dal padre la esasperano con difetti per lei insostenibili. Sono lenti, eccessivamente pazienti e metodici. «Se Dio stesso non avesse provveduto alla morte di tutti loro», scriverà nel suo diario, «io non avrei mai potuto mettere in sesto i miei affari». Rispettosa delle scelte paterne, tuttavia non ne licenzia uno e, in attesa di ricambi migliori, da ciascuno impara a trarre tutti i vantaggi possibili. «Io decisi di non nascondere la mia ignoranza. Decisi di ascoltare ciascuno nel suo ramo e ottenere informazioni esatte». Si fidava delle informazioni, non teneva conto dei loro pareri. «Troppo schiavi dei pregiudizi, per dare delle opinioni utili. Ma troppo rispettabili per essere congedati».

Il primo cancelliere di corte, il conte Luigi Filippo Zinzerdorf, è «un grande ministro». Ha però settant'anni, conduce un'esistenza dispendiosa ed è inseguito dai debitori. Per ottenere prestiti, o regali, tresca col cardinale francese Fleury e con la Spagna. In questo preciso momento, tiene rapporti segreti, e probabilmente riceve denaro, anche con Federico di Prussia. Si parla esplicitamente di lui come di un corruttore. Per corruzione e tradimento, era stato accusato anche suo padre, che l'imperatore Leopoldo aveva nominato ministro e poi aveva punito, privandolo di tutte le proprietà. Maria Teresa non ha «piena fiducia» in lui: e tuttavia se ne serve perché ha esperienza e, immerso da mezzo secolo fra i problemi europei, conosce anche i segreti più intimi, e i trucchi più sottili, degli uomini e delle cose.

Il conte Gundacker Tomaso Starhemberg è presidente della Camera, e da sempre sostiene ogni possibile collaborazione con la Prussia, la Russia, gli Stati generali dei Paesi Bassi. Per quanto si detestassero, era stato un tenace alleato del principe Eugenio, nel vano tentativo di convincere Carlo VI a cambiare la monarchia d'Asburgo in uno Stato centralizzato. È un uomo fedele. Maria Teresa dice di «possederne pienamente la fiducia» e di venerarlo, nonostante non abbia l'intuito politico di Zinzerdorf. «Purtroppo», osserva, «è oramai troppo vecchio. Ha settantasette anni, e la sua passione per le scienze occulte ne ha fatto un uomo distante dalla vita vera, dai problemi che affliggono la Casa d'Austria».

Anche i ricchissimi fratelli von Harrach, Aloysius e Josef, hanno più di settant'anni. Il primo si occupa degli Affari interni. L'altro presiede il consiglio di guerra. «Insopportabilmente lento», lo definisce la sovrana.

Bartenstein è l'uomo che aveva costretto Francesco Stefano a cedere la Lorena alla Francia. Per questo imbarazzante e penoso precedente, il giorno stesso in cui Maria Teresa era stata acclamata sovrana aveva presentato le dimissioni, da lei immediatamente respinte, ritenendolo utile allo Stato e riconoscendo che la sua insistenza aveva come altissimo scopo l'amore verso la Erzhaus. Bartenstein è protestante e non è nobile, è di carattere insopportabile e modi incivili, è presuntuoso e indisponente. Tuttavia, nei momenti duri, ha coraggio, e quando deve trattare «riesce a trasformare in positive le sue caratteristiche peggiori». «Capace», ritiene infine il conte Ferdinando Herberstein. Forse, lo apprezza soprattutto perché, fra tanti vegliardi, ha quarantacinque anni.

Mentre si prepara alla guerra, Maria Teresa incomincia a rinforzare il suo «gabinetto» con forze più giovani e intraprendenti. Il conte Filippo Kinsky, ricchissimo proprietario terriero e presidente del Consiglio boemo, diventa il suo più fidato consigliere. Arrogante e indipendente, rimproverato più volte dal principe Eugenio perché non si curava di informare il sovrano sugli umori dell'Inghilterra quando era ambasciatore austriaco a Londra, Kinsky è leale fino alla rudezza. L'indulgenza della sovrana, per chi le è fedele, è infinita. Senza neppure scusarsi, Kinsky si permette di inviarle documenti imbrattati di sugo di tabacco. E lei, con divertita complicità, e squisita finezza, lo avverte di stare più attento soltanto nel caso le carte siano destinate a finire sul tavolo del cancelliere.

Nella vita di questa giovane regina, per sua stessa ammissione inesperta e indifesa nell'affrontare i gravissimi problemi dello Stato, fin dall'inizio entra di prepotenza un portoghese. Don Manoel Telles de Menzes e Castro, conte di Tarouca, che diverrà più tardi anche duca di Silva, ha quarantacinque anni. Di carnagione scura e aspetto incolore, è riservato e risoluto. I cortigiani deridono la sua pignoleria, ma temono la sua lingua tagliente. Tarouca aveva seguito suo padre in Austria, al servizio di Carlo. Di Carlo, don Manoel era stato paggio e, al tempo delle grandi vittorie contro i turchi, aveva combattuto nell'esercito asburgico agli ordini di Eugenio di Savoia.

Maria Teresa frequenta Tarouca da quando è bambina e, non appena sale al trono, lo nomina presidente del Consiglio ministeriale dei Paesi Bassi. Di lì a poco, riconoscendogli una grande capacità organizzativa, lo incarica di consigliarla nel programmare la sua giornata. Dapprima, il compito sembra soltanto occasionale. Ma poi: «D'ora innanzi», gli comunica, «senza interruzione, dovrete dire alla Vostra sovrana in che cosa sbaglia, e spiegarle con totale franchezza i difetti del suo carattere». Don Manoel tenta di rifiutare, fino a che il desiderio della sua regina non diventa un ordine senza possibilità di appello. Il programma è dettagliato e rigoroso. In compenso, il portoghese chiede la promessa di non infrangerlo, «per il bene del nostro amato paese, e anche per la salute della nostra sovrana».

L'«agenda» prescrive la sveglia alle otto, e che la prima mezz'ora sia dedicata alla colazione e alle preghiere. La mezz'ora seguente è riservata all'ascolto dei rapporti dei medici sulla salute dei bambini. Il resto della mattinata prevede lavoro di ufficio. Viene riservata un'ora e non oltre per il pranzo, esattamente alle dodici e trenta, «perché non si mangino le pietanze fredde», e si stabilisce che, subito dopo, Maria Teresa concluda il lavoro avviato nella mattinata. Soltanto se sarà rimasto del tempo, potrà far vita di famiglia fino alle quattro. Dalle quattro alle sei, la sovrana presiederà il Consiglio. Dalle sei alle otto, avrà una vita privata. Alle otto, si metterà a tavola per la cena. Alle dieci, andrà a letto.

La prima mezz'ora della giornata di Maria Teresa passa veloce in un elettrizzante turbinio di cameriere che sfrecciano con vestiti e gioielli. La sovrana vorrebbe tutto alla perfezione e senza aspettare, riducendo a prostrate schiave le persone al suo servizio. È gentile, ma non tollera che, per imperizia o distrazione, le si faccia perdere tempo. Nelle prime ore del mattino, la sua voce risuona acutissima fra le stanze private, soprattutto con chi ha il difficile incarico di pettinarla. Occupata e preoccupata per gli affari di governo, è però ben decisa a non comportarsi come molte dame di Vienna di sua conoscenza che, una volta sposate, non si curano più di suscitare l'attenzione del proprio marito. Maria Teresa ha capelli folti e belli, di lucido color oro brunito. Franz ne è invaghito fin da quando era bambina, e ancora oggi le tira scherzosamente i riccioli sfuggiti ai fermagli dietro la nuca. Prima di essere soddisfatta, Maria Teresa cambia e scarta anche tre acconciature, e più di una volta la sua pettinatrice è svenuta per la tensione e la fatica.

Il rapporto fra i due sposi è affettuosissimo, ma battagliero. All'apparenza, Franz è un uomo condiscendente. In realtà, sa come dominare sua moglie senza lasciarsi irretire o commuovere dalle sue innegabili grazie. Le schermaglie sono frequenti, e non sempre è lei a uscirne vittoriosa. Scrive Maria Teresa alla sorella, dopo una discussione particolarmente violenta, quando lui decide di partire per la guerra contro la sua volontà: «Stavo male per la collera e l'angoscia, e con la mia cattiveria ho fatto soffrire *mon vieux*. Ho ripiegato sul nostro consueto rifugio, carezze e lacrime:

ma sono state inutili, sebbene lui sia il miglior marito del mondo. Alla fine ho fatto un'altra scenata, al punto tale che ora stiamo male entrambi. Non riesco a smuoverlo, e nello stesso tempo devo confessare a me stessa che le sue ragioni sono abbastanza plausibili. Comunque, se partirà, io lo seguirò, o mi chiuderò in un convento».

Passionale e tenera, Maria Teresa dorme in un vasto letto nuziale. Suo marito si corica ogni notte al suo fianco e spesso, nei giorni di festa, sul talamo gigantesco si arrampicano i loro bambini. «Una sovrana dovrebbe dormire da sola, in modo da poter ricevere all'istante i suoi ministri, in caso di comunicazioni urgenti», le suggerisce il maestro di etichetta. Un regale tempestivo urlo trafigge i quadrati cortili della Hofburg e arriva alla splendida, silenziosa biblioteca dove Francesco Stefano si rifugia a consultare gli amati libri di botanica e di finanza. Furibonda, la sovrana reclama il diritto di dormire insieme al marito. «Mai lascerò il mio posto accanto al mio sposo», garantisce. Poi, con disarmante candore: «Signori, quando torno nei miei appartamenti, mi ritengo una donna come tutte le altre. Inoltre, voi saprete sicuramente che la maggior parte dei problemi fra coniugi viene risolta a letto».

Sommersa dagli enormi problemi che si ammassano sul suo paese, Maria Teresa bada attentamente a non trascurare i suoi diritti di donna. La sera, trascorre il tempo libero occupandosi dei figli, che hanno il permesso di alzare la voce e giocare liberamente, far domande e rispondere a tono. Nel caso uno di loro stia poco bene, ha dato ordine che la interrompano anche durante le sedute del Consiglio. Non trascura il gioco delle carte, e spesso si rilassa facendo il «solitario» mentre attende una visita ufficiale, o quando si sposta in carrozza. Appena ha più tempo, trasferisce la famiglia a Laxenburg, semplice e comoda, quasi una casa di campagna con stalle e fattorie. Mangia e dorme poco, beve molta acqua ghiacciata e una quantità impressionante di limonata. Le piace camminare senza scorta, anche fuori dalle sue tenute. Una volta, sorpresa e non riconosciuta insieme a Franz a rubare un grappolo d'uva, è stata rinchiusa tutta la notte dentro un pollaio, in attesa che il contadino ricevesse da un segretario della Hofburg il dovuto compenso.

Neppure un mese dopo la nascita di Giuseppe, giunge a Vienna la notizia della disfatta di Neippberg. Federico, che contava su pochissime forze, mentre l'austriaco aveva un esercito di 6000 uomini a cavallo, prima della battaglia era addirittura scappato dal campo. Ma i suoi forti e ben addestrati fanti si erano battuti tanto coraggiosamente da far passare alla storia lo scontro di Mollwitz come il primo e clamoroso caso di sconfitta della cavalleria da parte di una truppa appiedata.

La disfatta di Neippberg complica drammaticamente i già faticosi avvii del regno di Maria Teresa. Appoggiato persino da una parte di austriaci, che non stimano Francesco Stefano, Carlo Alberto di Baviera si è candidato come successore di Carlo VI per il titolo di imperatore. Mentre l'elettore Augusto di Sassonia ingarbuglia ancor più la situazione cercando di dimostrare, fornito di una catasta di documenti, che la granduchessa d'Austria è un'usurpatrice, Carlo Alberto sostiene di aver diritto anche alla corona di Boemia. Maria Teresa si rende conto che solo un riconoscimento più ampio della Prammatica sanzione, con la quale suo padre la designava sua unica erede, può darle autorevolezza e forza sufficienti per affrontare le contestazioni dei litigiosi mariti delle cugine. Ma il resto dell'Europa, che potrebbe aiutarla, se ne guarda bene dal farlo. Attraverso il cardinale Fleury, e con patetiche motivazioni, il re di Francia rimane fuori dalla disputa, mentre Giorgio II d'Inghilterra le fa lamentosamente sapere di essersi cacciato in una situazione difficile a causa della guerra con la Spagna. La verità è che gran parte delle potenze europee iniziano a mostrare un certo interesse per la piccola Prussia, che ha sconfitto la grande Austria con una truppa di fanti. La Francia e la Baviera si schierano infatti con Federico, che va informando il mondo di aver intenzione di marciare su Vienna.

A Maria Teresa non resta che chiedere l'appoggio dell'Ungheria. Anche se ha ratificato la Prammatica sanzione, il fiero paese dei magiari non ha mai amato l'Austria, e sempre più si rafforza una corrente che va addirittura opponendosi all'incoronazione della sovrana a Presburgo, condizione indispensabile perché diventi, a tutti gli effetti, la loro regina. L'Ungheria non conosce l'erede di Carlo VI, ed è János Pállfy ad aiutare la giovane, inesperta signora, insegnandole come conquistare il suo cuore. Pállfy non gode le simpatie della Hofburg perché non segue l'etichetta di corte, bestemmia, scommette sui cavalli, è sempre circondato da belle donne, beve smodatamente. Quasi ottantenne, le gambe malferme, costretto a rimanere sdraiato su una portantina per i reumatismi, è però vivacissimo, e gode di enorme prestigio a Presburgo.

Seguendo gli astuti suggerimenti del vegliardo donnaiolo, Maria Teresa parte per l'Ungheria dopo aver studiato con lui un itinerario minuzioso, il cui obiettivo è la conquista dei recalcitranti sudditi. Scortata da Pállfy, e sfidando il malumore dei viennesi che da lei pretenderebbero più fierezza e orgoglio, si fa allestire un battello addobbato coi colori magiari, drappi bianchi e verdi, e bianche bandiere al vento. Il 20 giugno Maria Teresa scende lungo il Danubio e fa sosta a Wolfstal, vicino alla frontiera, dove le è andata incontro una delegazione guidata dal conte Eszterházy. Il nobile ungherese le rivolge il benvenuto in latino, come si usa nelle occasioni ufficiali fra le classi privilegiate. Maria Teresa gli risponde nella medesima lingua. La delegazione gradisce il suo gesto gentile, ma è la scelta del suo abbigliamento a commuoverli. Rompendo l'interminabile lutto per la morte del padre e delle figlie, la futura regina d'Ungheria indossa il luminoso costume nazionale, bianco e ricamato d'oro con fiori azzurri, il corpetto scollato e tempestato di perle che esalta lo splendore delle spalle e del seno, le maniche gonfie trattenute sotto il gomito da lacci dorati. È bellissima. Dopo il benvenuto, il conte Eszterházy informa ufficialmente Maria Teresa che la Dieta ha decretato la sua incoronazione. Conquistata dalla teatrale messinscena, la folla di Presburgo intona: *Vivat domina et rex noster* mentre, levando alta la voce, la Dieta acclama: «Lunga vita alla nostra signora, e re».

La formula del messaggio, apparentemente entusiasta, in realtà addolora profondamente Maria Teresa. Invano, lei aveva infatti cercato di essere incoronata regina, e non re, così che il titolo spettasse, di conseguenza, al marito. Ma l'Ungheria non stima Francesco Stefano, che sente ostinatamente straniero. È anche probabile che sembri loro troppo modesto, e povero, per una corona. Ancora più comprensibile è il timore di averlo come regnante, nel caso morissero, prima di lui, la moglie e l'erede. Non gli sarà concesso, per questo, di essere sul carro romano che porterà Maria Teresa in città costeggiando il Danubio. E neppure durante il tragitto che scende dall'altura del Castello fino al luogo dell'incoronazione. Per il sospettato, umiliato consorte, è stata allestita una tribuna a parte da dove assisterà, insieme al suo seguito, alla cerimonia. Costretta a non ribellarsi per ottenere il preziosissimo aiuto di cui ha tanto bisogno, all'invocazione della Dieta che la chiama suo re, Maria Teresa promette solennemente: «Sarò per l'Ungheria un padre e una madre».

La regina è stata accolta da applausi spontanei e manifestazioni di simpatia. Ma sono ancora molti i componenti della Dieta a non essere solidali con lei. Il paese è storicamente portato all'indipendenza, caparbio e tenace nel difendere i diritti che ancora gli restano. Per non fomentarne l'orgoglio militare, gli Asburgo l'avevano da tempo disarmato, destinando alla testa delle sue truppe soltanto ufficiali austriaci. La reciproca diffidenza si era un poco appianata con Carlo VI. L'imperatore aveva bisogno che l'Ungheria riconoscesse la Prammatica sanzione e, per ingraziarsela, aveva fatto molte concessioni, costituendo un Reale consiglio di Stato e impegnandosi a riorganizzare l'amministrazione provinciale. Le condizioni economiche del paese erano migliorate, la popolazione era cresciuta e i contadini, anche se non smettevano di protestare per i contributi militari e le gravose imposte sul sale, si erano arricchiti.

Maria Teresa è donna di grande fascino, ma sa che questo non basta a portare dalla sua parte i magiari più ostili. Rilascia anche lei concessioni, soprattutto ai nobili, promettendo di rispettare la loro immunità fiscale. Conferma alla nazione i privilegi di cui già gode, aggiungendo tuttavia una clausola che garantisce all'Austria il diritto di eleggere un suo proprio sovrano, in caso di completa estinzione dei discendenti di suo figlio Giuseppe. Infine, come loro rappresentanti alla corte di Vienna, propone due candidati cattolici e due protestanti. Uno di questi è Pállfy, che le giura di consacrare al suo servizio *vitam et sanguinem*. Non ha ottenuto l'incoronazione di Francesco Stefano, ma può contare su un popolo coraggioso e forte.

Il 25 giugno 1741, quinta domenica dopo Pentecoste, per evitare a Maria Teresa insopportabili ore sotto il sole, l'avvio delle cerimonie viene dato alle sei del mattino. Il percorso dal Castello alla cattedrale di San Martino è lungo, e la folla ammassata lungo le strade tende verso di lei canestri colmi di fiori. Il primate d'Ungheria l'aspetta in chiesa, dritto e solenne davanti all'altar maggiore. L'usanza prescrive che la sovrana compia un gesto d'umiltà, e si inginocchi mentre il vescovo la riveste del venerato mantello e le pone sul capo la pesante corona di Santo Stefano, primo re degli ungheresi. Dal primate riceve anche la spada, con la quale compie il tradizionale gesto della triplice croce. Scrive l'ambasciatore d'Inghilterra al suo re: «La corona e il mantello le si addicevano non meno della sua ricca veste, se diamanti, perle e ogni sorta di pietre preziose si possono chiamare vesti...». Subito dopo, viene condotta fin dentro la gotica chiesa dei Francescani, al centro della città, dove finalmente concede ai nobili il diritto di armarsi. Davanti alla porta della chiesa dei Fratelli della Misericordia, rinnova infine, al popolo, il giuramento di lasciare il paese interamente padrone dei suoi diritti, privilegi e libertà.

Verso le dieci, il corteo torna alla cattedrale per l'ultima, spettacolare cerimonia. Con terra proveniente da tutti i distretti d'Ungheria, è stata eretta sul sagrato un'altura. La regina dovrà scalarla al galoppo e, giunta sulla cima, dovrà alzare la spada verso i quattro punti cardinali: segno solenne del suo impegno a difendere l'Ungheria dal nemico da qualsiasi parte provenga. Piegando fino a terra il ginocchio, il conte Eszterházy le consegna uno stallone nero. I nobili, il clero, il popolo, tengono gli occhi fissi su di lei. Il destino futuro degli Asburgo dipende anche da quest'ultimo gesto. Per conquistare fino in fondo il cuore degli ungheresi, a Maria Teresa occorrono destrezza, determinazione, coraggio, e una buona dose di teatralità.

Scrive ancora l'ambasciatore Robinson: «Era affascinante; salì al galoppo la collina dell'incoronazione e sfidò con la spada i quattro angoli del mondo con tanta grazia, che si vide chiaramente come ella non avrebbe mai avuto bisogno di farne uso per vincere coloro che l'avvicinassero». Quando, lentamente, ridiscende l'altura fra squilli di trombe, rombi di cannone, applausi, il «re» d'Ungheria tende per prima cosa la mano a Pállfy, che gliela bacia piangendo. Piange anche lei. Al banchetto, fa scrivere all'entusiasta diplomatico inglese: «Il caldo e la fatica animavano piacevolmente il suo colorito, e la splendida capigliatura bionda si spargeva in riccioli sulle spalle e sul petto».

VIII
L'EUROPA CONTRO UNA DONNA SOLA. L'AIUTO DEGLI UNGHERESI

L'euforia dura poco. A Vienna, Maria Teresa riflette amaramente sullo striminzito drappello di soldati che l'Ungheria ha stabilito di inviarle per combattere contro la Prussia. È quasi finita l'estate, e i magiari che si sono messi sotto la bandiera dell'Austria non sono più di duecento. La situazione è gravissima. Contrario alla guerra, il Consiglio cerca di convincere la sovrana a trattare la pace con Federico. Ma la sovrana è diventata furba, ha imparato a usare disinvoltamente il raggiro.

«Ho ritenuto necessario ingannare i ministri, ma poiché conto su di voi, non vi comprendo nel numero e vi faccio depositario dei miei veri sentimenti», scrive a Filippo Kinsky. «La mia ferma risoluzione è non cedere alcuna parte della Slesia, ancor meno la bassa Slesia. Ho però lasciato credere che, in forma ipotetica, escludendo la città di Breslavia, in cambio di due milioni per noi, e per accontentare la Sassonia, in cambio del suo appoggio contro i nostri nemici e per l'elezione imperiale, si potrà trattare...» Non intende piegarsi. Il «tradimento» del re prussiano brucia il suo orgoglio escludendo qualsiasi ripensamento. Costretta dalla necessità, si è fatta scaltra e risponde con un secco dispetto al comportamento scorretto del suo nemico. Il suo segreto progetto consiste nel trovare un accordo con Carlo Alberto di Baviera, al fine di evitare che la guerra si estenda su quel versante, fingendo di trattare con la Prussia.

Una mattina di fine agosto, una carrozza con le tende

abbassate conduce Maria Teresa fino al convento delle Visitandine. Qui si è ritirata Maria Amalia, la vedova di suo zio Giuseppe, che sta seguendo la costruzione di una chiesa e vive, apparentemente, di genuflessioni e preghiere. La nipote, da più parti ritenuta un'usurpatrice, va a chiederle un intervento presso il genero Carlo Alberto. In cambio di truppe e solidarietà, gli promette il Milanese e i Paesi Bassi, tutte parti notevoli del suo grande impero, però lontane dal suo cuore e non strategicamente importanti quanto la confinante Slesia.

La zia è tutt'altro che estranea agli affari di Stato, e non tarda a darle una deludente risposta. Il marito di sua figlia non potrà aiutarla perché si è già alleato con Francia e Spagna, entrambe ostili all'Austria. Buona giocatrice, Maria Teresa alza il prezzo, offrendo a Carlo Alberto la Brisgovia, le città della Svevia Günzburg e Burgau, e il Vorarlberg, quasi al confine con l'Austria. Se ancora non bastasse, naturalmente in cambio di aiuto, è disposta a estendere le sue concessioni anche all'altro genero di Maria Amalia, il principe Augusto di Sassonia e re di Polonia. Oltre a riconoscergli il diritto di successione in Boemia, nel caso muoiano lei stessa, sua sorella Maria Anna, e i loro eredi, propone, gli darà molto denaro. Ma anche il marito della cugina Maria Giuseppa non ha perso tempo, e si è già messo dalla parte dei francesi e degli spagnoli, che gli hanno promesso la Moravia e il regno di Boemia. E neppure volendo, la informa con ipocrita desolazione la piissima zia, si potrebbe cambiare qualcosa in favore dell'Austria. Un maresciallo sassone sta addirittura facendo strada a un esercito francese per attraversare il Reno, con l'intenzione di avvicinarsi a Vienna.

Per Maria Teresa, è questo il primo grave momento di assoluta difficoltà. È rimasta sola. Anche l'Inghilterra, alla quale aveva chiesto un piccolo aiuto, preferisce non immischiarsi in una situazione tanto intricata. Né può contare sul Consiglio, che ancora una volta ribadisce di essere contrario a continuare la guerra. Mentre tenta di svagarsi giocando e cantando insieme ai figli nei pochi momenti di libertà, viene costantemente raggiunta dall'eco delle dimostrazioni dei viennesi, che sfilano giorno e notte sotto le finestre della Hofburg agitando le falci e le picche, perché stanchi di tasse e di intollerabili sconfitte sui campi di battaglia. Si è invece chiuso in un garbato silenzio Francesco Stefano, che mostra con sempre maggior evidenza l'avversione per ogni conflitto. Non crede valga la pena di spendere altre vite umane, e mezzi, per riavere quel lembo di Slesia. Infine, non dimentica mai che l'amicizia di Federico gli sarà preziosa al momento della scalata al titolo di imperatore.

Poiché Maria Teresa è oramai costantemente impegnata a destreggiarsi fra marescialli e ambasciatori, dai quali esige di essere informata di minuto in minuto persino sullo stato di salute dei cavalli dei suoi eserciti, il seducente e galante Lorena si ritrova ad avere ancora più tempo per sé. Gli impegni mondani ufficiali sono diventati rarissimi. Sua moglie non esce quasi più dalla reggia, limitandosi a cavalcare per un'ora al giorno sulla piazza delle manovre o nel grande recinto coperto della cavallerizza. È infatti in questo periodo, che Francesco Stefano inizia a frequentare assiduamente una loggia massonica poco distante dal palazzo reale. Il luogo è segreto, ma l'indirizzo è stato sveltamente portato a Maria Teresa da mani solerti e spione. All'esterrefatto orecchio della sovrana viene bisbigliato che, nello stesso palazzo, dopo le riunioni dei massoni, avvengono sfrenate e frequentissime orge. Vienna è la città più libertina d'Europa. Nella buona società, non c'è donna sposata che non abbia un amante. I «triangoli» sono pubblici, addirittura necessari per chiunque aspiri alla patente di persona di mondo. Anche Franz si trattiene volentieri nel peccaminoso palazzo, dove si mormora di galanti incontri con la ballerina Eva Maria Violet, per la quale avrebbe perso la testa. Un passaggio segreto gli permette di entrare e uscire senza essere notato. Fervida cattolica e di costumi rigorosissimi, Maria Teresa ne è addolorata e scandalizzata. Ma ora non ha tempo, né bastante voglia, di occuparsi delle sue faccende private.

Le finte proposte di pace vengono portate a Federico dall'intermediario ambasciatore inglese Robinson, al quale il re fa sapere con sprezzo: «Profferte meschine! Chi rispetta le garanzie? La Francia non ha forse garantito la Prammatica sanzione? E l'Inghilterra, non lo ha fatto? Perché non accorrete voi, in soccorso della regina? Io sono alla testa di un esercito invincibile, già padrone di una terra che devo avere, e che avrò. I miei avi si alzeranno dalle tombe per rimproverarmi, se rinunciassi ai diritti che mi hanno trasmesso. Portate questa risposta. Coloro che ora vogliono la pace, mi daranno ciò che desidero. Sono stanco di ultimatum, non li tollero più. Ho scelto la mia parte, e questa è la risposta definitiva. Non ne darò altre». Lo scontro fra le titaniche, difficili personalità dei due sovrani, si delinea indelebilmente qui. In questa seconda metà del secolo, nulla sarà paragonabile all'estenuante e cocciuto duello fra un uomo e una donna che, dalla sorte, avevano ricevuto il regno, il potere e un assoluto, disperato amore per il loro paese.

La notizia di un imminente disastro precipita la Hofburg in una confusione frenetica. Carlo Alberto di Baviera è oramai alle porte di Linz, e progetta di congiungersi alle forze francesi. Il cerchio si stringe intorno all'Austria, e Federico già si prepara a varcare le porte di Vienna. «Anche Breslavia è perduta, è la fine», scrive Maria Teresa a Filippo Kinsky. Il ministro Bartenstein si presenta sbrigativamente ai piedi del trono con la bozza di un documento di resa. Si deve cedere la bassa Slesia, insieme a Breslavia e alle contee dell'alta Slesia richieste da Federico, insiste: non c'è altro da fare. «E sia! se non vi è davvero altro da fare. Ma con profonda angoscia», urla sdegnata la sovrana firmando con un amarissimo *placet*. Un attimo dopo, tenta già di modificare le proposte. «Troppo tardi», la informa il primo cancelliere di corte, conte Zinzendorf, scomparendo veloce al di là della porta. Gli altri, la fissano con espressioni indecifrabili. Maria Teresa li scruta. Non uno, che si mostri solidale con lei. «E così sia!», esclama allora, scattando in piedi. «Ma sappiate che tutto è stato deciso contro la mia volontà». Inseguita da un concitato valletto che sventola alle sue spalle un enorme ventaglio, lascia furibonda la sala del Consiglio. Il suo passo, lungo e duro, minaccia una giornata tempestosissima. Il collo e il seno, appena velati da una sciarpa di seta azzurra, hanno il colore del fuoco. «Sua maestà ha un carattere vulcanico, è esuberante, e ha bisogno di sfogarsi: altrimenti esplode. Occorre lasciarla strepitare, urlare, piangere. Ma poiché è intelligente, ascolta noi, vecchi saggi, e finisce per seguire i nostri consigli», commenta Bartenstein, sogghignando.

Bartenstein si sbaglia. Come anche gli altri, del resto, non si è reso conto che Maria Teresa non si limita più ad ascoltare. Vuole soprattutto capire, imparare anche dai propri errori, e seguire personalmente, giorno per giorno, ogni mossa, ogni minimo spostamento di forze sullo scacchiere internazionale. Ora, la situazione è in continuo movimento, e mai in suo favore. La Sassonia, Colonia e il Palatinato stanno unendo le loro forze a quelle della Baviera. Poiché la Francia non ha dichiarato ufficialmente la guerra all'Austria, i soldati di Luigi XV stanno marciando per incontrare le forze del re di Baviera indossando divise bavaresi. Solo il re d'Inghilterra non si mostra ostile ma, proclamando ufficialmente la neutralità dell'Hannover, lascia capire di aver abbandonato l'Austria alla sua sorte. Quasi non bastasse, la Spagna si prepara ad attaccare i domini austriaci in Italia, mentre la Sardegna sta per passare ai francesi. Maria Teresa si rende conto che tante e frenetiche manovre altro non sono che un preparativo per schiacciarla da tutte le parti, per poi spartirsi il bottino e cancellarla dalla faccia del mondo. Ma anche se il principe Eugenio ripeteva che la pace è una gran bella cosa, lei non è donna da aspettare il nemico sulle porte di casa. Farà guerra una seconda volta, decide: e contro tutti. Per affrontarla, otterrà ad ogni costo l'aiuto dell'Ungheria. Le chiederà una moltitudine di soldati. Se sarà necessario, ricorrerà addirittura a quella mobilitazione totale, definita *insurrectio*, usata soltanto in casi di estrema difficoltà.

Il 7 settembre Maria Teresa è nel Castello della capitale ungherese, dove ha convocato gli «anziani» della nazione. Senza falsi pudori, espone la situazione così com'è: disperata. «Non mi restate che voi. Se non mi aiutate, saremo perduti», è tutto quello che dice. Conosce d'istinto le arti e gli argomenti che fanno presa sugli uomini. Il suo fascino non è soltanto esteriore. Colpirà i cavalieri magiari soprattutto con la fragilità del suo aspetto, i capelli biondi, le parole accorate e pronunciate con la sapienza dell'attrice che era stata fin dall'infanzia; l'esilità della figura; le belle mani espressive, che stringono un fazzoletto di pizzo intriso di pianto. E anche il bambino, farà la sua parte accanto a lei. Maria Teresa non rinuncia mai a presentarsi ai suoi fieri sudditi senza tenere fra le braccia il neonato Giuseppe.

L'antica cavalleria magiara non le resiste a lungo. La richiesta di aiuto è talmente toccante, che gli anziani signori si schierano dalla sua parte e promettono 40.000 fanti, 25.000 cavalieri, offrono quasi tutto ciò che possiedono, e cercano addirittura di convincerla ad affidarsi alla loro protezione, mettendole a disposizione il castello di Györ. Maria Teresa accetta gli aiuti. Ma fieramente risponde che abbandonerà Vienna solo quando la città sarà davvero in pericolo di assedio.

Le resta, ora, da affrontare il compito più difficile. Parlando alle due camere della Dieta, dovrà strappare il consenso ufficiale per l'aiuto in soldati e denaro. Sarà uno scontro molto più duro di quello che ha appena superato, l'avvertono gli anziani e paterni signori. E ancora una volta sottolineano che è anche per questo che sarebbe opportuno, per lei, rimanere a Presburgo. La sua presenza, con quel bambino fra le braccia, immagine perfetta di una donna risoluta ma fragile e bisognosa di protezione, renderebbe malleabili e manovrabili i più coriacei componenti della Dieta. Maria Teresa accetta i loro consigli, tranne la proposta di rimanere fra loro. È prossimo l'anniversario della liberazione dai turchi, che deve essere festeggiato a Vienna.

Il 19 settembre 1741, la regina d'Ungheria si presenta alla Dieta indossando un abito nero e i simboli della sua regalità: la pesante corona di Santo Stefano sormontata da una croce d'oro, lo scettro, il globo, la spada. È una visione solenne. Mentre il cancelliere legge il discorso ufficiale d'apertura, fissa deliberatamente tutti i presenti. Subito dopo, si alza e pronuncia in latino un appello breve e straziante: «La deplorevole situazione dei nostri affari ci ha costretti a ricordare ai nostri cari e fedeli stati di Ungheria l'invasione recente dell'Austria e i pericoli ai quali quel regno è esposto, e a invitarli a trovare un rimedio a così grandi sventure. Anche l'esistenza dell'Ungheria, quella della nostra persona, dei nostri figli e della nostra corona sono minacciate. Abbandonati da tutti i nostri alleati, noi riponiamo la nostra fiducia unicamente nella fedeltà e nel valore da tanto tempo provato degli ungheresi. In questo pericolo estremo, noi vi esortiamo a deliberare senza indugio sui mezzi più opportuni a provvedere alla sicurezza della nostra persona, dei nostri figli e della nostra corona, e a ricorrervi immediatamente».

Per l'Ungheria, avvezza da secoli a subire l'arroganza degli Asburgo, che non chiedevano mai, ma soltanto prendevano ciò che loro serviva con la violenza e la forza, questa è una svolta storica. La sovrana non li persuade perché è giovane, abbandonata e molto bella. Piuttosto, li ha presi e sedotti la sua rivoluzionaria maniera di essere il loro re. Li avvince quel suo tono autorevole, ma non imperioso, quasi trattasse con loro alla pari; la schiettezza con cui espone i problemi del suo paese; la sua dura, spietata solitudine in un'Europa che trama, tutta, contro di lei. Alcuni di loro tentano di resisterle, porgendole domande insidiose, chiedendo sconti o pesanti pedaggi. Altri, invece, finiscono per promettere tutti gli aiuti possibili, invocandola quasi fosse una santa, gettandosi ai suoi piedi per baciare il lembo della veste luttuosa. I più commossi, balzano addirittura sulle panche della Camera e, sguainando la spada, «moriremo tutti per il nostro re Maria Teresa», gridano ripetutamente.

Maria Teresa ha tenuto testa alle discussioni della Dieta usando sempre la lingua ungherese, che ha studiato con appassionata dedizione. Scelta mai fatta da un Asburgo, prima di lei, e piccante lezione anche per Francesco Stefano che, già rappresentante di Carlo VI a Presburgo, fingeva di non intendere neppure i brindisi levati in suo onore. Tornando a Vienna, la sovrana porta vittoriosamente con sé l'impegno solenne di un aiuto immediato. Avrà 100.000 soldati, e gran parte della nobiltà combatterà nel suo nome. Ovviamente, l'aiuto le è costato ulteriori concessioni. Ma ne valeva la pena. Nel giorno del compleanno di Pálffy, fa recapitare nel nuovo palazzo viennese del conte, costruito proprio di fronte alla Hofburg, un suo ritratto incorniciato in un tondo di pietre preziose dove la sua esuberante bellezza risplende di felicità. «La nobile terra di Santo Stefano», conferma lui, nel galante messaggio di ringraziamento, «ha posto la Vostra maestà al centro del suo grande cuore». Intanto a Vienna si mormora che, fra i cuori magiari, ce ne sia uno più trafitto degli altri. La regina è stata vista più di una volta cavalcare verso la brulla e sconfinata *puszta* insieme a un giovanotto un po' troppo sorridente e baldanzoso.

Maria Teresa è tornata in Austria in un tale stato di euforia da sconcertare i ministri, per nulla entusiasti dell'eccessiva familiarità che la sovrana ha instaurato con gli ungheresi. Incurante delle loro opinioni, si organizza senza esitazioni per la guerra, affidando la città al comandante Khevenhüller perché si occupi di rinforzare le antiche mura. L'anziano militare ha ascoltato perplesso gli eccitati resoconti di Presburgo. I componenti della Dieta che si prostrano ai suoi piedi, rapiti; le braccia tremule dei sentimentali signori che si tendono per proteggerla insieme al bambino; i giuramenti appassionati di fedeltà e devozione. Maria Teresa precede ogni sua obiezione spiegando con un malizioso sorriso: «Ho scoperto che si può ottenere molto di più rivolgendomi io stessa a chi potrebbe aiutarmi; invece, le cose si complicano non appena passo attraverso i miei intermediari, sempre tanto scettici nei miei confronti». Allo sbalordito soldato, conferma infine tutto d'un fiato: «E farò così anche a Vienna. I viennesi saranno pronti a tutto, se parlerò loro con gentilezza, mostrando loro il mio affetto».

Arbitri, coi loro umori, della popolarità degli Asburgo, i viennesi hanno finora dimostrato poca stima di lei. Innanzitutto, perché è donna. E poi perché è giovane, allegra. E troppe volte l'hanno vista correre da un capo all'altro della città per andare alle feste, e divertirsi ballando. La determinazione dimostrata a Presburgo, li ha però conquistati. C'è una gran donna, alla Hofburg. Finalmente, per la prima volta, sotto le finestre della reggia si leva un coro entusiasta di evviva. E mentre i consiglieri riflettono sulla grandezza morale, e la forza che la loro sovrana emana, anche l'Austria le cede il suo cuore. La notizia che Maria Teresa è in attesa di un quinto figlio, finisce per intenerirli del tutto.

Sorpreso dalle notizie che gli ambasciatori gli portano sotto la tenda da campo, dove oramai vive abitualmente, anche Federico si rende conto di avere a che fare con una sovrana pericolosa, capace di entusiasmare i popoli con la sua sola presenza. E senza aspettare il parere delle nazioni da lui coinvolte, chiede precipitosamente la pace. Per Maria Teresa, è un trionfo. Tanto più che non ha nessuna intenzione di firmare trattati, e risponde di voler proseguire la guerra. Solo più tardi, quando Giorgio II d'Inghilterra riesce a convincerla, firma il patto di Ober Schnellerhof, col quale cede la Slesia alla Prussia. Non è un trattato di pace, precisa risolutamente: è solo una tregua. E neppure la cessione della Slesia è definitiva. Se la riprenderà, questo è certo.

Nemmeno Federico, del resto, crede all'efficacia del negoziato che serve, a entrambi, esclusivamente per prendere tempo. Federico, addirittura, si propone di sbarazzarsi dei suoi alleati per continuare la guerra da solo. La tregua di Ober Schnellerhof non impedisce a Maria Teresa di progettare una punizione esemplare per spezzare la Francia e la Baviera. Dalle alture del Kahlenberg, da dove il principe polacco Sobieski aveva condotto vittoriosamente le manovre contro i turchi assedianti, nella notte profonda si può scorgere chiaramente la fumosa, mobile e misteriosa linea rossa dei falò degli accampamenti nemici. I francesi con 40.000 uomini, e i bavaresi con molti di meno, hanno invaso la parte superiore del Danubio e si sono accampati a Linz. Basterebbero due giorni di marcia, per arrivare alle porte di Vienna. «Li batteremo e li sgomineremo», ordina la sovrana. Rinforzato dagli ungheresi, l'esercito di Maria Teresa è pronto all'attacco.

Improvvisamente, bavaresi e francesi lasciano invece la strada diretta alla capitale dell'Austria, deviando verso Praga. Sia Luigi XV che Carlo Alberto, infatti, ritengono che non l'occupazione di Vienna, ma quella di Praga, sia la mossa più efficace per raggiungere i loro propositi. Per la Francia, infliggere all'Austria una clamorosa lezione. Per la Baviera, cercare in Boemia buoni sostenitori per l'elezione a capo del Sacro Romano Impero.

Il conte Ogilvy, comandante di Praga, chiede soccorso urgente a Vienna. Disponendo di una guarnigione di appena 2500 uomini, spiega, la difesa gli sarà impossibile. Sessantamila soldati marciano verso la capitale boema comandati da Francesco Stefano, che ancora una volta si comporta disastrosamente. Troppo prudente, perde tempo prezioso nella scelta della tattica migliore e arriva quando, in una chiarissima notte di fine novembre, dopo averla bombardata per alcuni giorni, gli eserciti francesi e bavaresi hanno sfondato le gotiche porte della Città Vecchia e invaso il Castello. La mattina seguente, Ogilvy cede le armi. Praga è quasi del tutto distrutta. Carlo Alberto e il generale francese Belle-Isle si incontrano vittoriosi sul ponte Carlo, mentre i santi di pietra si specchiano nella

Moldava insieme alle variopinte divise degli invasori. Belle-Isle si insedia a palazzo Toscano, di fronte al Castello. Quando è oramai troppo tardi, Maria Teresa sostituisce il marito, rimasto al di là delle mura insieme al fratello Carlo, con l'esercito intatto. «In questo momento difficile, mio adorato, *mon vieux*, ho bisogno di averti vicino», gli scrive. «Ti aspetto a braccia aperte. Torna presto a Vienna. Resel». L'amore delicato che prova per lui, ha trasformato in appello accorato l'ultimo smacco dell'inconcludente Lorena.

IX

«GIOVANNA D'ARCO DEL DANUBIO». VITTORIE, SCONFITTE, LUTTI INTORNO A UNA DONNA MOLTO AMATA E MOLTO ODIATA

Il governo inglese e la stampa britannica si sprecano in lodi gioiose e ardenti per Maria Teresa che, con Carlo di Lorena, ma soprattutto con i generali Khevenhüller e Traun, riconquista in poco tempo i territori perduti, e il 12 febbraio 1742 occupa Monaco proprio quando il re di Baviera riceve la corona del Sacro Romano Impero a Francoforte, assumendo il nome di Carlo VII. E non importa se, di lì a poco, Federico arriva fino ai sobborghi di Vienna e, in una sfortunata mattina di maggio, la sua cavalleria batte a Chotusitz l'esercito austriaco mentre, piantando in asso i francesi e il re Carlo Alberto, che resta con la corona imperiale in capo ma fuori della patria invasa, la costringe alla pace imponendole, per l'ennesima volta, la cessione della Slesia. «Giovanna d'Arco del Danubio. Piena di ardimento. Generosa, bella, coraggiosissima». Inebriato di lei, il governo britannico così la chiama e, vantandosi di aver scoperto per primo le sue doti di grande sovrana, le si mette a fianco. Giorgio II e il primo ministro Carteret sono convinti che Maria Teresa, fra poco, sarà la prima signora d'Europa e, non volendo perdere l'occasione di stare dalla sua parte, l'aiutano immediatamente inviandole un bel po' di denaro.

Maria Teresa ha già imparato, una per una, le finissime arti per incitare e sorreggere chi lavora per lei. La grazia, di cui era dotata fin da bambina, si è ora trasformata in una forza seduttiva cosciente e imperterrita. Al vittorioso Khevenhüller che ha occupato Monaco e si è accampato a

Linz, invia un suo ritratto col figlio Giuseppe insieme a una lettera dove, chiamandolo teneramente «caro e fedele», gli scrive: «Vedete qui la regina che ben sa cosa significa essere abbandonati dal mondo intero. Ed ecco anche l'erede del suo trono. Cosa pensate che ne sarà di questo piccino? A voi, devoto e provato servitore dello Stato, la vostra graziosa signora offre questo suo ritratto, e con esso tutto il suo potere e le sue risorse, e tutto ciò che il suo regno contiene e può fare. Voi, eroe e fidato vassallo, disporrete di tutte le cose come riterrete giusto e come se doveste renderne conto a Dio e al mondo intero. Possano i vostri successi essere famosi come quelli del vostro maestro, il grande Eugenio, che riposa in Dio. State certo che a voi e alla vostra famiglia non mancheranno mai la grazia, il favore e la gratitudine da parte mia e dei miei discendenti. E avrete inoltre una fama che si spargerà per tutto il mondo. State bene e combattete bene». Ha venticinque anni, regna da due, ha già capito come vogliono vederla i suoi sudditi: «la grande madre» di tutti.

La lettera e il ritratto vengono portati al generale da Francesco Stefano, che maschera signorilmente l'umiliazione per la fallita liberazione di Praga, e lo smacco subito dall'incoronazione imperiale del marito della cugina Maria Amalia. Lo scontroso Khevenhüller, che fino ad allora aveva criticato l'infatuazione per gli ungheresi della sua regina, viene travolto dall'affettuoso messaggio. Brindando alla salute della sovrana, non si priva della soddisfazione di leggere la lettera durante un banchetto. Il giorno seguente, con tutte le cure e il rispetto dovuti, il ritratto viene fatto passare fra i soldati. Quasi nessuno dei contadini raccolti nei tanti domini della Erzhaus, dei giovani disoccupati raccattati per ogni contrada in cambio di una misera paga, degli abbrutiti mercenari senza bandiera né patria, ha mai visto prima il bel volto della loro signora. Si scatena, allora, una delirante epidemia di innamoramento per lei. Durante le notti al campo, da sotto le tende, si levano incessantemente i canti improvvisati, i brindisi, gli urrà in suo onore.

Occupata Praga, e sbandierando vecchie carte raffazzonate negli archivi di mezza Europa, Carlo Alberto di Baviera si era proclamato re di Boemia. Privo, tuttavia, della pesante corona che gli Asburgo conservavano a Vienna dentro un forziere custodito nella stanza dei tesori della Hofburg, gli era impossibile ottenere la cerimonia religiosa che gli avrebbe procurato l'autentica consacrazione. Il nuovo sovrano aveva comunque costretto i nobili al giuramento di fedeltà, ricattandoli con la minaccia della confisca dei beni. Uno dietro l'altro, 400 signori residenti a Praga, o nel centro del regno, si erano presentati al Castello sull'altura di Hradčany. Si contavano, fra loro, i nomi più rappresentativi dell'aristocrazia e, insieme ai Kolowrat, i Clary, i Cernin, i Waldstein, c'erano persino i Kinsky. Ma l'opportunismo dei nobili boemi si era palesato del tutto qualche giorno dopo, quando Maria Teresa li aveva informati che, non appena riconquistata Praga, avrebbe applicato le antiche disposizioni di lesa maestà per coloro che si fossero uniti a Carlo Alberto. Convocati l'8 gennaio 1741 per una seconda seduta di giuramento, dei 1742 fra nobili e cavalieri, ne erano convenuti soltanto 70. E scusandosi con Vienna di non aver saputo trovare altro mezzo per conservare le loro proprietà, altri ancora si erano fatti rappresentare da inoffensivi delegati davanti al nuovo sovrano.

In estate, i boemi erano già stanchi del nuovo regime, esoso di tasse ancor più di quello asburgico. Fra il dissenso e il malumore dei contribuenti, la Dieta aveva infatti versato a Carlo Alberto la cifra esorbitante di sei milioni di fiorini. Rapidamente, anche i contadini si erano organizzati con sommosse e dimostrazioni ostili nelle campagne, così che Belle-Isle era stato costretto a prendere misure di sicurezza di grande rigore. Poiché Monaco era sempre occupata dagli austriaci, Carlo Alberto aveva scritto da Francoforte al generale francese che il modo di comportarsi con chi li aveva aiutati a entrare in città era fin troppo brusco. Principi come i Fürstenberg, signori come i Mansfeld, addirittura l'affascinante contessa Kinsky, erano stati ridotti in miseria. Ed è sul diffuso, sempre più forte scontento, che Maria Teresa trova il terreno adatto per organizzare il suo rapido ritorno. Il cancelliere di Boemia non l'ha mai abbandonata, e anche il grande burgravio Savgoc, dopo un fulmineo idillio con i bavaresi, è tornato a lei. Ora, dunque, può contare su persone che non la tradiranno.

Carlo di Lorena si è accampato alle porte di Praga. Sempre meno disposti a collaborare, i boemi riducono il francese Belle-Isle a trovarsi praticamente assediato in città e, a quattro mesi dall'occupazione, per fame e mancanza di cure ai suoi uomini ammalati o feriti, il generale è costretto a negoziare la resa. Per la Francia, è il momento della massima umiliazione. Il cardinale Fleury scrive una lettera al comandante delle truppe assedianti, generale Königsegg, quasi implorando la grazia di lasciar passare indenni le truppe, che vogliono soltanto tornare a casa. La lettera del novantenne, malato, un tempo arrogante ministro, viene immediatamente recapitata nelle mani di Maria Teresa, che rende nota la supplica, così vendicandosi delle angherie subite dalla Francia. Fleury scrive ancora, questa volta direttamente alla Hofburg, protestando per la violazione dei segreti diplomatici. La regina non esita un solo minuto a pubblicare anche la seconda missiva, e non risponde né all'una, né all'altra. Inutilmente, il Consiglio e il pacifico Franz cercano di convincerla a lasciar tornare in Francia, con le armi e le restanti forze militari, l'esercito di Luigi XV.

La Resel di un tempo si è fatta durissima, e testualmente risponde all'allibita sua corte: «Non voglio assolutamente concedere la resa all'esercito francese. Proibisco che mi si presenti qualsiasi proposta che venga dal cardinale. Si rivolga ai nostri alleati. Mi meraviglio che osi farmi proposte, lui che si è valso del mio denaro e di tante promesse per influire sul sentimento religioso di quasi tutti i sovrani dell'impero, per sollevarmi contro la Germania, e schiacciarmi. Ho pazientato anche troppo con la corte di Francia. Costretta dalla necessità dei tempi, ho dimenticato la mia dignità regale scrivendo al signor cardinale in termini che avrebbero intenerito le più dure rocce. Egli ha respinto le mie preghiere: mi si è risposto che arrivavo troppo tardi e che il re cristianissimo aveva contratto impegni che non era più suo potere rompere. Ho in mano documenti originali: essi provano che si è voluto appiccare il fuoco ai quattro angoli della Germania, rovesciare le leggi fondamentali dell'impero e sollevarvi momenti di rivolta. Trasmetterò alla posterità queste prove, affinché l'impero eviti in avvenire di cadere in un tranello che gli farebbe accettare la legge di una potenza straniera».

Il generale Belle-Isle resiste fino al 16 dicembre, quando finalmente riesce a evadere con la sua guarnigione, lasciando nella Città Vecchia 6000 soldati a guardia dei feriti intrasportabili. «Le strade erano spaventose a vedersi, cosparse di cadaveri irrigiditi a mucchi di cento e duecento, ufficiali in testa, morti di freddo o di fatica», scrivono i cronisti della disastrosa ritirata fra la neve, «dove i fuggiaschi non ebbero alcun aiuto o soccorso». Belle-Isle è malato e procede in barella, conducendo a casa soltanto un quinto dei 40.000 uomini che aveva portato fin là con tanta baldanza.

Entrato a Praga, Carlo di Lorena intima al comandante dei 6000 feriti, Chevert, di arrendersi senza l'onore delle armi. La risposta del francese, stremato ma indomito, è la minaccia di dar fuoco alla città e di perirvi con la sua compagnia moribonda. Per evitare un altro scempio alla capitale già tanto provata, Carlo e il generale Traun fingono una distrazione, lasciandoli andare indisturbati. Informata, Maria Teresa impreca e scrive al cognato che non è così che si fa la guerra. «La guerra non chiede pietà». Né risparmia il suo biasimo a Francesco Stefano, del quale non dimentica il fallito tentativo di salvare la città dall'invasione nemica. «È ora di svegliarsi. Datevi tutti una regolata. Scrollatevi, una buona volta», strepita. E ancora, davanti agli ammutoliti consiglieri: «Se non avessi così tanti problemi di maternità, mi metterei io stessa a capo del mio esercito». Le è infatti nata da poco una bambina, che ha battezzato col nome di Maria Cristina. Inoltre, si sente un po' strana. Se non fosse costretta ad essere tanto vigile, col fiato sempre sul collo dei suoi fiacchi guerrieri, si abbandonerebbe un poco, un pochino soltanto, godendosi il tepore della sua casa. «Ho motivo di credere che Vostra maestà sia in attesa di un altro figlio», le annuncia il medico personale. «Credevate che io non lo sapessi già?», è la piccata risposta.

A Carnevale, Carlo di Lorena invita Maria Teresa a una festa nel castello di Mollersdorf, appena fuori Vienna. La sovrana è impareggiabile maestra nel condurre i rapporti familiari, e l'aspro rimbrotto al cognato e al marito per il loro comportamento in guerra non le impedisce di mantenere intatti l'amicizia e l'amore. Infatti, ufficialmente concede a Carlo la mano della sorella Maria Anna, e stabilisce che le nozze avvengano di lì a qualche mese.

Durante la festa, le due coppie ballano fino alle otto di sera. Infine, annotano le cronache, «di ritorno alla Hofburg, Sua maestà ha cenato *en petite compagnie,* poi si è recata a un ballo mascherato: si erano tutti vestiti da contadini. Quindi hanno infilato il domino sui costumi e sono usciti per partecipare al ballo pubblico del Mehlgruben, dove hanno preso parte alle contraddanze, e finalmente sono ritornati alla sala da ballo e al carosello, che è continuato fino alle sette del mattino». Senza andare a dormire, Maria Teresa conduce gli amici e i parenti nella cappella reale ad assistere alla messa. Poi, nell'abituale abito grigio perla ravvivato da una cuffia e un colletto di trina bianca, inizia disinvoltamente la sua giornata di lavoro.

Alla fine di aprile Maria Teresa parte per Praga insieme al figlio e al marito per farsi incoronare regina. Accompagnata da dignitari austriaci e ungheresi, e da tutti gli ambasciatori delle potenze straniere presso la corte, raggiunge la capitale boema a piccole tappe, così da farsi conoscere più da vicino dai sudditi e tastarne gli umori. Nel villaggio di Altpfauendorf, poco distante dalla frontiera, l'attende una delegazione di nobili che la scorta fino a Stara Boleslav. Qui, per rendere omaggio al luogo del martirio del patrono di Praga e fondatore dello Stato ceco, San Venceslao, si ferma anche a dormire. Il 29 aprile, preceduta da tre araldi – uno ceco, uno austriaco, uno ungherese – entra solennemente in città varcando la porta quadrata del mercato dei cavalli.

Il corteo, preceduto da un postiglione che mostra la strada, sembra essere stato studiato apposta per stupire i malmostosi sudditi. Il convoglio è composto da venti cavalli da sella, duecentododici cavalli da carrozza, un cocchio con quattro dame di compagnia; uno con le cameriere delle dame; tre con i servitori; un landò per il padre confessore e il cappellano di corte; una portantina col farmacista personale della regina; un calesse semiscoperto con un corriere e gentiluomini d'arme; quattro carri per i bagagli dei cortigiani; uno per il capo maggiordomo; uno per il maestro di tavola e il pasticciere; un cocchio reale per il cantiniere; cinque per i cuochi e altri pasticcieri; un grande calesse per il maestro della biancheria da tavola; uno semiscoperto per gli addetti agli acquisti; una carrozza di riserva per trasportare la regina in caso d'emergenza; un altro landò di riserva; la carrozza del cancelliere boemo; un carro bagagli. Infine, la carrozza con la regina, l'arciduca e la prima dama di compagnia.

Maria Teresa è vestita d'argento e di bianco, è scollata, indossa abbaglianti gioielli, e ostenta con orgoglio la figura arrotondata dalla sesta maternità. Non mostra alcuna stanchezza, anche se ha viaggiato al ritmo sostenutissimo di dieci ore al giorno, con quattro brevi interruzioni per il cambio dei cavalli. Quando si sposta, è impaziente di arrivare, evitando anche la sosta per la colazione del mezzogiorno. I vettovagliamenti sono già stati accuratamente preparati prima della partenza, tenendo conto dei giorni di festa e di quelli di magro. E anche se viaggiano al suo seguito enormi quantità di cibo, un suo passaggio è motivo di gioia per i contadini, che accorrono a vendere carni e verdure lungo le strade, e vengono pagati benissimo. (Al contrario, si lamentano gli abitanti delle città, dove la presenza dell'ingombrante convoglio fa salire i prezzi in modo spropositato.)

Il cerimoniale dei saluti e dell'incoronazione è lungo e complesso, mentre Maria Teresa dovrà districarsi in un girotondo di tedesco, boemo, ceco e latino, facendo attenzione a usare la lingua adatta alle persone e alle circostanze. In tedesco, il borgomastro le offre le chiavi della Città Vecchia. In tedesco, risponde anche la sovrana. In latino, invece, scambia brevi parole di circostanza col rettore del Carolinum, l'antica università che porta il nome dell'imperatore boemo, in onore del quale era stato eretto il fantasmagorico ponte sulla Moldava. A Praga è esplosa la primavera. Attraversando il fiume, e salendo lentamente fra le nuvole bianche e profumate dei giardini di meli e ciliegi in fiore, il corteo raggiunge la cattedrale di San Vito dove, sul sagrato, il grande burgravio Savgoc rende omaggio alla sovrana in lingua ceca. Per dimostrare che non è lì per grazia ricevuta dei boemi, ma per riconquistare il suo regno, essendo lei e non altri il sovrano legittimo, Maria Teresa risponde in tedesco. Alla fine, dopo aver passato in rassegna i nobili allineati lungo i colossali pilastri della chiesa, senza unirsi al coro dei canonici ascolta, in piedi, il *Te Deum*. Ed è notte, quando si fa condurre al Castello.

Da Vienna, è intanto arrivata la corona grazie alla quale la figlia di Carlo VI d'Asburgo sarà ufficialmente riconosciuta regina di Boemia. La corona di San Venceslao le era stata portata insieme allo scettro e al globo, con uno speciale convoglio scortato. Creata nella seconda metà del XV secolo da un finissimo orafo, che non aveva lesinato sulla dimensione delle gemme, grosse e di ogni colore, è alta, tondeggiante, massiccia. Con Filippo Kinsky, che le chiede notizie sulla delicata consegna, Maria Teresa commenta spazientita: «L'ho toccata, l'ho sollevata e l'ho anche provata. È pesante, e assomiglia al berretto di un buffone». Ha fretta, e si infuria col cancelliere che le sposta la data della cerimonia dal 5 al 12 maggio, poiché non sono ancora del tutto pronti per le cerimonie religiose e il banchetto reale. «A Presburgo», osserva con secca alterigia, «ci fu anche meno tempo. La Dieta di Praga è inoltre meno importante di quella ungherese: e tutto, là, è avvenuto in tre giorni. Il banchetto non ha nessuna importanza, posso mangiare anche soltanto pesce. Né mancano le chiese perché la gente possa sentir messa. Del resto, sarò di pessimo umore. Non peggioratelo. Non deve essere cambiato nulla, neppure di un'ora».

Prima di arrivare a Praga, Maria Teresa si era fatta precedere da un'operazione che non perdonava le amicizie o gli atti di sottomissione dei boemi nei confronti di Carlo Alberto e dei francesi. Lo stesso burgravio Savgoc aveva presieduto una commissione di inchiesta, ironicamente chiamata «camera ardente» per la suprema severità. Alcuni borghesi erano stati imprigionati, mentre i nobili più compromessi erano relegati agli arresti domiciliari nei loro possedimenti. Il conte Kolowrat; il conte Kaiserstein cancelliere di Carlo Alberto; il conte Paradies che aveva aiutato gli occupanti a tenere duramente la disciplina; il conte Michna; e due giovani appartenenti alla nobile famiglia dei Bubna, erano stati condannati a morte. La condanna non era stata eseguita per un benevolo, estremo intervento della sovrana. Persino il «terrorista» Karel David, che aveva cercato di costituire un'armata volontaria di contadini disposti a combattere con i francesi e i bavaresi, già sul patibolo issato nella piazza della Città Vecchia, dove avrebbe dovuto subire l'amputazione di entrambe le mani e lo squartamento, era stato graziato e chiuso nella fortezza ungherese di Buda.

Di punizioni pesantissime da parte austriaca, era piena

la memoria di Praga, e nessuno aveva sepolto nell'oblio l'alba del 21 giugno 1621, quando i cannoni del Castello avevano dato inizio alla più orrenda giornata della storia boema. Nella piazza della Città Vecchia era stato eretto un palco cintato da una spalliera di legno. Un panno nero copriva la scala che lo univa al balcone del municipio. Alto e pesante, un crocefisso era stato piantato davanti al ceppo mentre il boia Mydlar, il volto coperto dallo spettrale cappuccio, aspettava con la spada in pugno. Le autorità stavano sedute al balcone. Impietrita dall'orrore, la folla si accalcava sulla piazza. Quattro ore era durata l'esecuzione dei ventiquattro tra nobili e cavalieri, fra i quali anche il rettore Johannes Vessenius, e per quattro volte il boia aveva dovuto cambiare la spada usurata. Era anche lui un boemo e, per alleviare il martirio dei compatrioti, aveva fatto in modo da staccar loro la testa con un colpo solo. La macabra esecuzione era seguita a un tentativo di liberarsi degli Asburgo, gli arroganti padroni che, con la loro sterminata valanga di gesuiti, monaci, cappuccini e preti di ogni ordine e grado, avevano invaso la Boemia già un secolo prima, per sradicare la religione protestante, e impiantarvi quella cattolica.

Agli inizi del 1600, la tensione contro la Casa d'Austria era infatti fortissima. Il 23 maggio 1618 un gruppetto ribelle aveva chiesto udienza al Castello, scagliando rabbiosamente fuori dalla finestra della sala dei cavalieri i luogotenenti asburgici, Borita e Slavata, insieme al loro segretario Filip Fabricius. Il conte Thurn aveva raccolto un esercito di 16.000 mercenari, arrivando alle porte di Vienna e sconfiggendo le truppe dell'imperatore Mattia, che dieci anni prima aveva costretto all'abdicazione il fratello Rodolfo. Il 19 agosto, la Dieta aveva privato l'erede Ferdinando della corona ceca, acclamando suo re Federico del Palatinato, genero di Giacomo I d'Inghilterra e capo dell'Unione evangelica dei principi protestanti tedeschi. Ferdinando non era rimasto inerte. Per gli Asburgo, un regno evangelico, proprio nel cuore dell'Europa, sarebbe diventato un pericolo enorme. A lui, si erano uniti i cattolici re di Baviera, di Polonia, di Spagna, di Francia, e 30.000 uomini della Lega cattolica. L'8 febbraio 1620, su una collina chiamata «la Montagna Bianca» per le sue cave di gesso, si era svolta la nefasta battaglia che avrebbe portato la Boemia a un penoso declino. Mentre a Vienna, nella cattedrale di Santo Stefano si intonava il vittorioso *Te Deum*, nell'umiliata e morente Praga un tribunale presieduto da Karel Liechtenstein, a un passo da San Vito, aveva condannato a morte i ventiquattro signori.

Sfuggendo agli arresti, i rimanenti nobili, i borghesi, gli intellettuali e gli artigiani erano emigrati a migliaia, mentre i Liechtenstein, i Buquoi, i Wallenstein, i Marradas e altri ancora, speculatori avidissimi provenienti da diversi paesi, avevano concentrato nelle loro mani i grandi patrimoni espropriati con la violenza. Dopo la battaglia della Montagna Bianca, il duca di Baviera aveva lasciato la città il 17 novembre di quello stesso anno, portando con sé 1500 carri carichi di oggetti preziosi trafugati al Castello. Nel 1631, il Kurfürst di Sassonia ne aveva riempiti cinquanta. L'invasione svedese del 1648, che aveva esteso le ruberie fino alle incomparabili biblioteche di Rožmberk e di Strakonice, per consegnare quasi tutto alla regina Cristina, aveva definitivamente spento lo splendore dell'imperiale museo dove Rodolfo si era maniacalmente rinchiuso nella sua delirante infelicità.

Maria Teresa non si sente a suo agio nel Castello sulla collina di Kradčany. È un guscio tetro, un disordinato ripostiglio delle rovine di ciò che resta degli straordinari tesori. Nel 1583, abbandonando Vienna, il suo avo Rodolfo II aveva trasferito la reggia sulla riva della lucente Moldava. Nipote di Carlo V, pronipote per parte di entrambi i genitori di Giovanna «la pazza», come tutti gli Asburgo era andato a respirare, bambino, aria mefitica alla corte dei parenti di Spagna. Trascorsi sette anni fra il palazzo di Madrid e l'Escorial, aveva imparato tutto ciò che c'era da imparare da Filippo II e la sua bigotta compagnia di consiglieri: gli intrighi, la vanagloria, i roghi dell'Inquisizione, la caccia agli eretici, la mania di grandezza.

A Praga, Rodolfo si era liberato di molti di questi fantasmi, diventando più tollerante, al punto da avere per amico intimo il famoso rabbino Löw, di cui si diceva avesse fabbricato il Golem, e da ospitare e proteggere lo scienziato Keplero, perseguitato dagli austriaci perché di religione evangelica. Questo non gli aveva impedito, però, di lasciar proliferare una foltissima schiera di arcigni madrileni che imponevano un cattolicesimo tanto cieco e sanguinario, da far soprannominare *spanele*, spagnoli, i praghesi convertiti in bacchettoni papisti. Svogliato, disinteressato ai problemi di governo, Rodolfo si era murato nel castello uscendo solo di notte, preso da una passione maniacale per gli alchimisti, le fattucchiere, gli spiritisti, dai quali sperava di strappare la formula per la fabbricazione dell'oro. Una febbre divorante lo portava a raccogliere quadri, tappeti, ninnoli, arte antica e moderna, mobili, suppellettili: il meglio e il peggio del mondo, il sublime e il grottesco di ogni disciplina, in un bric-à-brac disordinato, in cumuli inestricabili dove nessuno poteva mettere mano. Nella sua pinacoteca grandiosa, il cui accesso era vietato a tutti, ma non agli alchimisti e agli astrologi, fra le opere prevalentemente di mano tedesca o dei Paesi Bassi, aveva raccolto gli amatissimi Arcimboldo e Pieter Brueghel, giungendo a far portare in spalla attraverso le Alpi, perché non si sciupasse, l'opera mirabile del Dürer, *Das Rosenkranzfest*, comprata a Venezia.

Con Rodolfo, il gotico palazzo degli antichi re di Boemia era diventato sinistro. Né mancavano, fra le sue mura alte e nere, crudeltà e intrighi, l'ultimo dei quali aveva costretto l'imperatore all'abdicazione in favore del fratello Mattia. Tetro, paranoico e pazzoide, Rodolfo temeva il matrimonio e aveva avuto solo figli illegittimi, sei dei quali dalla concubina Katerina Stradova, figlia dell'antiquario di corte, l'italiano Giacomo Strada. Uno di questi, Julius, aveva ucciso la sua amante, figlia di un barbiere, tagliuzzandola in mille brandelli che aveva sparso nella camera da letto, per poi ordinarne esequie solenni e una sepoltura principesca.

In queste stanze, insieme al figlio e alla sorella, è stata messa a dormire Maria Teresa, accudita da un nugolo di dame boeme che la innervosiscono, perché scoperte a spiarla sbuffando e borbottando alle sue spalle. E al conte Kinsky, cui indirettamente rimprovera una certa morbidezza nei confronti di Carlo Alberto di Baviera, ogni giorno ripete con maggior asprezza: «Come faccio a fidarmi di queste signore? Magari, quando loro sovrano era il re di Baviera, facevano alla nostra cara cugina Maria Amalia, e al suo moccioso Massimiliano, le stesse, stucchevoli smancerie con cui soffocano me e il mio bambino». La città la mette a disagio. Qui, nessuno sta veramente col cuore dalla parte della Erzhaus. Si è fatta condurre davanti al sepolcro del Santo re Venceslao. Una follia di enormi pietre dure, incastonate nelle pareti. Un turbinio di consunti colori. Un senso di sacra, ineguagliabile maestà. Ha spiato i suoi sudditi mentre si inginocchiano davanti al re martire. Nessuno di loro avrà altrettanta devozione per lei. «Qui», dice alla sorella, «occorre che mi dia da fare. Non vedono l'ora che me ne torni a casa».

X

MARIA TERESA REGINA DI BOEMIA. UN PAESE OPPRESSO E OSTILE

L'11 maggio, vigilia della cerimonia d'incoronazione, un pubblico tanto numeroso da occupare lo scalone d'onore e le sale adiacenti alla sala Venceslao del Castello di Hradčany, assiste all'omaggio che i signori di Boemia rendono a Maria Teresa. A Kinsky e Savgoc, che le parlano in ceco, la sovrana risponde in tedesco, garantendo di essere addolorata per le loro recenti sventure, e promettendo di dedicarsi, in futuro, non solo a sanarne le piaghe, ma anche a risollevarne la gloria. Per quanto un po' traditori, vuole che si convincano che devono sentirsi tutti suoi figli. L'atmosfera si distende durante il banchetto e, mentre si brinda alla sua salute, le viene portata la bella notizia che i bavaresi sono stati battuti a Simbach dal cognato Carlo.

Per consentire che nella cattedrale venga cantato nuovamente un *Te Deum*, e così celebrare degnamente e solennemente la vittoria del Lorena, la cerimonia dell'incoronazione viene ritardata di due ore. Sofferente per il caldo già molto pesante, Maria Teresa scoppia in un'ennesima bizza minacciando di non indossare, al momento stabilito, il venerato mantello del Santo re Venceslao. Finalmente, alle dodici del mattino, il conte Giacomo di Liechtenstein, arcivescovo di Olomucht, le posa la corona sul capo. In latino, davanti a Dio, alla Vergine Immacolata e a tutti i santi, Maria Teresa giura di rimanere fedele al credo cattolico, di mantenere i nobili di Boemia nei loro antichi diritti e privilegi, di non alienare parte alcuna del territorio del regno e, anzi, di ingrandirlo e di fare tutto il possibile per il suo onore e il suo bene. Il giuramento contiene, quindi, anche la promessa di riconquistare la Slesia, feudo boemo da lei appena ceduto a Federico. Ai sospettosi nobili non convince del tutto l'impegno di mantenere intatte le loro prerogative. La signora mescola abilmente le carte, e sa mentire. Due anni prima, aveva infatti cercato di liberare i contadini dal servaggio in cui erano da loro tenuti, promettendo la libertà e lo sgravio delle imposte in cambio dell'arruolamento nell'esercito austriaco, e soltanto all'ultimo momento la Dieta era riuscita a fermarla. L'entusiasmo per lei è appena tiepido quando, finalmente, il cancelliere proclama in lingua ceca «la fedeltà alla nostra carissima sovrana ereditaria e regina incoronata».

Quasi volesse far dispetto ai boemi, Maria Teresa si trattiene a Praga fino agli inizi di giugno. La città non è più quella, abbandonata e tristissima, dopo i saccheggi seguiti alla sconfitta sulla Montagna Bianca. Il barocco ha messo i riccioli ai muri e distribuito gonfie cupole di rame contro il suo cielo dai lucori di perla. I palazzi si sono rifatti una veste ricca, fastosa, tutta curve e convessità. Già un secolo prima, il generalissimo Albrecht Wallenstein aveva demolito ventisei case per costruire nel quartiere di *Malá Strana* un palazzo mastodontico con cinque cortili e un giardino. Nel 1653, per edificare il collegio Klementinum, i gesuiti avevano abbattuto trentadue case e tre chiese; sulla collina di Hradčany, nel 1670, il conte Humprechit Cernin z Chudenic sfidava il Castello con una facciata minacciosa e immensa.

Dalla fine del Seicento, i nobili avevano allentato i legami con la Hofburg, il clero aveva ripristinato i costumi religiosi locali, da ogni parte d'Europa erano giunti gli artisti, e molti erano gli italiani, per costruire chiese, monasteri e santuari sulle rovine della storia. Il barocco imperiale, la cui fucina era a Vienna, qui si stemperava pian piano con la cultura boema. Dalle finestre del Castello, ora Maria Teresa può godere un panorama estroso e incantevole. I palazzi sono stupendi. Le piazze e le strade una quinta ininterrotta, mutevole e magica. Anche lei è presa da smanie di rinnovamento, e dispone un rifacimento quasi totale del Castello. Lo pretende più luminoso, e ordina per questo di abbattere quasi tutti i vetusti e stupendi edifici gotici, ampliando i cortili, alzando i palazzi, creando nuovi giardini.

Insieme alla sorella, la regina di Boemia visita castelli e partecipa a battute di caccia, sfrecciando da un capo all'altro della città in carrozze scoperte. Il 17 maggio, assiste alle feste popolari in onore di San Giovanni Nepomuceno passando in battello sotto il ponte della Moldava dal quale, secondo la tradizione, il martire cattolico era stato lanciato con furore. Non si separa mai da suo figlio Giuseppe. «Ecco chi sarà vostro re e signore, se Dio vuole», esclama levando in alto il piccino con gesto risoluto e orgoglioso. Colmata di doni, in condizioni di salute eccellenti, prima di tornare a Vienna passa per Vysehrad, Tabor e Budějovice, per conoscerne la gente, le usanze, i disagi. Come per l'Ungheria, se vuole conquistare i boemi, è lei che deve fare il primo passo.

A Vienna, l'attende Tarouca. Stretto nel vestituccio grigio senza decorazioni, la parrucca bianca legata con un nastrino striminzito, il minuscolo portoghese attraversa i corridoi a passi saltellanti e nervosi, fino a raggiungere lo studio della regina. Tralasciando ogni cerimonia, Maria Teresa gli fa cenno di sedere nella poltrona di fianco alla sua. Tarouca rimane in piedi e, tutto d'un fiato: «Mi risulta che Vostra maestà, durante il soggiorno a Praga, si sia pericolosamente trascurata. Oso dire che non si è comportata come avrebbe dovuto. Ho avuto notizie che andava ogni giorno a cavalcare nei boschi all'amazzone, anziché alla cavallerizza. E che ha partecipato insieme con sua sorella a rumorose corse su un carro romano trainato da quattro cavalli. Nel suo stato, dovrebbe invece riguardarsi e, se mai, uscire soltanto in portantina», enumera. La voce di Maria Teresa si leva in uno strillo inviperito. «Sono state loro, a spifferare tutto! Le pettegole signore e signorine boeme! Si scandalizzano di qualsiasi mio gesto o parola!

Non sanno star zitte! Ma perché non si occupano delle loro faccende? Non sanno neppure vestirsi. Non hanno imparato a portare gli abiti e le parrucche di Vienna. Quelle provinciali malevole! Quelle noiose bigotte!»

Senza replicare, Tarouca ascolta. «Sapete», minaccia lei, ancora urlando, «sapete che cosa farò, quando sarò di nuovo incinta? Starò zitta fino alla fine. E ingannerò tutti infilandomi in camicioni lunghi e larghissimi, delle palandrane immense. Così che io possa fare quello che più mi piace fino all'ultimo momento».

«Maestà, perdonate il vostro vecchio brontolone», borbotta Tarouca congedandosi. Prima che un valletto richiuda la porta alle sue spalle, Maria Teresa lo richiama. Il sorriso è tornato nei suoi occhi, il suo volto non è più acceso dal dispetto.

«Non preoccupatevi», lo rassicura. «Continuate a dirmi quel che dovete dirmi. Anche se non sempre faccio ciò che mi suggerite di fare, le vostre parole mi tornano alla mente più tardi. E mi fanno riflettere».

«Disarmante. La mia augustissima signora è assolutamente disarmante», scrive il portoghese nel suo diario.

Maria Teresa ha organizzato sei settimane di festeggiamenti per il fidanzamento della sorella Maria Anna con Carlo di Lorena, recentemente nominato governatore dei Paesi Bassi. Ha partorito Maria Elisabetta da tre settimane, ma questo non le impedisce di partecipare a un numero inverosimile di festose cerimonie. I ricevimenti a corte, gremiti di spettacoli con mimi, danzatori, acrobati, musicisti e cantanti, si trasformano spesso in colossali balli mascherati, massimo divertimento della sovrana che, una sera, vestita da ostessa a fianco del marito, a sua volta travestito da oste, con la rustica grazia di una popolana serve il vino e la birra agli ospiti.

«Vostra maestà non deve mai dimenticare di essere una regina», le ha scritto Tarouca, una notte in cui lei è introvabile, rintanata in qualche taverna a far baldoria. Non si stanca mai di ballare, in casa di amici, nelle osterie, nella

Redoutenhall della Hofburg, sotto i famosi candelieri appesi alle volte con lunghe braccia dorate, capaci di reggere fino a trecento candele.

«Ripetetemi queste cose al principio di primavera», è la sbrigativa risposta di lei, all'alba, ancora accaldata nell'aereo costume da ninfa. Un velo azzurro palpita sul seno ansante e generoso, i capelli sono sciolti lungo le spalle, la veste, sollevata nell'abbandono, mostra bianche e aderenti calze di seta ricamate con fiorellini di raso. È ancora splendida.

Maria Teresa vive gli ultimi giorni di Carnevale con la malinconica certezza che la primavera le farà pagare il poco tempo di svago che si è concessa. In gennaio, a Parigi, è morto il temibile ministro Fleury, lasciando la Francia disorientata. Per fiaccare e ridurre i suoi confini, il re d'Inghilterra cerca di coinvolgere l'Austria in una coalizione. «Il sistema dell'Inghilterra è di condurmi di sacrificio in sacrificio», commenta la sovrana al momento di firmare il trattato di Worms, col quale Inghilterra, Austria e Sardegna si stringono contro la Francia mentre, in cambio dei territori a ovest del Ticino, l'Oltrepò pavese e il Piacentino, consegnati al re di Sardegna contro l'impegno di custodire i confini austriaci in territorio italiano, a lei si garantisce il possesso di Milano e di Parma. Il trattato, sostiene Giorgio II, per l'Austria è inevitabile. Carlo Emanuele di Sardegna è infatti pericolosamente disposto a unirsi alla Francia e alla Spagna, per mettersi contro Maria Teresa. In cambio dei territori, Carlo Emanuele III si acquieterà. Così come, bisognosa di ricevere altro denaro da Giorgio II, si piega anche Maria Teresa. Del trattato, la consola una piccola clausola, tenuta segreta sul piano internazionale per non sconvolgere gli equilibri europei, grazie alla quale i firmatari si impegnano a cacciare dall'Italia i Borboni e, nell'eventuale spartizione dei beni, tornerebbero a lei Napoli e la Sicilia, ora in possesso degli spagnoli. Tutto il resto, invece, le è stato strappato. E molto pesante, per lei, è rinunciare all'annessione della Baviera e alla riconquista della Slesia.

Per la nuova coalizione, il momento di affrontare la Francia sembra propizio, tanto più che i tre Stati hanno coinvolto anche l'Olanda. La Russia, governata da Elisabetta, figlia di Pietro il Grande, ha addirittura deciso di aggregarsi spontaneamente. Maria Teresa invia il cognato Carlo a combattere in Alsazia, progettando di conquistare la Lorena ancora in mano ai francesi, e riconsegnarla finalmente al marito. Il sottile intuito che la porta a capire le ragioni del cuore, l'ha persuasa che soltanto la restituzione della terra perduta potrebbe ridare equilibrio e fiducia al suo Franz. La riluttanza, quasi l'orrore che il principe spodestato dimostra per la guerra, non può che essere frutto dell'inimmaginabile squarcio sofferto nella prima giovinezza quando, per evitare un sanguinoso conflitto, era stato costretto a rinunciare alle terre che per sette generazioni erano appartenute ai suoi avi. Questo, lei pensa.

All'inizio, l'Alsazia sembra già vinta, e la Lorena oramai vicinissima. Ma, nonostante le suppliche della regina perché si affretti, e ancora una volta non indugi a scegliere la tattica migliore, suo cognato preferisce deviare verso l'accampamento del re d'Inghilterra, miracolosamente uscito da uno scontro coi francesi, che per poco non lo hanno catturato. Giorgio II è stato salvato da un esercito di dragoni del generale Neippberg ma, lasciando in mano al nemico anche i suoi feriti, rinuncia a inseguire i francesi e, praticamente, si defila dalla guerra.

Maria Teresa è di nuovo sola. «Nessuno meglio della mia amica contessa Fuchs», dice con amarezza all'ambasciatore britannico, «può testimoniare quanto fossi depressa a proposito di ogni cosa, a tal punto che quasi piangevo. Io non piango facilmente, né ho pianto nei peggiori momenti, perché considero il piangere atto codardo. Ora mi sono rassegnata e credo che non ci sia più nulla da fare». Poco dopo, mentre gli austriaci si portano sul

Meno per nuove battaglie, anche l'Olanda si ritira definitivamente.

Lo spostamento all'ovest delle forze austriache consente a Federico di occupare Praga, mentre Carlo è costretto a rinunciare al progetto di conquistare la Lorena per correre in soccorso della Boemia. Con una mossa personale, Maria Teresa annichilisce il Consiglio. Evitando di mettere di mezzo gli ambasciatori, parte per Presburgo per chiedere aiuto agli ungheresi. Ed è ancora una volta Pállfy a starle vicino. «La straordinaria umanità di un popolo così diviso, come l'ungherese, specialmente da un punto di vista religioso poteva essere realizzata soltanto dall'abilità di Maria Teresa, la quale sembrava avere il dono di trasformare in eroi tutti coloro che avvicinava. Questa principessa incantatrice colmava tutti gli animi dello stesso entusiasmo, da quello del vecchio Pállfy a quello dell'ultimo contadino», scrive un cronista. L'Ungheria non sa più negare nulla alla sua regina. E la regina ha imparato che, se vuole ottenere qualcosa, deve contare soltanto su se stessa.

Maria Teresa conduce la campagna per la riconquista di Praga incitando i comandanti con lettere e proclami, presentandosi a cavallo davanti alle truppe in divisa di generalessa con l'elmo e gli speroni d'oro, la giubba scintillante di decorazioni. «Madre dell'esercito» viene chiamata nei suoi territori mentre, dopo le visite ai campi di battaglia, viene coniata una medaglia commemorativa da distribuire alle truppe. «Congratuliamoci da buoni boemi della presa di Eger», scrive Maria Teresa a Kinsky, alludendo al fatto che Carlo, sulla strada per Praga, ha conquistato quel territorio. «Io me ne rallegro. Dopo tutte le cattive notizie, ho bisogno di incoraggiamenti».

Fra le peggiori, non ha avuto paragoni la lettera da Bruxelles che annunciava la morte di Maria Anna. Si era misteriosamente ammalata quando era ormai al termine di una tribolata gravidanza e, mentre i medici le davano poche ore di vita, aveva partorito una bambina morta. Da Vienna, Maria Teresa si era tenuta in stretto contatto epistolare col dottor van Swieten, convocato al capezzale della puerpera dal conte Königsegg, che svolgeva provvisoriamente funzioni di governatore in attesa del ritorno di Carlo. Dalle lettere incoraggianti del medico, per un poco si era illusa sulla guarigione della sorella. L'austriaco conte Kaunitz, consigliere di Carlo a Bruxelles, le aveva descritto van Swieten come medico brillante, d'intelligenza sorprendente e meravigliosa. Ma nonostante la bravura dello scienziato, la timida e silenziosa Maria Anna aveva dovuto soccombere.

Durante la guerra, ministri e cortigiani osservano increduli i risoluti movimenti della regina, che esamina uno per uno i piani di guerra che le vengono presentati e prende, da sola, decisioni delicatissime. Del resto, su chi contare? I comandanti austriaci sono lenti, indecisi. Era sempre stato costume degli Asburgo punire chi portava gli eserciti alla sconfitta, e molti erano i casi di bravi ma sfortunati militari che trascorrevano i loro giorni in una prigione. Di conseguenza, è naturale che non si trovi quasi nessuno disposto a dar l'ordine di andare in battaglia. E mentre l'esercito di Federico è agile, leggero, moderno, quello austriaco si è adattato alla prudenza dei suoi comandanti. È vecchio, pesante, superato.

Rinforzato da 74.000 ungheresi che Pállfy ha radunato per la sua regina, l'esercito austriaco costringe Federico a ritirarsi dentro i confini della Slesia. Praga è di nuovo sotto le ali dell'aquila Asburgo, e Maria Teresa non riesce a cancellare il cocciuto livore nei confronti degli ebrei, colpevoli di collaborazione durante la breve ma terribile invasione prussiana. Nel dicembre del 1744, convoca il giurista Sonnenfels per chiedergli se, a suo giudizio, abbia il diritto di cacciarli dai suoi Stati. Sonnenfels le fa rilevare che gli israeliti in Boemia sono tantissimi, e suggerisce di lasciar loro almeno sei mesi di tempo per sistemare gli affari in sospeso. L'editto emanato negli ultimi giorni dell'anno, tiene conto di questo suggerimento. È esclusa la pena di morte, per qualcuno è contemplata la tortura, per altri è previsto l'esilio, per moltissimi è tassativa la confisca dei beni. Invano, da ogni parte, si implora la sua clemenza. Un ebreo praghese molto stimato, Salomone Koeff, chiede udienza a Vienna. Maria Teresa lo riceve tenendosi separata da lui attraverso un paravento. Koeff alza tanto la voce, che una guardia è costretta a zittirlo. «Non è la mia voce che ascoltate, ma quella di migliaia di perseguitati, in nome dei quali io vi supplico», grida l'ebreo. «Essi urlano al cielo pietà e misericordia».

L'Inghilterra e l'Olanda invocano i diritti umani, mentre l'Europa intera accusa di intolleranza la sovrana austriaca. L'antisemitismo di Maria Teresa non si estingue con l'episodio di Praga. «Non conosco piaga maggiore di questa razza bugiarda, usuraia, assetata di denaro, che trascina il mio popolo alla mendicità. Gli ebrei devono essere evitati e tenuti alla larga il più possibile», ripeterà fino alla fine dei suoi giorni mentre, dal 1777, vieterà che gli ebrei abitino a Vienna senza un suo speciale permesso.

Il 20 gennaio 1744, «d'angoscia e di vergogna», muore Carlo Alberto di Baviera, imperatore del Sacro Romano Impero. Era malato da molto tempo, aveva perduto tutti i suoi beni, aveva soltanto in capo la corona di Carlo Magno, simbolo altissimo e vuoto, che in pratica non conta nulla. «Tu non devi inseguirla, pretenderla, sognarla. Né adesso, né mai. Cerca piuttosto di trovare un compromesso con la cugina di tua madre. È una donna pericolosa. Sa il fatto suo, non si lascia piegare da nessuno», sono le ultime parole per il figlio Massimiliano Giuseppe, al quale raccomanda di accontentarsi della Baviera. La vedova e il ragazzo, che un giorno lontanissimo aveva rischiato di sposare Maria Teresa, tentano una riconciliazione con l'Austria. Tre mesi dopo, a Füssen, viene firmato un trattato di pace. I due contraenti si impegnano a non sollevare pretese sui territori reciproci. Inoltre, Massimiliano Giuseppe, erede del titolo di elettore del Sacro Romano Impero, promette a Francesco Stefano di Lorena il suo voto, oltre a quello dello zio arcivescovo di Colonia. «Tutti i mali sono venuti dalla rottura delle nostre due famiglie. Si può rimediare soltanto con la riconciliazione», commenta soddisfatta Maria Teresa.

Brilla, sul cuscino di velluto rosso con frange e nappe dorate, una spada dall'impugnatura d'oro tempestata di pietre preziose. È un regalo di Maria Teresa al conte Pállfy, insieme a un anello e un cavallo. Non ci vuol molto perché il nobile vegliardo riconosca, nello stupendo animale, il destriero bianco della regina. Accompagna i doni una lettera autografa, scritta con l'inconfondibile calligrafia larga e decisa. «Padre Pállfy, vi mando questo cavallo, degno di non essere montato che dal più zelante fra i miei fedeli sudditi. Ricevete nello stesso tempo questa spada, per difendermi dai miei nemici, e prendete questo anello come segno del mio affetto per voi». In portantina, Pállfy si fa condurre alla reggia. Maria Teresa lo abbraccia teneramente.

«Maestà, io non son degno di essere chiamato padre», mormora il vecchio.

«Voi», obietta la sovrana, «fate per me quello che solo un padre può fare». È incinta per la settima volta. «Ma io non credevo che la corona fosse così pesante», sospira.

XI

FRANCESCO STEFANO IMPERATORE DEL SACRO ROMANO IMPERO. IL TRATTATO DI DRESDA. LA NUOVA REGGIA DI SCHÖNBRUNN

«Tre milioni di fiorini. Non riuscirei a racimolarli neppure vendendo i miei gioielli». Così risponde Maria Teresa, giustificando il suo rifiuto a prendere posto di fianco al marito durante l'incoronazione a imperatore del Sacro Romano Impero.

«Si può trovare il modo di prelevare una somma dalle casse del governo», insiste il grande cerimoniere.

Posando una mano sul ventre, la sovrana ha uno scatto d'impazienza. «Non si può sfilare davanti al mondo in queste condizioni. Mi sento un fagotto».

«La responsabile delle sarte di corte si è impegnata a preparare vesti adatte a celare lo stato di avanzata gravidanza», tenta il funzionario.

«Non sforzatevi di convincermi, non mi farete cambiare idea», taglia corto. È tutto, ha deciso così. Sarà a Francoforte come spettatrice, avrà una tribuna nel palazzo imperiale. Ma non salirà fino all'altare per essere anche lei incoronata. Non parteciperà alle sfilate, ai banchetti ufficiali, alle feste.

Prima delle elezioni, Maria Teresa non aveva dato tregua a nessuno finché non aveva avuto la certezza assoluta che la corona si sarebbe posata, con tutti i crismi, sui biondi e capricciosi riccioli di Francesco Stefano. I suoi agenti segreti avevano lavorato alacremente per convincere gli elettori a votare per lui, usando mezzi anche illeciti. Era disposta a tutto, pur di dare al marito un riconoscimento che lo sollevasse definitivamente da uno stato di imbarazzante inferiorità, portato con elegante, ma indubbio disagio. Ancora più forte dell'amore verso l'amatissimo Franz, era stata però la determinazione di riportare a Vienna la storica insegna, da tempi immemorabili ritenuta retaggio della Erzhaus per diritto divino, e malauguratamente sfuggita agli Asburgo proprio sotto il suo regno.

Fra i contendenti mancava Federico di Prussia, abbarbicato unicamente al suo spasmodico desiderio di governare come un illuminato tiranno sul suo paese. Comunque, insieme alla Francia, Federico restava pur sempre uno dei grandi agitatori dello sparuto gruppetto degli elettori, e cercava con tutti i mezzi di convincere a mettersi in lizza sia il diciottenne Massimiliano Giuseppe di Baviera, figlio del defunto imperatore, sia il re di Sassonia. Ma né l'uno né l'altro si erano prestati all'intrigo, scegliendo di stare dalla parte della loro parente. L'Inghilterra avrebbe votato per il Lorena. In compenso, stanca di inviarle continui sussidi, aveva chiesto all'Austria di smettere di far guerra alla Prussia.

All'alba dell'8 agosto, l'ambasciatore Thomas Robinson aveva presentato la proposta del re alla sovrana, che stava già bevendo la sua terza colossale limonata ghiacciata: «Quest'anno, l'Inghilterra ha dato all'Austria 1.700.753 sterline: senza contare i sussidi ottenuti dagli elettori di Colonia e di Baviera. La piega presa dagli avvenimenti non permette all'Inghilterra di assumersi un simile onere finanziario. Se deve pagare servizi ovunque, ovunque si troverà a corto di risorse. Si tratta, dunque, di diminuire la forza del nemico. Non potendosi staccare la Francia dalla Prussia, bisogna staccare la Prussia dalla Francia».

Lei, ascoltava in silenzio. «La nazione inglese», aveva proseguito Robinson, «fa affidamento che l'Austria le renda questo servizio, come riconoscimento di quanto le deve. Ciò che necessita deve essere fatto senza indugio, mentre la Francia esita ancora a fornire al re di Prussia i sussidi che egli le ha chiesto. Infatti, se li ricevesse, il suo atteggiamento sarebbe definitivamente fissato». Teneva già i documenti pronti fra le mani. Se la regina avesse immediatamente firmato la pace con Federico, il voto del re per l'elezione di Francesco Stefano sarebbe stato sicuro. La regina era d'accordo su molti punti, ma non intendeva patteggiare col prussiano prima di averlo battuto. «Lasciatemi almeno le mani libere fino a ottobre», lo aveva supplicato. «Se dovessi concludere la pace con lui domani, dovrei attaccarlo questa sera stessa».

Il re d'Inghilterra non aveva tempo da perdere e, all'insaputa di Maria Teresa, il 26 agosto stipulava con Federico il trattato di Hannover, grazie al quale i due sovrani si garantivano reciprocamente i loro possessi. A sua volta, Federico incominciava a trattare segretamente con Carlo di Lorena le condizioni di un armistizio con l'Austria, proponendo sei settimane di tempo per decidere. Ancor più che offesa per il tradimento dell'Inghilterra che, firmando ad Hannover, aveva tacitamente riconosciuto a Federico il possesso della Slesia, Maria Teresa era amareggiata. Le sotterranee manovre degli uomini, e sempre alle sue spalle, le davano la fastidiosa, incessante sensazione di essere un bersaglio indifeso. «So benissimo che è in mio potere fare la pace», aveva spiegato all'ambasciatore di Venezia. «Ma io non la voglio fare, né voglio sentire argomenti in proposito. Il re di Prussia vuole semplicemente addormentarmi, e poi assalirmi di nuovo quando meno me lo sogno».

Ben sei dei nove elettori per la corona dell'impero erano stati conquistati dalle trame di Maria Teresa, e il 13 settembre 1745, a Francoforte, Francesco Stefano finalmente era stato eletto col nome di Francesco I. Per consentire i preparativi, l'incoronazione avrebbe avuto luogo un mese dopo, e i consiglieri della Hofburg insistevano perché la loro sovrana fosse a fianco del marito durante la cerimonia per venire, a sua volta, incoronata imperatrice. La scusa della maternità imminente era sembrata plausibile. In ogni caso, lei non aveva rinunciato a dimostrare il suo regale potere scendendo lungo il Reno su un battello più imponente e decorato di quello dell'imperatore.

Maria Teresa è ancora molto attraente. «La sua andatura è sciolta, il portamento è maestoso, la figura imponente, il suo viso tondo e pieno, la sua voce chiara e piacevole. L'espressione è sorridente, i capelli sono biondi con una lieve sfumatura rossa, gli occhi sono grandissimi, vivaci e miti, ed il loro azzurro carico è assai attraente. Ha naso regolare, non aquilino né camuso, denti bianchissimi, veramente affascinanti allorché ella ride e, benché sia grande, la bocca è piuttosto graziosa; il collo e il seno sono ben modellati, e le mani squisite; ad onta delle angustie in cui si è trovata e della sua ansietà, il suo viso è fresco e la pelle molto chiara benché ella se ne occupi pochissimo. Il suo contegno è brioso e sereno, e la sua accoglienza sempre calda e piacevole; non si può negare che sia una donna affascinante e deliziosa». Così la descrive a Federico l'ambasciatore prussiano conte Podewils, mentre la osserva nei giorni di Francoforte.

Il giorno dell'incoronazione, Francesco Stefano, elegante e bellissimo, passa in corteo a bordo di un cocchio che Rubens aveva dipinto per gli Asburgo, e che Maria Teresa ha fatto rinfrescare e di nuovo imbottire con velluto di seta e passamanerie d'oro. Rompendo la tradizione, il Lorena indossa le vesti sfarzose dell'imperatore Enrico VI, anziché quelle lise e vetuste di Carlo Magno. Un mantello di broccato rosso, una camicia di seta bianca fino ai piedi, guanti e scarpe rosse, la grande stola incrociata sul petto, dappertutto ricami d'oro e lisci smeraldi incastonati ai bordi, e un fermaglio di grossi brillanti. La corona è quella appartenuta a Carlo II. Sovrastata da una croce sorretta da un arco d'oro massiccio lavorato con perle, smeraldi, zaffiri, topazi e ametiste, è tempestata a sua volta da ruvide gemme piatte e ovali, grosse come noci.

I riti hanno luogo fra la cattedrale e la torre romana, e Maria Teresa applaude con entusiasmo, senza guanti, perché il battimani risulti più sonoro. La città è gremita di principi accompagnati da rumorosissime corti che hanno trascorso i giorni fra l'elezione e l'incoronazione nelle taverne e nei vicoli più sordidi, a bere e gozzovigliare. Più che solenne, l'atmosfera è chiassosa, una grande sagra paesana. Sia Francesco Stefano che Maria Teresa sono consapevoli che il titolo ha soltanto un valore formale. Per il resto, somiglia a una mascherata. Quando tutto è concluso, Franz avanza verso la moglie a braccia levate e, smessa finalmente la ieratica espressione di circostanza, si libera davanti a lei, che li posa di volta in volta su un cuscino di velluto rosso, della corona e dell'orbe, dei guanti e dello scettro, con gli stessi gesti e gli stessi sguardi, fra la stanchezza e la sazietà, coi quali smette gli abiti da oste o da guardiano di mucche alla fine di un ballo campestre. Allora, Maria Teresa scoppia in una risata liberatoria, nella quale i molti presenti leggono la sua fatica di vivere un ruolo ufficiale di cui farebbe volentieri a meno. Kaiserin, già la chiamano le dame e i cavalieri del seguito. Lei, ironica, leva un sopracciglio: «Che sorte! Sarò chiamata con l'unico titolo che non mi sono conquistata!».

La tregua per l'elezione è durata pochissimo e il 30 settembre, mentre la coppia imperiale è ancora a Francoforte, gli eserciti d'Austria e di Prussia si scontrano a Soor, dove Federico sconfigge Carlo di Lorena e con alterigia commenta: «Se gli austriaci non mi hanno battuto questa volta, non mi batteranno mai più».

La mano irata della sovrana viene fermata dal marito mentre già sta per firmare la lettera di destituzione dello sfortunato cognato. Per giustificarsi, Carlo ha spiegato al fratello che la battaglia è stata perduta perché le truppe si erano rifiutate di rispondere al fuoco. «Non mi sono fedeli? Le mie truppe non mi sono state fedeli?» strilla Maria Teresa. E poi: «Avrei voluto essere io, al posto di Carlo. Io, so parlare alle truppe. Io, le so incitare! Ci vuole fermezza. E qui, all'infuori di me, nessuno sa cosa sia». Ferma, lei sa davvero esserlo. Intorno, invece, solo uomini che indugiano, non si assumono responsabilità. «Se non sarò io a decidere», va riflettendo, «non ci sarà nessun altro». La sconfitta di Carlo ha confermato la sua convinzione. «Non possono coesistere due poteri: uno nell'esercito e un altro a Vienna. Mi assumerò tutti i compiti riguardanti la guerra, diventerò un soldato», decide.

È amara, sgomenta. Un ufficiale le ha fatto avere le carte trovate nella tenda di Federico dalla cavalleria austriaca durante un saccheggio nell'accampamento. Le carte non svelano soltanto la doppiezza del re di Prussia. Ora, ci sono le prove che anche i sovrani d'Inghilterra e di Francia tramano con lui per annientarla. Maria Teresa non ha più dubbi. Sono tutti disposti ad alleanze vergognose, pur di cancellarla dalla faccia della terra. Il 25 dicembre dello stesso anno, è un Natale tristissimo. La mattina presto, Maria Teresa è costretta a firmare con la Sassonia e la Prussia il trattato di Dresda, col quale rinuncia alla Slesia e cede a Federico anche Glatz. Il re della piccola Prussia è l'unico sovrano capace di indebolire l'autorità dell'Austria, e va per questo acquistando sempre maggior prestigio agli occhi del mondo. E mentre l'Europa lo ha ammesso a far parte dei protagonisti della storia, Federico viene già da più parti riconosciuto come «Il grande».

Il severo conte Tarouca non ha più molti motivi per raccomandare alla sua sovrana di riguardarsi. Le sfrenate cavalcate e i chiassosi balli campestri vanno diradandosi di mese in mese, e Maria Teresa alterna momenti euforici a depressioni brevi ma profondissime. Gioca ancora a carte insieme al marito e qualche ambasciatore, tirando l'alba. Ma si sveglia sempre più presto per un'ansia che si placa soltanto con l'attività frenetica, ininterrotta. Alle sette in punto, mentre i cancelli della corte si aprono per far passare il carretto del capo stalliere della tenuta di Schönbrunn, incaricato di portarle ogni mattina un boccale colmo di latte fresco, vestita e pettinata è già seduta al tavolo della colazione, il medico di corte l'ha informata sul conto dei figli, e il suo segretario le ha presentato l'agenda degli impegni quotidiani.

Maria Teresa trascorre il suo tempo libero progettando una residenza privata più grande e ricca della Favorita. Del resto, con l'allargarsi incessante della città, il palazzo non è più sufficientemente isolato, né abbastanza spazioso per i bambini che nascono al ritmo di uno ogni anno. Il suo secondo maschio e settimo figlio, Carlo Giuseppe, è nato il 2 febbraio del 1745 con la medesima facilità degli altri. E lei è di nuovo incinta. Fin dal giorno delle sue nozze, si è impegnata con Franz ad avere dieci figli e in città, ad ogni suo parto, circola sempre la stessa spiegazzata caricatura della levatrice che lascia la Hofburg in carrozza mentre, salutando le guardie, esclama ridacchiando: «Lasciate pure i cancelli aperti, ritorno subito».

Fra le residenze di proprietà degli Asburgo, Maria Teresa ha scelto quella di Schönbrunn con l'intenzione di arrivare dove non era giunto suo padre: eguagliare Versailles. Il palazzo è situato a Kattermühle, accanto alla fortezza di Katterburg sul fiume Mühlbach. Massimiliano II aveva comprato la tenuta nel 1559 per popolare il territorio, vasto e verde, di animali selvatici e rari uccelli esotici. Nel 1605, gli ungheresi avevano distrutto quel primo tentativo di creare uno zoo a scopi scientifici. Poco più avanti, l'imperatore Mattia aveva soprannominato «Schönbrunn» l'amenissimo luogo perché, durante una battuta di caccia, si era dissetato a una «bella fonte», che aveva dato risultati benefici alla sua gotta. Nel 1637, vicino a un vecchio mulino, la vedova dell'imperatore Ferdinando II, Eleonora Gonzaga, aveva fatto costruire una villa di campagna in «stile italiano», trasformata col tempo nello châlet preferito dagli Asburgo per i balli campestri e i banchetti dei principeschi cacciatori.

Alla fine del secolo il nonno di Maria Teresa, Leopoldo I, aveva incaricato Johann Bernard Fischer von Erlach di progettare un nuovo palazzo, dopo che il primo era stato distrutto dai turchi. Reduce da un viaggio di studi a Roma, dove si era entusiasmato delle opere del Bernini, l'architetto austriaco aveva presentato il disegno di una residenza gigantesca, che avrebbe dovuto sorgere in cima a un'altura. Leopoldo l'aveva trovata esagerata, mantenendo soltanto lo schema di un corpo centrale al quale, in seguito, avrebbe fatto aggiungere due ali laterali. Jean Trehet, celeberrimo maestro di giardini, lo avrebbe infine circondato di un maestoso parco che, dalla facciata posteriore, saliva verso il colle. Nel 1700, la famiglia Asburgo si era ufficialmente trasferita nel nuovo palazzo. Nel 1711, alla morte dell'imperatore Giuseppe I, la costruzione si era però interrotta per mancanza di fondi. Il padre di Maria Teresa, anche lui sempre in lotta col denaro, aveva potuto fare ben poco per riprendere i lavori. Del resto, Schönbrunn non era la sua residenza preferita. Se le sue finanze glielo avessero concesso, avrebbe più volentieri ristrutturato quella di Klosterneuburg.

Maria Teresa ama invece moltissimo questa ondulata località raggiungibile da Vienna in mezz'ora di carrozza dopo un riposante percorso fra vigneti, campi, laghetti, e affida al goriziano Nicola Pacassi il compito di modificare il progetto di von Erlach, oramai eccessivo per un'epoca in cui lo stile barocco, ricciuto e pomposo, comincia a stemperarsi e sgonfiarsi. Tarouca è nominato sovrintendente ai lavori, mentre Franz assume l'incarico di seguire gli architetti dei giardini e del parco. Della costruzione originale, viene conservata l'entrata con gli alloggi per gli ufficiali e le scuderie. Si rimpicciolisce il cortile e si tolgono di mezzo le scale e le rampe circolari esterne, così che le carrozze entrino direttamente nella corte interna attraverso l'androne. Intatta rimane invece la pianta con le ali a gradini mentre, per soddisfare le esigenze della sovrana, che intende soggiornarvi quasi costantemente, i piani salgono a tre.

Nel progetto c'è anche un teatro, oltre ad un parco di duecento ettari affidato all'olandese Steckhoven, stretto collaboratore di Hohenberg anche nell'allestimento del giardino che, secondo i migliori esempi francesi, dovrà avere un taglio rigorosamente simmetrico. Maria Teresa ha ordinato un edificio grandioso, con millecinquecento stanze aperte sul verde disposte lungo un'armoniosa facciata di duecento metri. Sterminata anche la Galleria, grande lunga cinquanta metri. Alte e bombate le volte affrescate. Larghi, i terrazzi e i balconi. Vastissimi, gli appartamenti per gli ospiti. Lei stessa, ogni giorno, sovrintenderà a tutto con pignoleria e competenza. Niente farà un solo passo, né avanti né indietro, senza il suo benestare.

Non appena è pronto l'appartamento privato, ancora fra le impalcature e un frenetico andirivieni di muratori, falegnami, stuccatori e tappezzieri, Maria Teresa si trasferisce a Schönbrunn con una parte della corte. Consigliata anche dal marito, così attento a far quadrare i bilanci da passare per un grosso taccagno, ha imposto drastici tagli al personale. Il numero di servitori è notevolmente inferiore a quello in vigore ai tempi di Carlo VI. Comunque, alle sue dipendenze restano ancora 1500 ciambellani addetti al controllo del funzionamento dei palazzi, l'organizzazione dei divertimenti, dei musicisti, gli attori, i pittori, gli artigiani, e anche gli uomini incaricati di portar giù dalle montagne carri colmi di neve perché i suoi bambini si divertano a slittare quando la neve non scende fino alla pianura viennese.

L'umore sempre più spesso irritabile della sovrana si scarica principalmente sulle donne incaricate di starle vicino, e di accudirla nei momenti privati. Le dame di compagnia vengono scelte abitualmente tra le famiglie nobili e meno abbienti. La loro paga è misera. In compenso, l'alloggio e il vitto sono ottimi. Vestono i suoi abiti smessi, sono gratificate di frequenti e ricchi doni, hanno il permesso di ricevere nelle loro stanze sia donne che uomini, e possono andare in città con la carrozza reale a patto che venga trainata, per economia, da due cavalli anziché da sei. Per non rischiare di trovarsi improvvisamente senza la pettinatrice o la sarta, Maria Teresa ha istituito turni ininterrotti di dieci ore lavorative. Condizione indispensabile al momento di lasciare la reggia, è un recapito dove trovarle immediatamente. Le signore si sentono spiate, ma non lascerebbero mai il loro incarico. Maria Teresa è imperiosa e iraconda. Però è buona, e le ama come sorelle.

Oltre alla contessa Fuchs, la più cara al cuore della sovrana, le signorine Elisabeth von Fritz e Charlotte Hyeronimus sono le donne fidatissime di cui non potrà fare a meno. Il segretario ufficiale Ignaz von Koch è onesto e leale. Ma, per le faccende più segrete e non soltanto personali, gli viene anteposta la Fritz, alla quale è ufficialmente affidato il delicato compito di leggere ad alta voce libri in tedesco, italiano, francese e latino durante la toilette e la vestizione. Sia Elisabeth che Charlotte hanno avuto il divieto di sposarsi fino a quando non otterranno il permesso dalla loro signora.

A sua volta, Maria Teresa si intromette nella loro vita privata, distribuendo consigli che hanno sempre più spesso il sapore duro degli ordini. «Non fate sciocchezze», dice alla von Fritz, fidanzata col barone von Petrasch. «Non vi darò una giornata libera per passarla col vostro Herr von Petrasch. Può aspettare un po'. Agli uomini fa bene. Anche il mio, ha dovuto aspettare». Quando, finalmente, a una di loro sono concesse le nozze, si mostra generosa e gentile. A Elisabeth, regala la somma di 12.000 *Gulden*, e promuove lo sposo in modo che, tutti e due, possano vivere a corte.

Charlotte Hyeronimus è orfana di un ufficiale dell'esercito, assunta non appena Maria Teresa ha sentito raccontare la tristissima storia della bambina che, per mangiare, viveva alla mensa del reggimento degli ussari. A tredici anni, Charlotte riceve l'incarico di seguirla nella toilette mattutina. Poco dopo, passa al ruolo di lettrice e segretaria privata. Sono compiti difficili e impegnativi, perché Maria Teresa è esigente e impaziente. Al rito, viene spesso invitato l'imperatore, che si appiattisce in un angolo per lasciare alle dame la libertà di muoversi più agevolmente. Franz sa restare in disparte. Ricevendo le scuse di Charlotte per le inevitabili gomitate nella frenesia dello scabroso momento dell'acconciatura, commenta ironicamente: «Non vi preoccupate, non sono che il marito di Sua maestà, e il padre dei suoi figli». Conosce bene il suo ruolo pubblico. In privato, è tutt'altro. Maria Teresa lo chiama affettuosamente *mon vieux*. Ma il tono, è quello di una ragazza ancora molto innamorata.

XII

LE PRIME, GRANDI RIFORME. IL CONTE HAUGWITZ E IL DOTTOR VAN SWIETEN

«Se Federico di Prussia fosse lasciato tranquillo, fra tre o quattro anni non si contenterebbe più della Slesia, ma farebbe di tutto per portar via anche la Boemia».

A parlare a Maria Teresa in termini così tassativi è il conte Friedrich Wilhelm di Haugwitz, figlio di un generale che era stato al servizio del re di Sassonia, presentato e raccomandato alla sovrana dalla moglie del generale Daun e dal suo stesso segretario privato von Koch.

Le piace subito, questo protestante quarantenne convertito da poco al cattolicesimo, che aveva lasciato la Slesia per non aver niente a che fare con la nuova amministrazione prussiana, rifugiandosi a Vienna in casa di un amico. Ha un carattere spinoso, l'aspetto sgradevole, è tutto un tic. Ma è convincente e sbrigativo. Gran lavoratore, per questo pochissimo amato nella pigra e confusa Hofburg, Haugwitz dimostra alla sovrana di aver osservato e studiato, con lucido senso pratico, il funzionamento della robusta ed efficiente macchina organizzativa già avviata da Federico Guglielmo di Prussia, e perfezionata dal figlio.

Il lungo duello fra la Francia e l'impero austriaco per il predominio sul continente europeo è finito col fallimento dei Borboni, che vanamente hanno tentato di annientare gli Asburgo. Maria Teresa si è battuta bene, si è affermata, ha dimostrato di saper tenere alta la testa nelle situazioni difficili. Ma non per questo farà suonare le campane, né cantare il *Te Deum*. Anche se la guerra è finita, resta in gioco non soltanto la Slesia, ma il primato della Germania. E oggi, più che a Parigi, bisogna guardare a Berlino. «Regina d'Ungheria», la chiama ironicamente il re Federico, non volendo riconoscerle altro. Maria Teresa pesa ogni gesto, ogni parola del suo avversario. Non lontano da Vienna, in un luogo dove gli Hannover regnano per benevolenza degli Asburgo, un uomo la sfida. Gli risponderà a tono. L'irriducibile prussiano è il solo monarca contro il quale varrà sempre la pena di battersi.

Il successo di Federico, sostiene Haugwitz, si basa essenzialmente sulla riunione delle finanze e dell'amministrazione in un unico organismo, e sulla certezza che solo uomini ben nutriti e ben pagati possono diventare soldati efficienti. Tutto, in Prussia, è subordinato all'esercito. Quando il re ha bisogno di soldati, se li prende senza discutere. La leva forzata arriva a prelevare i giovani anche nelle chiese. E quelli che protestano, misteriosamente spariscono.

Nel caso specifico dei confini, Haugwitz persuade Maria Teresa che la perdita della Slesia è stata provocata dalla pochezza e disorganizzazione delle guarnigioni locali, dal momento che la maggior parte dell'esercito, allora stanziato in Ungheria, non aveva avuto il tempo di mobilitarsi per l'attacco. Per difendersi, sostiene, l'Austria ha bisogno di un esercito nazionale pronto a marciare immediatamente, e destinato a rinvigorire le truppe locali che, a loro volta, devono essere tenute a continua disposizione.

Invitato dalla sovrana a preparare un progetto di riforma, Haugwitz parte dalla convinzione che l'esercito non potrebbe essere inferiore a 108.000 soldati, il cui mantenimento annuale costerebbe non meno di quattordici milioni di fiorini. Al momento, il contributo degli stati non arriva a cinque. Per raccogliere la somma restante, lo slesiano introduce alla Hofburg la rivoluzionaria proposta che vengano tassate tutte le proprietà, anche quelle dei nobili e del clero, e che il provvedimento abbia una validità di almeno dieci anni per garantirne l'efficacia e la continuità.

Una volta ottenuto questo risultato, «i leali e obbedienti sudditi non devono aver più niente a che fare con l'organizzazione militare». In pratica, non va tolto alle province il diritto di votare sul contributo. Tuttavia, dopo aver votato, il contributo non le riguarderà più, e andrà considerato «esclusivamente» come imposta reale.

Maria Teresa è stata informata che Federico di Prussia esige che il tributo delle imposte non superi il terzo dei redditi dei contribuenti. Per misurare attentamente le terre, e così stabilire con equità le somme dovute, sotto il governo austriaco le terre venivano distinte in «dominicali», esenti dall'imposta e appartenenti ai nobili o al clero; e «rusticali», soggette a imposta e appartenenti ai contadini. Le terre rusticali, che rendono denaro allo Stato, sono però pochissime. Col tempo, i nobili e il clero le hanno infatti incamerate quasi del tutto, sottraendole a qualsiasi tributo. Occorre quindi rivedere il catasto, avviato da Carlo VI per mettere ordine nei suoi domini, ma senza successo. «Occorre», ordina Maria Teresa, «misurare esattamente le proprietà di ciascuno, e su quello far pagare il balzello. Indistintamente». Prima di arrivare a una totale revisione concederà, tuttavia, una proroga di tre anni per i ricorsi. È infatti convinta che le riforme vadano attuate lentamente, tenendo conto che ben poco si ottiene con la tempestività e la violenza, e decidendo di applicare definitivamente una legge soltanto dopo averne sperimentato l'utilità.

Il sistema di tassazione di Maria Teresa si basa sul valore di ogni proprietà immobiliare, terre e rendite individuali, determinato da commissioni di esperti attraverso il sistema capillare e controllatissimo del censimento e del catasto. Sul reddito calcolato come il 5 per cento del capitale, la nobiltà terriera dovrà pagare l'1 per cento, mentre i contadini pagheranno il doppio. I contadini e i proprietari terrieri versavano i contributi già da moltissimo tempo, ma il clero e la nobiltà ne erano sempre stati esentati. Prevedendo la ribellione dei privilegiati, Haugwitz fa notare al Consiglio che il piano appare certamente pesante. In compenso, garantisce una maggior sicurezza contro le invasioni e l'esenzione delle prestazioni in natura, visto che il vettovagliamento verrebbe sovvenzionato con i proventi dell'imposta stessa.

La stringata proposta suscita un chiasso inaudito. Non un sasso, ma un macigno piomba nello stagno melmoso di uno Stato mummificato dalle abitudini e dissestato dai privilegi. Reagisce con furore, e si fa portavoce dei nobili, il ricchissimo conte Federico von Harrach, appartenente ad una delle famiglie più devote agli Asburgo, successore di Kinsky come cancelliere boemo, fratello di Ferdinando governatore della Lombardia. La nobiltà gestisce il paese per conto della corona, e provvede alle difese in guerra. È inaudito, protesta, che debbano pagare tributi anche i difensori del re. Genero di quel principe Liechtenstein che aveva retto fra le braccia Maria Teresa al fonte battesimale, Harrach formula controproposte inaccettabili. Il Consiglio arriva all'alterco e alla rissa manesca, e il conte diventa talmente aggressivo da costringere Maria Teresa in persona, prima a zittirlo, poi a farlo accompagnare alla porta.

«Federico ha impostato un sistema di governo agilissimo. E la manovra gli è riuscita in poco tempo perché, a differenza di quanto accade a me, non ha dovuto confrontarsi con una classe aristocratica che mi fornisce, da una parte, i migliori servitori: ma anche gli avversari più difficili e pericolosi», è lo sconfortato commento della sovrana. L'ostilità alle riforme si respira anche dentro la Hofburg. I maggiori avversari sono soprattutto qui, dove si teme che le nuove misure segnino l'inizio di un più ampio sconvolgimento. Prima delle proposte di Haugwitz, miranti a scardinare le vecchie regole, i reclutatori dell'esercito, avidi di profitto personale, non affidavano l'incarico alle autorità locali, ma piombavano di notte nelle case dei ricchi contadini a portar via i loro figli, per trattarne il riscatto. Dietro pagamento, i chirurghi militari dichiaravano inabili i soggetti sani. E moltissimi erano i casi di automutilazione per non andare in guerra. Nelle carte che esamina attentamente, Maria Teresa scopre di regnare su migliaia di giovanotti affetti da «malinconia», motivo grazie al quale, fino a quando c'era suo padre, si poteva evitare di fare il soldato.

Le sommosse contro la riforma militare non si contano. «L'attuazione dei nuovi regolamenti del conte Haugwitz per migliorare le finanze dell'imperatrice regina, fa qui mormorare grandi e piccoli», scrive infatti al suo governo l'incaricato d'affari di Francia, Blondel. «Qualcuno dei malcontenti ha avuto l'ardire di andare nel cortile interno del palazzo, sotto gli occhi delle guardie svizzere, ad affiggere la seguente pasquinata: "Questo palazzo è in vendita, si metterà l'imperatrice in pensione a 14.000 fiorini l'anno, chi vuol saperne di più si rivolga al maggiordomo Haugwitz". L'imperatrice passa al suo cancelliere una pensione di 14.000 fiorini, oltre a gratifiche non precisate, che si asserisce ammontino al doppio di questa somma. Egli rischia molto per la propria vita, perché universalmente odiato».

Per attuare le riforme, Haugwitz non aspetta di ricevere i tributi degli stati. Mentre convince Maria Teresa a montare a cavallo con l'uniforme fregiata del più alto grado del suo esercito, perché vada regolarmente a visitare le truppe e così sappiano per chi devono battersi, inizia a creare accampamenti permanenti. La stessa imperatrice ha presieduto una commissione per semplificare il taglio delle tradizionali uniformi bianche, vietando a chiunque di modificarne il modello. «Anche il nobile Eszterházy», ordina, «dovrà rinunciare alla sua bella giacca da guerra tempestata di brillanti». I colonnelli dei reggimenti detengono ancora il controllo assoluto sulle promozioni all'interno degli eserciti, ma devono accettare di far parte di un nuovo meccanismo dove i comandi individuali non sono più ammessi. Dal 1748, l'Ungheria deve fornire 24.000 uomini. I Paesi Bassi e la Lombardia, 30.000 ciascuno. L'esercito ammonterà così a 200.000 soldati. Ancor più del previsto.

Maria Teresa affida al conte Daun l'incarico di compilare nuovi manuali di esercitazioni e di tattica, eguali per tutti gli eserciti. Per fornire ufficiali ben preparati e addestrati, incrementa la creazione delle Accademie militari. Per prima, fonda quella di ingegneria navale. A Wiener Neustadt, la cittadina nella bassa Austria dove, nel 1459, era nato l'imperatore Massimiliano I, inaugura di persona l'Accademia militare. La sede, bellissima, è nel castello medievale ristrutturato dall'architetto Pacassi, che ne ha lasciata intatta la gotica cappella di San Giorgio, sepolcro dell'imperatore. Poco più tardi, cede ai gesuiti il palazzo della Favorita, perché venga creata un'Accademia per la preparazione degli amministratori dello Stato che chiamerà Theresianum e dove, oltre alle tradizionali materie, si insegnano le lingue straniere, la matematica, la storia moderna, l'istruzione militare e civile.

Haugwitz lavora con l'alacre puntualità di un'ape, viaggiando da un paese all'altro della corona per convincere le Diete a pagare i pesanti tributi, indispensabili per un esercito forte e ben addestrato. Le Diete continuano a esistere, con ampi poteri. Espressione della libera volontà della nazione, il loro voto è sempre indispensabile. Ma, d'ora innanzi, si votano «liberamente» le imposte già decise dal governo. Quanto alla Costituzione accordata alla Boemia da Ferdinando II, non è stata abolita: ma ne viene trasformata l'applicazione.

Fino al tempo in cui regnava Carlo VI, il clero e la nobiltà avevano tenuto i sudditi nella più completa servitù. Più tiranni degli Asburgo stessi, grazie alla distrazione e al malgoverno della Hofburg, detenevano tutte le cariche e non pagavano tasse. Il ceto contadino non aveva altro diritto oltre a quello di rifiutare di andare in guerra, mentre una miseria morale e fisica, lunga di secoli, aveva degradato e abbrutito chi lavorava la terra. Per quanto religiosissima, e cosciente di aver bisogno anche dei nobili,

Maria Teresa è inesorabile nella sua intenzione di far pagare le tasse anche ai ceti privilegiati.

«Non credo utile far concessioni al clero, giacché anche troppo favorito, e che non fa partecipe il popolo delle sue ricchezze», risponde con fermezza a chi si lamenta. Dimostra di conoscere bene la situazione della Chiesa nei suoi paesi, e questo non fa che indignarla. «Non c'è convento che si tenga entro i limiti dei suoi diritti, e molti di essi albergano individui inutili, che tentano incessantemente di impadronirsi dei beni dello Stato», accusa. Né si dimostra più tenera con la nobiltà. «È stata fin troppo ben trattata, ed è divenuta così potente da essere temuta e rispettata più del sovrano, mentre non ha cessato un istante di avvantaggiarsi a scapito della corona e del popolo», scandisce con voce alta e decisa davanti ai membri del Consiglio.

È un documento coraggioso. Mai nessuno degli Asburgo, prima di questa donna, ha osato fare un discorso di carattere politico così spietato. «Se ho bisogno di aiuti per mantenere l'esercito necessario alla difesa nazionale», incalza, «sono costretta a rivolgermi ai rappresentanti dei diversi regni. E tuttavia, si assegna la responsabilità di questa difesa a un sovrano che è semplicemente lo schiavo di questa nobiltà». Si riferisce in particolar modo all'Ungheria e alla Boemia, che si oppongono strenuamente al pagamento delle tasse allo Stato centrale. «Ciascuno Stato della monarchia vuole tenere per sé il prodotto di tutte le sue imposte, come se gli altri fossero stranieri e non dipendessero dalla stessa regina. La divisione e l'ostilità sono tali, che ciascuno pensa soltanto a sé, anziché all'insieme della nazione. Il sovrano stesso è considerato come uno straniero di ben scarso prestigio, ed è così che il paese intero si espone spesso al disastro». È il quadro lucido e amaro di un'eredità antica. Non c'è unità, fratellanza, collaborazione, coscienza di appartenere a una grande Casa. Fra i maggiori responsabili di una gestione che non ha saputo unire i suoi popoli, Maria Teresa mette i consiglieri e i ministri che le ha lasciato suo padre, e ne scrive smarrita: «Non hanno mai smesso di cacciarmi sempre più in un vero labirinto, e mi avrebbero completamente rovinata, se Dio non mi avesse sbarazzata di qualcuno di loro, chiamandolo a sé».

Mentre Maria Teresa si costruisce fama di despota nei confronti del clero e dei nobili, Haugwitz riesce a realizzare il suo piano. Cedono per primi i grandi proprietari della Boemia, Stiria, Moravia, Carnia, Gorizia e Gradisca, i cui territori sono vicini alla Prussia. I più fermi oppositori sono gli ungheresi, e alla Dieta di Presburgo si discuterà per due anni per arrivare, alla fine, a consegnare 700.000 *Gulden*, al posto di 1.200.000 richiesti. Ben difesa dalle sue alte montagne, la Carinzia non teme le invasioni nemiche e accetta il progetto di Haugwitz solo dopo che un decreto imperiale l'ha praticamente costretta.

Le finanze sono tenute sotto controllo strettissimo, e Maria Teresa si rivela una pignola contabile. «Ogni semestre» ordina «mi deve essere sottoposto un bilancio. Gli utili devono essere accantonati e non deve aver luogo confusione fra gli interessi e il capitale». La sua precisione, e una vigilanza personale che non cede a nessuno, aumentano gli introiti a trentasei milioni annui di fiorini, in luogo degli abituali trenta. E le riconosce finalmente un gran merito anche Federico, scrivendo nelle sue memorie: «Ella introdusse nelle sue finanze un ordine e un'economia ignoti ai suoi predecessori, e sotto i suoi auspici l'esercito acquistò un tale grado di perfezione quale non era mai stato raggiunto sotto nessuno dei suoi predecessori. Una donna attuò un disegno degno di un grande uomo». Di questo elogio, Maria Teresa non saprà mai nulla.

L'instancabile slesiano non lascia un attimo di respiro alla sua sovrana. È lui che le prepara i rapporti e glieli fa approvare dopo un parere formale della Conferenza, incaricandosi immediatamente della loro esecuzione materiale. Sono i metodi di governo, che vanno rinnovati. Il suo progetto è separare gli affari della giustizia da quelli politici e finanziari. Del resto, Maria Teresa è la prima a chiedere che la giustizia venga amministrata con un sistema più rapido, e in modo imparziale. Federico di Prussia ha ispirato Maria Teresa a formare anche un nuovo Direttorio, mentre la giustizia viene riorganizzata con la creazione di una Corte superiore. Ora c'è una sola legge, quella di Vienna. E il popolo deve sapere che l'autorità suprema appartiene alla corona, non più ai parroci del villaggio e ai grandi proprietari. L'imperatrice incarica una commissione di giuristi, che lavora parecchi anni per preparare un codice civile e penale come, prima di lei, non c'era mai stato. Fino a questo momento, è mancata una vera giustizia. Si veniva assolti o condannati secondo il capriccio, l'abuso e la corruzione delle autorità locali. Dal 1748, la Hauptdeputation, istituita a Vienna con la presidenza di Haugwitz, lavora a una riforma che inizia il primo giorno di maggio del 1749. Il potere viene scisso in politico e giudiziario, ed è un fatto inaudito che contrasta con l'antico primato del potere giudiziario nel governo di tutti i paesi europei. Il gran ciambellano Khevenhüller, fedele ma antiquatissimo, ne parla sbigottito come di una «rivoluzione».

«Bisogna produrre molto e acquistare il meno possibile all'estero, bloccando alle frontiere le merci di lusso di cui la gente ricca si dimostra insaziabile», ordina Maria Teresa. Ha capito la lezione di Haugwitz. Le finanze si risanano anche con una buona conduzione delle fabbriche e delle manifatture. Nel 1749, «per risollevare le nostre manifatture», un editto proibisce l'importazione delle stoffe, dei galloni, delle spighette doro e d'argento, la doratura delle carrozze, con obbligo di bollo per gli articoli già in uso. Viene incoraggiata la fabbricazione delle porcellane di Vienna e di Boemia. E mentre Federico ha proibito alla Slesia di importare beni provenienti dal regno di Maria Teresa, lei fa costruire al confine della provincia numerose manifatture tessili. Infine, ogni classe sociale è tassata per la costruzione di nuove strade, indispensabili a un commercio regolare, e il meno costoso possibile.

«L'arte che nutre tutte le altre arti», fa scrivere Maria Teresa sulla medaglia che ordina di coniare per nobilitare il lavoro dei campi. Oppresso dalle carestie che si verificano dopo catastrofi naturali, dai saccheggi, dalle epidemie che seguono alle invasioni e alle guerre, il contadino paga pesanti tributi, mentre il nobile, il vescovo e il parroco infieriscono su di lui.

Già prima che le riforme inizino sistematicamente, Maria Teresa limita i diritti di caccia, ordinando ai nobili di cintare le loro riserve, e permettendo ai contadini di uccidere gli animali che fuggono dai recinti e devastano le loro coltivazioni. Mentre si misurano le terre per stabilire la vera entità delle imposte che saranno pagate da tutti, ordina indagini per scovare ogni sorta di abusi e violenze, a partire dalla Boemia, dove si riscontra che i signori prendono abitualmente in prestito il denaro raccolto dalle casse delle comunità contadine per i tributi, saldando il debito tanto in ritardo, quando lo facevano, che i contadini erano costretti a pagare multe esorbitanti. Come se non bastasse, i signori costringono i contadini a comprare a caro prezzo i loro animali vecchi o malati, pretendono interessi esosi per il grano da semina, per il pane anticipato in tempo di carestia.

Le indagini ordinate da Maria Teresa per conoscere la situazione della gente dei campi, producono desolanti rapporti di terre abbandonate, di contadini indebitati con gli usurai anche per le generazioni future, di bambini sfruttati, di donne consegnate ai signori come animali. Del resto, i capitani di circolo non sono in grado di esercitare alcuna autorità, in quanto non conoscono le leggi. Sono tempi di schiavitù. Contadini e poveri lavorano nei campi e nelle manifatture senza salario, obbligati a contentarsi di un tetto e di una pagnotta con patate e cipolla. La classe inferiore è totalmente analfabeta, e quando si prende qualche diritto lo fa con violenza, usando i forconi e gli agguati lungo le strade.

La morte drammatica della sorella Maria Anna, avvenuta in seguito a parto, non frena l'entusiasmo di Maria Teresa per il medico della corte dei Paesi Bassi di cui è governatore Carlo di Lorena, Gerard van Swieten, brillante allievo del dottor Boerhaave, che umilmente insegnava in due piccole corsie di Leida con sei letti ciascuno, fondatore della medicina moderna e geniale diagnostico. Nato nel 1700, van Swieten è diventato famoso in ogni parte d'Europa per le pubbliche lezioni di anatomia e patologia, ed è talmente invidiato dagli avversari da esser stato costretto ad abbandonare la cattedra universitaria di Bruxelles.

Perché lo aggiorni sugli ultimi sviluppi della medicina, Maria Teresa manda a van Swieten il suo medico personale, dottor Engel. Persona poco malleabile, e legato ancora a vecchie credenze, Engel rifiuta i nuovi sistemi sanitari, tornando a casa con un malumore che irrita la sovrana e la induce a insistere perché van Swieten si trasferisca a Vienna. Ha in mente una grande riforma sanitaria, ed è a lui che vuole affidarla. «Pur rincrescendomi di strapparvi alla dolce pace di cui avete goduto finora, e che è l'unica felicità della terra», gli scrive, «col vostro aiuto riusciremo a fare tante e buone cose per la salute della nostra amatissima gente». E fino a quando non giunge il dispaccio che annuncia la sua decisione di lasciare i Paesi Bassi, lo assedia con amorose lusinghe: «Se verrete, io desidero vedervi qui al più presto possibile, darò tutte le disposizioni necessarie perché godiate della massima libertà». Compresa, sottolinea ancora, quella di non aver niente da temere da «quell'infelice» dello spodestato Engel.

Maria Teresa affida la riforma totale della Facoltà di medicina al dottore olandese, che subito si circonda di medici validissimi ricreando lo stesso efficiente modello del piccolo ospedale di Leida, e chiamando il collega de Haen, che introduce per primo la cartella clinica e l'uso regolare del termometro sui malati. L'ammirazione dell'imperatrice verso quest'uomo pratico e instancabile, «il mio miglior amico, confidente e benefattore», la induce a incaricarlo di riformare l'intera Università di Vienna, finora saldamente tenuta in mano dai gesuiti che si erano accaparrati anche la censura sul clero ordinario, di cui controllavano persino gli almanacchi. Più che un'istituzione di ricerca e insegnamento, la Facoltà di medicina che van Swieten si trova a riformare è una corporazione di medici e levatrici di media levatura, con un insegnamento antiquato, dove i titoli conseguiti nelle università dell'impero vengono convalidati senza alcun vero controllo. Da parte di quasi tutti i colleghi, ma ancor più dei gesuiti, si scatena una rissa colossale. Maria Teresa non retrocede di un passo.

Fra le prime riforme sanitarie, che vanno dall'organizzazione delle corsie e gli orari di visita, fino alla misurazione della febbre sempre nei medesimi orari e alla rigorosa pulizia dei malati, Maria Teresa appoggia la creazione di un corso per levatrici, fino a quel momento cresciute senza una scuola, aiutate soltanto da colleghe più anziane e pratiche. All'inizio, paga col suo fondo privato gli onorari per i corsi liberi di chirurgia e di chimica, affidando all'italiano professor Molinari l'insegnamento dell'anatomia alle giovani allieve. Nominato «presidente perpetuo della facoltà» col preciso incarico di sorvegliare più da vicino la condotta dei professori, van Swieten fonda poco dopo una cattedra di chirurgia, e chiama a collaborare il celebre chirurgo Jaus che, alla sua morte, sostituirà con Ferdinando Leber. Infine, volendo unire all'insegnamento teorico anche una grande esperienza, crea al Burgspital un reparto di chirurgia dove sono invitati i migliori chirurghi stranieri, obbligando gli studenti ad assistere alle operazioni. A sua volta, Maria Teresa si riserva il diritto di nominare i decani di facoltà, e istituire nuove cattedre e, con l'intento di introdurre un controllo sui gesuiti, nomina l'arcivescovo Trautson rettore delle Facoltà di filosofia e di teologia. Ma sceglie personalmente, come direttori, i frati Franz e Debel ritenuti, per quel tempo, spiriti scandalosamente indipendenti.

Le riforme suggerite dal medico olandese riguardano

anche le scuole elementari, che d'ora innanzi saranno estese a tutte le classi sociali sotto il diretto controllo dello Stato. L'ammissione all'insegnamento di laici e stranieri segna il crollo del monopolio del clero. Le materie vengono aggiornate, e si organizza un programma che deve essere svolto entro l'anno, eguale per tutti. Si studiano scientificamente la struttura dei banchi di scuola, i tempi di ricreazione, un doposcuola gratuito per i meno abbienti. La vita dei prigionieri diventa un po' più decente mentre, ai delinquenti, il marchio a fuoco non verrà più impresso su una parte visibile del corpo. Col progetto di estendere il provvedimento anche agli altri domini, Maria Teresa assicura in Austria e Ungheria l'assistenza medica gratuita per i poveri e le puerpere, una sepoltura igienica dei morti, asili per gli orfani e le prostitute. Particolare attenzione gode in paricolare l'Ungheria dove, mentre nelle scuole viene introdotto lo studio della lingua tedesca, si progettano campi da gioco scolastici «affinché i fanciulli possano correre, sollevare pesi, darsi a giochi rurali». Al Collegio Theresianum di Vienna, almeno cinquanta posti sui duecento disponibili sono riservati ai sudditi ungheresi. Infine, «con una soddisfazione che mi farà compagnia anche nella tomba», Maria Teresa fonda l'Università di Ofen (ora Budapest), donando di tasca sua un telescopio agli studenti.

La sovrana lavora per mettere ordine, dare più giustizia ai suoi popoli, migliorare le condizioni di vita dei ceti inferiori. Le proteste, però, non si placano. E quando gli ungheresi si oppongono al pagamento delle tasse, il ricordo della dedizione e l'amore con cui l'avevano aiutata in tempo di guerra, non conta più nulla. «Scavalchiamo la Dieta, alla quale non chiederemo più il parere e il consenso», decide. Esasperata, ordina direttamente l'attuazione delle riforme. «Non voglio essere dannata in eterno per amore di pochi magnati e nobili», replica seccamente.

XIII

IL TRATTATO DI AQUISGRANA E IL RICONOSCIMENTO DEI DIRITTI DI MARIA TERESA. IL DIFFICILE CARATTERE DI GIUSEPPE

«La mia posizione peggiora ogni giorno, e temo che presto non vi sarà rimedio. In Italia, considero persa ogni cosa». Questo aveva detto Maria Teresa, alla fine del 1745, all'ambasciatore di Venezia.

Già prima del trattato di Dresda, la situazione dei possedimenti lontani, in qualche parte gravissima, era tutta da rivedere. I francesi e gli spagnoli avevano strappato all'Austria gran parte dei beni, e la sovrana non nascondeva al diplomatico di avere troppo poco denaro per contare su truppe sufficienti a riconquistare i territori perduti. Avrebbe potuto rinforzarle soltanto in febbraio, grazie ai 75.000 uomini raccolti da Pállfy in Ungheria, gli aveva spiegato. «Ma temo che sarà troppo tardi. Da qui a febbraio, chissà che mutamenti si saranno verificati laggiù».

Il re Carlo Emanuele di Sardegna, vedovo della sorella di Francesco Stefano, non dava alcun affidamento. I suoi domini sfiorano, da una parte, le province italiane degli Asburgo; dall'altra, i possedimenti spagnoli e francesi. Tanto sfrontato da aver chiesto e ottenuto da Carlo VI aiuti necessari per una campagna progettata alleandosi segretamente coi Borbone di Francia, aveva occupato gran parte dei territori austriaci in Lombardia e, per ottenere il massimo degli aiuti, ricattava Maria Teresa altalenando, di volta in volta, dall'Austria alla Spagna e alla Francia.

Il trattato di Dresda sgrava dalla difesa del territorio gli eserciti austriaci e boemi acquartierati ai confini, inviati immediatamente a Milano per liberare la città in mano agli spagnoli e dove, con gran consenso dei nobili locali, si è stabilito Filippo V di Spagna. Nel marzo del 1746, mentre il re fugge a Pavia, gli austriaci entrano nel capoluogo lombardo. In aprile, sono riconquistate Parma e Guastalla. Il 16 giugno, è liberata Piacenza. All'ambasciatore veneziano, al quale confida soprattutto gli affanni italiani, Maria Teresa dice con sollievo: «Spero che questo avvenimento convinca i miei nemici a lasciar perdere l'idea di cacciarmi dall'Italia».

Nel luglio dello stesso anno, muore Filippo di Spagna. Il suo successore e figlio, Ferdinando VI, marito di Barbara del Portogallo e cugina in secondo grado di Maria Teresa, ha un'indole pacifica. Contro la volontà della matrigna Elisabetta Farnese, costantemente ostile alla sovrana austriaca, Ferdinando convince gli alleati francesi a ritirare gli eserciti dalla Lombardia, restituendo all'Austria anche la città di Genova. Nel 1745 viene firmata a Dresda la pace, ma l'Austria non riesce a riavere la Sicilia e Napoli, che rimangono a un figlio della Farnese, don Carlos.

Mentre Maria Teresa partorisce il suo terzo maschio, battezzato col nome del nonno Leopoldo, gli emissari della Francia e dell'Inghilterra si incontrano segretamente a Breda per trattare la pace. Gli esausti antagonisti progettano di sistemare dignitosamente l'altro figlio della Farnese, don Filippo di Spagna, e di trovare un compenso a Maria Teresa per la Slesia perduta. Il 26 gennaio 1747, si riunisce una conferenza nella cattolica Aquisgrana. Contro il progetto di consegnare allo spagnolo i ducati di Parma, Piacenza e Guastalla, che appartengono all'Austria, il conte Kaunitz, rappresentante di Maria Teresa, chiede in cambio la Slesia e Napoli. In aprile, il rappresentante del re d'Inghilterra, sir Thomas Robinson, che già tante e sgradevoli ambasciate aveva portato alla sovrana austriaca, arriva a Vienna con le proposte di pace. La risposta di Maria Teresa è accorata e fortemente irritata. «Voi, signore: voi che avete tanto contribuito a farmi perdere la Slesia; voi che, più di ogni altro, mi avete indotta a fare al re di

Sardegna nuove concessioni: credete di prendermi in giro ancora una volta? Non sono una bambina, e neanche una sciocca. Volete far pace? Fatela. Me la caverò da sola, sbrigherò senza di voi i miei affari. Perché mi deve essere vietato?» E ancora, battendo con vigore il palmo della mano sul tavolo: «Mai: preferisco rimetterci la testa. E perdio: Che gran torto m'ha fatto, il vostro padrone!».

La pace fra Inghilterra, Olanda e Francia, è però già stata fatta, e l'ostinazione dell'imperatrice a continuare la guerra, anche da sola, spinge Haugwitz a chiederle di essere esonerato dal difficilissimo compito di suo rappresentante, e di tornare in patria. Nel novembre 1748, il trattato di Aquisgrana pone ufficialmente fine alla guerra di successione austriaca. Maria Teresa firma per ultima.

Il trattato prevede che, tranne la Slesia, che resta a Federico di Prussia, si arrivi alla restituzione reciproca delle conquiste, tranne Parma, Piacenza e Guastalla, che Maria Teresa dovrà cedere alla Spagna. Sono confermati i diritti della casa Hannover al trono d'Inghilterra. Francesco di Lorena è riconosciuto imperatore del Sacro Romano Impero. Infine, viene ratificata la Prammatica sanzione.

Dopo otto anni di guerra, Maria Teresa ha quindi ottenuto, senza più alcuna possibilità di contestazione, il riconoscimento di erede legittima di suo padre. Dei vecchi territori, perde la Slesia, Parma, Piacenza e Guastalla. Ma è soprattutto la perdita della Slesia, che le brucia il cuore. Si ritiene truffata nella spartizione, e dopo la firma ordina alla corte che non si parli più di Aquisgrana in sua presenza, né si osi rallegrarsi con lei per il raggiungimento di una pace di cui tutti, e lei per prima, in realtà hanno un disperato bisogno. Tuttavia, la snervante, interminabile guerra per farsi riconoscere degna dei titoli degli Asburgo e il rispetto e l'amore ottenuti con ferma volontà e costante abnegazione dalla ribelle Ungheria, dalla scontrosa Boemia, persino dalla sua cinica Austria, hanno fatto di lei una grande sovrana. L'Europa la stima, e la teme.

Consapevole del ruolo assunto sull'inquieta scacchiera

del continente, finalmente alla pari coi vecchi potenti, Maria Teresa è stata riconosciuta legittimo successore dei suoi ambiziosissimi avi. Ma le grandi responsabilità, il posto che si è conquistata, dilaniano il suo cuore diviso fra il dovere di sovrana, e i suoi diritti di donna. In settembre le era nata una bambina, battezzata col nome di Maria Carolina e uccisa di lì a poche ore dall'affaticamento, le veglie, le ansie dell'imperterrita madre. Poco prima del parto, l'imperatrice aveva scritto alla cugina Maria Giuseppa di Sassonia una lettera che dava la misura della sua angoscia: «Temo che, se ne avrò ancora, e se il buon Dio volesse conservarmi quelli che ho, sarei contenta di fermarmi al decimo figlio. Sento che questo continuo aver figli mi indebolisce e mi invecchia molto. Cosa della quale non mi preoccuperei, se non mi rendesse meno capace di lavorare con la testa».

Al momento del trattato di Aquisgrana, Maria Teresa ha trentun anni e sei mesi, è sovrana da otto, è sposata da tredici, ed è madre di dieci figli di cui la primogenita Maria Elisabetta, la terzogenita Maria Carolina e l'ultima nata, anche lei Carolina, sono morte. I viventi sono Maria Anna, nata nel 1738; Giuseppe, nato nel 1741; Maria Cristina, chiamata Mimi, nata nel 1742; Maria Elisabetta, nata nel 1743; Carlo Giuseppe, nato nel 1745; Maria Amalia, nata nel 1746; Leopoldo, nato nel 1747. Chiudendo la lettera alla sua amica contessa Enzenberg, aggiunge un poscritto: «Ho dovuto scrivere in quattro puntate, nella stanza ci sono con me sei bambini e anche l'imperatore. E si sente».

Le maternità l'hanno ingrassata, ma il suo fascino è ancora intatto. L'ambasciatore di Prussia scrive di lei a Federico: «Nessuno può contestare che ella sia una bella donna. Considerando tutte le sue veglie e i suoi parti, si è conservata ottimamente. Ha il sangue caldo, ed anche nel cuore dell'inverno spesso siede accanto a una finestra aperta; di regola le finestre del suo appartamento stanno spalancate, con grande disagio e noia di chi le è intorno. Il suo medico la sgrida terribilmente a proposito di ciò, ma ella ride di lui. È una donna energica e forte. A volte, solo poche ore prima della nascita di un figlio, si può vedere la regina al lavoro; e ben di rado il popolo sa che ella si è sgravata, prima che abbia ripreso a correre in carrozza o si sia rimessa al tavolo di lavoro».

Maria Teresa si fa spazzolare meticolosamente al mattino e alla sera i capelli ancora lunghi e biondi. Un dentista controlla una volta al mese la sua dentatura luminosa e regolare. Beve molta acqua e limonata ghiacciata. È ghiotta di dolci con la panna, ma se ne priva diligentemente, come si priva quasi del tutto del vino. Beve invece ogni tanto, e volentieri, un bicchierino di grappa. Mentre continua a trovare un grande sollievo nelle lunghe passeggiate a piedi nei campi, si diradano le cavalcate, sempre meno avventurose e spericolate. Monta a cavallo quasi soltanto per passare in rassegna gli eserciti, e qualche volta trotterella nella tenuta di Laxenburg. Soffre d'ansia e d'insonnia.

Maria Teresa non si occupa personalmente dell'educazione dei figli, ma controlla che gli istitutori eseguano quotidianamente, e alla lettera, gli ordini che compila di notte con pedantesca minuzia, seduta sul gran letto nuziale mentre aspetta suo marito che ancora si attarda a giocare alle carte, oppure a teatro. Prima di iniziare la sua giornata lavorativa, riceve i maestri e i medici dei ragazzi, dai quali esige rapporti severi e dettagliati. Tenuto fuori da ogni responsabilità pratica, Francesco Stefano si è assunto l'incarico di accompagnare i figli maschi a caccia, e le femmine ai caroselli, in viaggio, in slitta, alle feste da ballo. È un padre amorevole e amatissimo, molto più tenero di sua moglie. Le sue trasgressioni sono sempre più frequenti. Riceve le predilette danzatrici e attrici, che sceglie giovani e soprattutto straniere, dietro le pesanti cortine rosse del palco imperiale. Ma viene tradito da una tossetta nervosa, oramai inconfondibile, che induce gli astanti a spettegolare finché, al termine dello spettacolo, lui non sbuca dai drappi imperiali con la sua faccia larga e ridente, salutandoli a braccia spalancate. Dei figli, i più delicati di salute sono la maggiore, Maria Anna, brutta e rachitica; e Carlo, prediletto sia dal padre che dalla madre, di carattere vivace e lingua impertinente.

Maria Teresa non si preoccupa affatto che le figlie ricevano un'educazione diversa da quella che lei stessa aveva avuto, di cui tanto si era però lamentata, più tardi, quando aveva dovuto raccogliere il peso del regno. Le lezioni delle bambine, impartite esclusivamente dai gesuiti che le stimano assai poco in quanto femmine, consistono più che altro in esercizi di memoria sulla storia d'Asburgo, e un po' di poesia austriaca. Sono invece molte le ore dedicate al canto, alla musica, all'acquerello. E giornalieri sono i balli, le feste, le recite. Le piccole Asburgo salgono sul palco del teatro di corte per esibirsi davanti a un pubblico di scelti invitati, ed è una gara a chi indossa le vesti più costose e inventa i trucchi più elaborati. Mimi è la più intelligente, scrive e dipinge molto bene. Per il trentesimo compleanno della madre, in una vivacissima *gouache* ha composto uno spiritoso e preciso ritratto di famiglia. Come testimonia una pendola nell'angolo della stanza, sono le nove e cinque del mattino. Il padre è seduto davanti al camino, in vestaglia e pantofole, la testa avvolta in un asciugamano. La madre, in larga veste da casa con grembiule stretto alla vita, e una cuffia di pizzo legata sotto il mento dalla quale sfuggono i ribelli riccioli biondi, sta per versargli il caffè da una panciuta cuccuma d'argento. Quattro bambini giocano a cavalcioni di un bastone con la testa di cavallo, con la palla e con le bambole. Data l'ora e l'aspetto dei genitori, è immaginabile che si tratti di un normale, sereno e qualunque giorno di festa nella famiglia Asburgo.

A due a due, non appena tolte dalle braccia della balia, le bambine vengono affidate a un'istitutrice scelta fra le dame di corte alle quali, di volta in volta, Maria Teresa ricorda: «Le bambine sono nate per obbedire, e devono impararlo presto. Inoltre, esigo che mangino di tutto, senza trovare difetti e senza fare le schizzinose. Non dev'essere loro permesso di criticare ciò che mangiano. Il venerdì, il sabato e tutti gli altri giorni di magro, si nutriranno di pesce. Anche se Giovanna (nascerà nel 1750), lo detesta, non dev'essere accontentata. Prima perde l'abitudine, meglio è. Tutti i miei figli avevano la stessa avversione, e tutti hanno dovuto superarla. Non mi piace vederli mangiare molto zucchero, fate in modo che ne mangino il meno possibile». Riguardo all'igiene, prescrive seccamente: «Deve essere osservata col massimo del rigore. Devono essere ben lavate e ben pettinate, ogni giorno senza eccezioni». Quanto al comportamento, le regole sono ancora più stringate: «Non deve essere loro permesso di parlare coi portinai e i fuochisti, o di dare loro ordini: sono nate per obbedire. E non deve mai essere permesso loro di aver paura dei temporali, del fuoco, dei fantasmi, delle streghe e di altre sciocchezze. I servitori non devono parlare di queste cose né raccontare storie raccapriccianti. Non dovete permettere che abbiano paura delle malattie, quindi parlerete con perfetta naturalezza di tutte queste cose, anche del vaiolo e della morte: è bene abituarle in tempo a questi pensieri. Non dev'esser loro permesso mostrare avversione per qualcosa, e soprattutto per qualcuno; niente familiarità con i servitori, cortesia con tutti, in particolare con gli estranei». Intende crescerle in modo pratico e sbrigativo.

«Nato nella porpora», dicono invece di Giuseppe, l'erede. All'età di sei anni, i maschi Asburgo vengono affidati a educatori scelti fra i più esigenti e rigorosi. Ma le relazioni che riguardano il primogenito, pedantemente compilate due volte la settimana, sono disastrose fin dall'inizio. Il ragazzo rifiuta di ascoltare una qualsiasi lezione, mostra insofferenza e disprezzo per gli insegnanti, prende in giro chiunque abbia un tic, un difetto. Viene inoltre descritto egoista, superbo, senza cuore. Già a sei anni, deride beffardamente il fratello minore Carlo, escluso dall'eredità dei domini austriaci. Carlo, a sua volta, non rispetta la primogenitura che farà di Giuseppe un monarca. Anche in presenza di estranei si diverte a canzonarlo, a imitarne i gesti trattenuti e miseri dietro le spalle, a scimmiottare la sua voce sibilante e sommessa. Anziché cercare di metter pace fra loro, i genitori puniscono le zuffe infantili, alimentate da maligni cortigiani che godono ai loro dolorosi contrasti. In poco tempo, tra i due fratelli cresce un astio duro e costante assai simile all'odio.

Nella speranza di ottenere qualcosa in più dello sfortunato istitutore, Maria Teresa affida Giuseppe al conte Carlo Batthyány, che scrive relazioni pessime sul suo conto. Il principino ha nove anni, ed è insopportabile. «Dà del tu a tutti», racconta esterrefatto l'ambasciatore prussiano al suo re. «Il suo volto rispecchia orgoglio e alterigia, e così pure il suo comportamento. Ha un'idea esaltata della propria posizione. L'imperatore cerca di fargli passare queste arie, ma il grande amore che gli porta indebolisce la sua autorità». «Frustatelo», ordina la madre. «Calategli le brache, e frustatelo davanti ai suoi cortigiani».

All'insaputa di Maria Teresa, Giuseppe viene viziato da una corte di cameriere e servitori che hanno cominciato a strisciare davanti a lui fin da quando era in fasce. Tiranno per natura, il bambino è circondato da una congrega di persone ignoranti e pavide, ma soprattutto malvage, che fanno di lui una creaturina odiosa e, come più tardi dirà suo padre, «un ozioso circondato da adulatori».

Come succede fra i principi di sangue reale, dall'età di sei anni Giuseppe ha ricevuto il comando di un reggimento. Quando Haugwitz si permette di fargli notare che, con le riforme che sta preparando, anche la sua truppa dovrà adeguarsi, scatta irosamente: «Non toccate il mio reggimento con le vostre riforme, perché non lo tollererei». Preoccupata, Maria Teresa invia a Batthyány una serie di osservazioni, frutto di una lucidità spietata che non permette alla madre, e neppure alla sovrana, la minima indulgenza: «Poiché mio figlio, un pegno così caro e importante per tutti noi, è stato cresciuto fin dalla culla con la più grande tenerezza e il più grande amore, si deve riconoscere che i suoi desideri e le sue richieste sono stati soddisfatti con troppa facilità in molte cose, soprattutto per opera di coloro che lo servono, che lo hanno adulato troppo e gli hanno permesso di farsi una concezione prematura della sua elevatissima posizione. Esige d'essere obbedito e onorato, non gradisce le critiche, anzi le trova inaccettabili, si abbandona a ogni suo capriccio. E si comporta scortesemente, sgarbatamente con gli altri».

Maria Teresa riconosce che suo figlio è intelligente, e questo rende ancora più difficile il compito degli istitutori tanto che dice, «a volte sarebbe da augurarsi che i figli siano un po' tonti, così che quando, finalmente, hanno capito le cose, poi continuino a farle automaticamente». La inquietano la sua aggressività e la violenza: «soprattutto quando è irritato, si impegna in discussioni tali da mettere in imbarazzo un insegnante che cerca di evitare litigi indecorosi». Infine, trova inaccettabile quel suo costante e sadico ridicolizzare i difetti fisici degli altri: «E l'Ayo farà di tutto per tenergli lontano gli uomini che lo adulano troppo, blandiscono la consapevolezza della sua alta nascita e cercano di ingraziarselo con risate, scherzi e pettegolezzi maligni. Deve venire indotto a smettere di divertirsi a spese degli altri, un difetto particolarmente deplorevole nei grandi, che possono così facilmente ferire o imbarazzare quelli che non si possono difendere», ordina.

Mentre Haugwitz è in Boemia e Moravia per ottenere dalle Diete locali l'approvazione del suo rivoluzionario progetto, Maria Teresa ascolta e subisce lamentele e minacce continue. Poiché nessuno vuol pagare le tasse per mantenere un esercito che difenda tutti, e non uno Stato soltanto, ha imparato a fingere di dar ragione a chiunque, ma senza dar retta a chi vuol difendere il suo interesse privato. Prima di prendere una decisione importante, chiede consiglio ai ministri. Ed è il segretario Bartenstein a redigere i protocolli nei quali vengono registrati i pareri o le memorie di ciascuno di loro. Anziché firmare subito i documenti con il suo indispensabile *placet*, chiede tempo, offrendo una seconda occasione per cambiare parere. Nella riunione che segue, al Consiglio non resta, però, che ascoltare la decisione che lei stessa ha già preso, e approvarla senza obiezioni. Le scelte della sovrana sono il succo estremo e ristretto di un consulto privatissimo di cui fanno parte Tarouca, von Koch, von Haugwitz e, sempre con minor frequenza e peso, Bartenstein.

Mentre si batte per far pagare a tutti i tributi richiesti, Maria Teresa è costretta a rimediare all'errore commesso in Boemia contro gli ebrei. Potentissima da più di un secolo, la grossa colonia di Praga godeva di notevoli privilegi riconosciuti dai re precedenti. Con un decreto personale, accusandoli di aver fornito informazioni, denaro e rifornimenti ai francesi e ai prussiani durante le loro temporanee occupazioni, l'imperatrice li aveva esiliati da tutti i paesi della corona boema. Niente aveva contato l'intervento del re d'Inghilterra, oltre a tutte le altre autorità del suo regno, che invocavano l'applicazione dei «diritti umani, poiché gli ebrei sono uomini quanto i cristiani, con vecchi e malati». La città era stata evacuata, il ghetto svuotato, le ricchezze confiscate o addirittura rubate. Gli ebrei erano mercanti molto abili, e senza di loro la Boemia aveva visto diminuire gli introiti, calare l'esportazione della lana di cui loro avevano il monopolio, ridurre notevolmente i consumi di candele, carne, pesce, frutta. Col venir meno dei tributi, si erano fortemente ridotte anche le entrate nella Città Vecchia, luogo di massima concentrazione. In cambio di un tributo di trecentomila fiorini l'anno, nell'estate del 1748 la sovrana non ha alternative oltre quella di concordare il loro ritorno. Il ripensamento, dovuto alla pressione dei boemi, provoca l'apertura immediata della più antica sinagoga d'Europa, ma restano ancora alcune restrizioni per le persone meno affidabili, costrette a vivere a non meno di due ore di cammino da Praga. Maria Teresa non ama gli ebrei. «Hanno crocefisso nostro signore, sono infedeli come i turchi e i protestanti», è la sua cocciuta opinione.

XIV

IL CONTE KAUNITZ. IL ROVESCIAMENTO DELLE ALLEANZE

«Dopo cena, il principe ci ha fatto assistere alla pulizia delle sue gengive, una delle operazioni più nauseanti che io abbia mai visto, protratta per un tempo incredibilmente lungo e accompagnata da ogni sorta di rumori. Porta in tasca cento strumenti per questo scopo, specchietti di ogni genere per vedere davanti e dietro i denti, una mola d'acciaio per affilare il coltello, pinze per afferrare la mola. Non si deve mai alludere in sua presenza alla mortalità dell'umana natura. Basta nominare il vaiolo, per farlo star male l'intera giornata. È pieno di vanità puerili, veste in modo strano, la parrucca gli scende sul naso con un paio di riccetti ai lati, piazzati in modo molto ridicolo. Ama moltissimo le adulazioni. Una delle sue stranezze è l'antipatia per il muschio, non ha amici intimi, e neppure nemici accaniti. È freddo e insensibile. Sua moglie era una Messalina e, dopo la morte di lei, si è dedicato alle attrici, che ne hanno fatto il loro zimbello. Non ha alcun affetto per i suoi figli».

L'uomo così disgustosamente descritto dall'ambasciatore inglese sir Henry Swinburne in una lettera inviata alla corte di San Giacomo, non è un mostro, né un villano o un barbone che vive ai margini della Kohlmarkt di Vienna. Ma Wenzel Anton Kaunitz Rietberg, figlio di un diplomatico austriaco che aveva svolto per conto di Carlo VI importanti missioni in Moravia, dove la sua ricca famiglia aveva terre, uomini, bestiame, legname. Nato nel 1711, secondo maschio di sedici figli, era stato destinato dal padre alla carriera ecclesiastica. A quindici anni, aveva ricevuto una sinecura a Münster, attraverso la quale avrebbe potuto diventare vescovo. Con ben altri progetti, il ribelle adolescente aveva invece deciso di studiare la legge ed era stato assunto alla corte di Vienna. Nel 1743, con l'incarico di portare la notizia della nascita del primogenito Giuseppe, era stato mandato a Torino per tentare di stringere legami più forti fra l'Austria e Carlo Emanuele. Qui, dal consigliere del principe, il marchese d'Ormea, imparava i duri fondamenti della politica machiavellica secondo la quale, trascurando ogni considerazione della morale e dell'onestà umana, si debba pensare solo in termini d'interesse. Se Carlo Emanuele era disposto ad appoggiare l'Austria, era infatti soltanto perché si rendeva conto di come funzionassero bene, in Italia, le truppe austriache. Ancora mentre era all'estero, l'intraprendente diplomatico aveva messo a punto un piano per trasformare l'Austria in una potenza più forte e unita. Il progetto, contenente i medesimi punti che avrebbe trattato tredici anni dopo ad Aquisgrana, era steso in modo così convincente che, presentandolo a Maria Teresa, il cancelliere Uhlfeld aveva esclamato: «Ecco il vostro primo ministro».

Kaunitz è tutto quello che Maria Teresa non è: vanitoso, libertino, ateo, appariscente, arrogante, avido, teatrale, cinico. Affetto cronicamente da una forte ipocondria, è però un lavoratore instancabile, allegro, astuto, industrioso. Ama la musica, l'arte, le donne, e trova tempo per tutto.

Aquisgrana ha riconciliato Maria Teresa e Federico di Prussia. In seguito al trattato e la cessione di Glatz, i confini della Boemia si sono però indeboliti, e Maria Teresa potrà difenderli soltanto con un esercito forte. Ma è la riconquista della Slesia che sta sempre al centro dei suoi pensieri. Basta infatti osservare le carte, per rendersi conto che il detentore della piccola terra è il virtuale padrone della Boemia. La pace è stata firmata. Reciprocamente, le due potenze non cessano però di temere complotti e trame segrete. Occorre provvedere immediatamente. Chiedendo di presentarle un rapporto per la seduta che si terrà di lì a quindici giorni, l'imperatrice invita i ministri a esprimere il loro punto di vista sull'inquietante questione. La Conferenza è composta dal conte Königsegg, gran maggiordomo di corte, dal cancelliere conte Uhlfeld, dal cancelliere di Boemia, dal conte Colloredo, dal gran ciambellano Khevenhüller, e dal nuovo consigliere Kaunitz, col quale Maria Teresa ha sostituito Kinsky, morto di recente.

Mentre Bartenstein scrive personalmente il rapporto, tutti si mostrano d'accordo nel rafforzare le vecchie alleanze. Non c'è altro sistema, riferiscono alla sovrana, per costringere Federico a una forzata tranquillità. In ogni caso, è indispensabile cercare di mantenere rapporti «di buon vicinato», usando alla Prussia ogni riguardo, «a meno che non si mostri contraria agli interessi della monarchia». E anche se Maria Teresa li chiama «i mercenari», dopo che l'avevano ancora una volta abbandonata al momento di firmare il trattato, e così altezzosi che l'ambasciatore britannico si era rifiutato più di una volta di presentarle i loro sprezzanti messaggi, occorre tenere buoni gli inglesi. D'accordo con le proposte del Consiglio, l'imperatore promette che l'esercito fornito dai componenti il Sacro Romano Impero garantirà all'Austria «il rispetto dei nemici, e la fedeltà degli amici». Il rapporto di Kaunitz è più articolato e complesso. Anche se non chiede di abbandonare i vecchi amici; anzi, proponendo di non destare alcun sospetto del segreto progetto dell'Austria, cerca di dimostrare come, attraverso un ingegnoso sistema di scambi di alleanze e rapporti, si possa arrivare ad avvicinarsi alla Francia, indispensabile condizione per staccarla definitivamente da Federico, e averla alleata contro di lui.

Maria Teresa è pienamente allineata con Kaunitz. È diventata anche lei un'astuta diplomatica e, in mancanza di un ambasciatore francese alla Hofburg, inizia per prima ad allacciare rapporti con l'incaricato d'affari Blondel. Invitato a corte, «monsieur» segue diligentemente l'etichetta predisposta dall'imperatrice che, prima ancora che a lei, chiede sia fatta visita a suo marito. Blondel non ha ancora avuto il tempo di inviare in Francia un entusiasta rapporto sull'incontro con la sovrana, quando riceve da lei un messaggio pieno di promesse affettuose: «Coltiverò con cura l'amicizia di Sua maestà. Questa si accorgerà che i miei sentimenti sono sinceri, e voi ne sarete testimone dopo aver trascorso qualche tempo presso di noi. Senza alcun pregiudizio, potrete così rendervi conto che niente mi sta più a cuore della tranquillità dell'Europa, della sistemazione dei miei affari interni, e del benessere dei miei sudditi. Firmato, Maria Theresia».

Durante un ricevimento a Schönbrunn, Maria Teresa fa in modo di stargli vicino e ne approfitta per dirgli, mentendo spudoratamente quanto aveva ammirato il comportamento del generale Belle-Isle al tempo dell'occupazione di Praga; e quanta stima abbia per il ministro degli Esteri, Puisieux, uno dei francesi più ostili e antipatici nei confronti dell'Austria. Del tutto conquistato, Blondel visita nella sua residenza di Hetzendorf anche l'imperatrice vedova Elisabetta, che aiuta la figlia parlandogli affabilmente in francese, e manifestando grande felicità per la riconciliazione dell'Austria con la Francia. Dissente fortemente invece l'erede Giuseppe, che ripetutamente chiede alla madre se «si giudica al sicuro affidandosi alla Francia, che l'aveva tanto spesso delusa».

Giuseppe ha quindici anni, e già da quando ne aveva quattordici ha ricevuto il permesso di pranzare in presenza dei genitori, di uscire in carrozza con loro, di assistere ai lavori della madre, che a Schönbrunn discute di affari di Stato anche in giardino. È un ragazzino egocentrico e tagliente, e invano suo padre cerca di addolcirgli il carattere esaltando le virtù del dominio di sé, della pazienza e della gentilezza. Al contrario del figlio, già interessatissimo alle faccende di governo, Francesco Stefano si è fin troppo appartato. Non ha autorevolezza e prestigio, ed è il primo a non volersi intromettere in discussioni complesse. Detesta i francesi, ai quali ha dovuto cedere la sua Lorena. Ma non esprime giudizi, seguitando ad occuparsi con distaccata eleganza di filosofia naturale, di chimica, delle sue collezioni di medaglie e diamanti, tentando persino l'esperimento di trasformare in una sola, enorme gemma, una manciata di piccolissime pietre.

Maria Teresa è incinta per l'undicesima volta e, con scaltrezza, progetta di chiedere a Luigi XV di far da padrino al nascituro. La dissuadono però i suoi ministri, facendole osservare che, pur essendo in quello stato quasi ogni anno, non aveva mai rivolto un invito simile al re d'Inghilterra. L'ardita richiesta non avrebbe potuto quindi evitare, nel resto d'Europa, forti sospetti di collusione. D'altronde, a Parigi non si dà il minimo credito all'imperatrice, che intanto ha messo al mondo Giovanna, persuasi che stia tramando con la Russia e l'Inghilterra per scatenare un'altra guerra generale. «So che purtroppo è stato fatto credere al re che i miei sentimenti non corrispondono alle mie parole. Questa è un'impostura e un'ingiustizia che ripugna alla sincerità del mio cuore, che è realmente e sinceramente affezionato al vostro re», protesta con Blondel l'amareggiata sovrana. Aggiungendo: «La nomina di Kaunitz come ambasciatore a Parigi, sarà la miglior prova delle buone disposizioni dell'Austria verso la Francia».

Nell'ottobre del 1750, lo spiritato vagheggino che viaggia con una fila di carrozze al seguito, e carri colmi di bauli stipati di giacche ricamate e camicie di pizzo di Bruxelles, parte per Parigi arrivando al Faubourg Saint-Germain, sede dell'ambasciata, fra due siepi di curiosi che già ne conoscono la fama di affascinante scorbutico. «Io vado a Parigi come cittadino del mondo al ristabilimento della fiducia, e per far conoscere alle nostre due corti quale interesse abbiano a unirsi strettamente», ha dichiarato lasciando Vienna. La Francia dimostra invece il proprio snobismo mandando come ambasciatore alla Hofburg il marchese di Hautefort, uomo non del rango di

Kaunitz. Per dimostrare tutte le sue migliori intenzioni verso la Francia, Maria Teresa lo riceve, però, con i massimi onori.

Luigi XV piace a Kaunitz, che scrive alla sua sovrana: «Tutte le qualità del galantuomo e della persona amabile fanno parte del carattere di questo principe», riferendole che gli pone una quantità di domande anche «sui più piccoli particolari della nostra corte e della nostra città di Vienna»; oltre, naturalmente, a mostrarsi molto curioso della famiglia imperiale. A sua volta, Kaunitz racconta al re, che se ne compiace, come la famiglia Asburgo sia tradizionale, esemplare. Si vogliono tutti un gran bene, e la sera si riuniscono in salotto a far musica: Leopoldo batte i timpani, Elisabetta canta canzoni francesi e italiane, Carlo suona il violino, Giuseppe il violoncello, Maria Anna e Maria Cristina sono bravissime al clavicembalo.

«Sono qui per due sole ragioni: servire la mia regina, e (alludendo al re e alla sua favorita Madame de Pompadour), tenere buoni rapporti con le due sole persone che mi interessano», va ripetendo il conte in ogni occasione. Il ministero e gli uffici degli Affari esteri lo prendono come una spia d'alto rango. Del resto, non credono affatto che Maria Teresa abbia intenzione di restare a lungo in pace con la Prussia con la quale, invece, la Francia coltiva un'accurata alleanza. Da Vienna, Blondel invia missive tranquillizzanti: non c'è ombra di un conflitto contro la Prussia, ma soltanto un gran desiderio di vivere in pace. «Il pensiero dell'imperatrice, per quanto riguarda la Slesia, è così semplice e lineare che lo si sarebbe potuto facilmente intuire quand'anche ella non avesse avuto l'onestà di spiegarlo. Ciò non significa che vi abbia rinunciato per sempre, ma che non pensa, né è in grado, di riavere subito quella regione», scrive a Puisieux. E anche il marchese ambasciatore Hautefort raccomanda: «Un po' di fiducia a Vienna, e forse un po' meno a Berlino, potrebbero rendere più facili le cose». Un'altra vittima del fascino di Maria Teresa. Come non crederle? «Vi ripeterò sempre che qui non si vuole la guerra», insiste. Ogni messaggio dei francesi, sia che parta da Vienna, o che vi giunga, viene strettamente sorvegliato dalle spie della Hofburg. Versailles ne è al corrente, e spesso si rimprovera a Hautefort: «Avete scritto righe adattissime a svelare il vostro cifrario». Non è ancora, comunque, un idillio. A Maria Teresa che, seguendo la consuetudine degli imperatori del Sacro Romano Impero, vorrebbe che il suo primogenito fosse insignito del titolo di re dei romani, Luigi XV si oppone. E quando fa sapere a Vienna che si sentirebbe più sicuro se l'Austria dichiarasse ufficialmente che non appoggerà in nessun caso la Russia, qualora quest'ultima dichiarasse guerra a un'altra potenza, l'imperatrice risponde all'ambasciatore Hautefort: «Il re di Francia può permettersi di parlare in questo tono, ma la mia situazione è molto differente dalla sua».

Da Parigi, Kaunitz tiene al corrente la sua sovrana sull'esosità dei prezzi della capitale francese dove, avaro com'è, spende più dell'appannaggio che riceve da Vienna. Scandalizzato, la informa degli sperperi che Versailles compie attraverso i cortigiani controllati dal re. «È una spaventosa ruberia. Che differenza nel confronto fra questo disordine e la regola e il buon ordine che la saggezza, il coraggio e le cure assidue di Vostra maestà hanno saputo introdurre da noi». Non appena il re le rivolge una lode, si affretta a riferirle: «Si è molto ammirati per le alte qualità dell'imperatrice, e si proclama che, con lei, la Casa d'Austria è irriconoscibile». E quando si rende conto della potenza della signora di Pompadour, che gli riserva aperte simpatie, la consiglia di rinunciare al disprezzo che ostenta nei riguardi della favorita del re e le suggerisce di inviarle, piuttosto, un bel dono. Un prezioso scrittoio di legno laccato cinese, secondo quel che ha capito, sarebbe molto gradito.

Durante il suo soggiorno a Parigi, Kaunitz perde un figlio e piomba nella disperazione. Non ha più energia per lavorare, si è chiuso in casa, rifiuta di vivere. Per Maria

Teresa, di fronte al dovere non esistono le ragioni del cuore di chi è al suo servizio. Ed è per lei intollerabile che gli affetti, e il dolore, offuschino i disegni dei grandi progetti della Erzhaus. «Egli deve ricordarsi che gli rimangono altri figli che non promettono di meno di quello defunto, e che hanno tutti bisogno che si tenga in buona salute. Si ricordi, anche, di appartenere meno a se stesso che al bene pubblico», gli fa scrivere dal suo segretario. E ancora: «Si ricordi che il mio servizio gli impone di avere tutta la cura possibile della sua salute, e che il mio interessamento per lui deve essere un motivo di più per averla a cuore». Quanto a lei, fra il 1751 e il 1752 ha partorito Maria Giuseppina e Maria Carolina.

Quando l'imperatrice richiama Kaunitz a Vienna, nominando al suo posto il giovane ma esperto conte Starhemberg, la Francia e la Prussia sono ancora alleate. Tuttavia, nel mondano e complesso tessuto della corte di Versailles si sono create sottili ma fitte smagliature che fanno sperare in una lacerazione più profonda. Va gradatamente mutando l'atteggiamento dei francesi nei confronti di Federico, la cui sconcertante arroganza fa temere una sua inarrestabile crescita di potere. A causa di reciproche gelosie sui possessi territoriali, monta infine l'irritazione del re verso l'Inghilterra. Infatti, mentre i coloni stanno ingrandendo il giovane impero britannico, la Francia si impoverisce sempre di più. «Se non si possono ancora rovesciare le nostre alleanze», riferisce Kaunitz, «sono tuttavia in grado di dire che ci arriveremo presto». Il suo lavoro è talmente a buon punto che Luigi XV accetta di far da padrino a Maria Carolina, tredicesima figlia di Maria Teresa.

L'imperatrice ha richiamato Kaunitz a Vienna nel 1753 per nominarlo ministro degli Affari esteri. Finalmente, è riuscita a liquidare il vecchio e indebitato Uhlfeld, «un somaro probabilmente destinato a rimanere tale», consolandolo con una sistemazione nel Consiglio segreto che gli assicura un titolo nobiliare. Kaunitz ama definirsi «europeo». È un fine esperto degli altri paesi, è informato sui nuovi valori intellettuali, è capace di guardare molto più in alto dei suoi connazionali, ha un'ottima conoscenza dei problemi economici e finanziari. Inoltre è un vero principe, con una suprema coscienza dello Stato, che vuole «grande», e di cui è un autentico servitore. Maria Teresa non approva la sua condotta privata, né sarà mai sua confidente e amica. Tuttavia è sufficientemente scaltra, e possiede abbastanza buonsenso, per capire che le doti dell'uomo sono quelle che mancano a lei, e che servono molto. Le conviene, quindi, armarsi di santa pazienza, e per lui ostenta riguardi esclusivi, fino al privilegio di riceverlo soltanto dopo che le finestre del suo studio, spalancate in qualsiasi stagione, sono state chiuse ermeticamente. Infatti, «eccolo, eccolo!», sussurrano affannate le dame, non appena intravedono l'elegantissima sagoma. E subito i valletti sprangano ogni fessura mentre, sorridendo a fatica, Maria Teresa, sventola un enorme ventaglio.

Kaunitz va ad abitare in un castello di Laxenburg, dove offre feste sguaiate senza curarsi del visibile imbarazzo dell'imperatrice. Dà scandalo alzandosi a mezzogiorno, lavorando a letto e ricevendo in camicia da notte i suoi collaboratori, spesso con una ragazza infilata sotto le lenzuola. Inarrivabile snob, si ciba soltanto di leccornie appositamente preparate per lui. È volgare e bestemmia. È nervosissimo, occupa costantemente le mani temperando matite o facendo schioccare le dita. È indipendente, e crea un ufficio degli Affari esteri con uomini di sua esclusiva fiducia. È abile, e riesce anche a prendere in mano gli affari personali di Maria Teresa. È moderno, e all'origine del suo pensiero sta la rivalità marittima e coloniale tra la Francia e l'Inghilterra.

È il 1755. Il quattordicesimo figlio di Maria Teresa, Ferdinando, è nato da poco, e in ogni parte d'Europa c'è ragione di credere che stia per scoppiare un conflitto generale. Kaunitz rifiuta all'ambasciatore britannico Keith un rinforzo di 25.000 uomini. In giugno, dopo che l'ammiraglio inglese Boscawen ha catturato al largo di Terranova due navi francesi in rotta verso il Canada, la situazione sembra precipitare. Il 19 agosto, alla presenza degli «Augustissimi imperatori» e della conferenza, Kaunitz affronta quello che definisce «il problema più delicato da dieci anni a questa parte». La guerra è quasi certa, e occorre prepararsi con la massima cura. «Se la Erzhaus vuole rimanere in piedi», sostiene il ministro, «si deve gettare all'aria la Prussia. Sappiamo che la Prussia mira solo alla nostra rovina, e questo sarebbe umanamente prevedibile se noi non facessimo immediatamente qualcosa per evitarlo. Ma è anche vero che non la possiamo attaccare, senza l'aiuto dei nostri vicini». Dopo aver preso in esame più soluzioni, osserva brevemente: «Sarebbe utile accordarsi segretamente con la corona di Francia, in modo da poter riprendere la Slesia al re di Prussia e annullargli, per l'avvenire, ogni possibilità di rivincita». La Francia, prosegue, deve però trovare un grande interesse a questo rovesciamento delle alleanze. Per esempio, suggerisce, le si può offrire la sistemazione del nipote e genero don Filippo di Spagna nel Lussemburgo. Non un gran sacrificio per l'Austria, trattandosi di un possedimento molto lontano, difficile da difendere. In cambio, Maria Teresa otterrebbe i perduti ducati italiani di Parma, Piacenza e Guastalla. Inoltre, prosegue guardando con intenzione l'imperatore, ci sarebbe la possibilità di riavere dalla Francia, interessata ad appoggiare don Filippo in Lussemburgo, la sempre rimpianta Lorena. Segue l'elenco degli altri benefici che Luigi XV verrebbe a ottenere in cambio dell'alleanza. A conti fatti, dice con certezza Kaunitz, presentandosi a fianco della potentissima Francia, in un'Europa riconciliata in un nuovo sistema di alleanze, l'Austria risulterebbe la più forte.

L'imperatore e l'imperatrice studiano a lungo la proposta e, per dare un carattere di eccezionalità al documento, appongono al progetto il loro *placet*, firmando uno accanto all'altro. Il disegno del ministro degli Esteri è lucido, coerente. Resta soltanto da decidere sui modi per ottenere l'alleanza francese. Kaunitz inizia la scalata alla resistenza di Versailles nel mese di agosto del 1755. Il piano è dettagliatissimo, la sovrana dovrà assecondarlo in ogni mossa. Conviene innanzitutto entrare in rapporto segretamente, ma direttamente, con Luigi XV. Come portavoce di Maria Teresa, viene scelto Starhemberg e, come prima mossa, Maria Teresa gli manda una lettera destinata al re dove, «in fede di imperatrice e regina», promette che «di tutto quanto il conte Starhemberg proporrà da parte mia al re cristianissimo, niente sarà mai divulgato, e che in proposito sarà mantenuto il più profondo segreto, sia che le trattative riescano, o meno. Resta tuttavia inteso che il re cristianissimo mi farà avere una dichiarazione eguale a questa».

Per raggiungere «il re cristianissimo», Kaunitz lascia che Starhemberg definisca la persona più adatta. Il giovane ambasciatore sceglie la Pompadour, con la quale Kaunitz non ha tenuto rapporti molto stretti, visto che non ne conosce l'attuale recapito. Ma una volta trovato l'indirizzo, con ipocrita galanteria il ministro le scrive: «Signora, ho spesso desiderato richiamarmi al vostro ricordo». Quanto a Maria Teresa, anche se le ripugna aver a che fare con una favorita, scrive a Starhemberg in termini astuti, dandogli addirittura del tu: «Non mi hai affatto contrariata scegliendo Madame de Pompadour, che gode della massima fiducia del re, perché avrebbe potuto essere molto controproducente lasciarla da parte». La trama di Kaunitz e Maria Teresa ha il sapore di un agguato. Il rappresentante del re presso il diplomatico austriaco è l'abate de Bernis, un ex ambasciatore a Venezia che non era mai stato favorevole all'Austria. Il primo incontro fra i due ha luogo in un padiglione della tenuta di Bellevue, a Sèvres, che la Pompadour ha messo a loro disposizione. I francesi stanno cadendo in trappola.

«Conciliare la nostra convenienza con quella della Casa

Borbone, dato che a un'opera così salutare e auspicabile per la conservazione della religione cattolica e per la tranquillità dell'Europa si erano opposti sinora solo una cieca animosità e vecchi pregiudizi», è ciò che Maria Teresa propone al re di Francia. Il re viene invitato a prendere in esame con calma la situazione, fermo restando che dovrebbe rinunciare senz'alcun dubbio all'alleanza con la Prussia. La risposta non tarda a venire. In sostanza, Luigi non se la sente di rompere con i suoi alleati, dal momento che non ha alcun sospetto di una loro infedeltà. Tanto meno, di tradimento. Se, tuttavia, l'imperatrice sarà però in grado di fornirgli qualche prova, probabilmente cambierà parere. Kaunitz e Maria Teresa non si aspettavano tanta titubanza. Ma non passa molto tempo, e il re si accorda con loro con un trattato preliminare, che impegna entrambe le parti a conservare «inviolabilmente la pace, e a non romperla né direttamente né indirettamente, per qualsivoglia motivo». È un passo in avanti, ma non basta. Fino a novembre, quando Luigi XV non si rifà vivo con felicitazioni e auguri a Maria Teresa per la nascita della quindicesima figlia Maria Antonietta, da Parigi non giungono altre notizie. Federico subodora l'insidia, e scongiura il suo ambasciatore a Parigi di «adulare la Pompadour, e di farsi dire ciò che i ministri saggiamente tacciono». Per convincerla a far tornare le cose com'erano prima, promette addirittura di creare, per lei, un principato sovrano. «Madame» non cede, e trama con arti sottili per accontentare il suo amico conte Kaunitz, e la generosa sovrana che le ha mandato il costoso e desiderato scrittoio di legno laccato cinese.

Il 16 gennaio dell'anno seguente, viene reso noto che Prussia e Inghilterra hanno firmato a Westminster un accordo col quale re Federico II si impegna a non attaccare re Giorgio, mentre il governo inglese impedirà alla Russia di servirsi contro la Prussia dei 55.000 uomini che Londra provvede a mantenere per lei. In pratica, l'Inghilterra concede alla Prussia ciò che aveva negato all'Austria, quando quest'ultima aveva bisogno di forze per difendere la Boemia. «Traditori, volgarissimi traditori!» commenta infuriata Maria Teresa. È a questo punto che Luigi XV si decide a legarsi a lei. Il nemico giurato dell'Austria rovescia le alleanze, e cambia l'assetto dell'Europa. È un fatto storico di immensa importanza. È il trionfo della Pompadour, che tanto aveva creduto in Kaunitz. Ma è, soprattutto, il trionfo dell'eccentrico e allampanato austriaco che, come sosteneva Federico di Prussia, «nasconde profondi pensieri dietro la frivolezza della sua apparenza». È la vittoria del perenne malato immaginario, che viaggia in carrozza soltanto se i finestrini sono sigillati. Il maniaco della precisione, che diventa una iena se trova sul suo tavolo le matite e i righelli non perfettamente allineati. L'ossessionato dalla polvere, per cui la sua unghia non fa che grattare automaticamente le stoffe, mentre le dita si agitano convulse per allontanare l'invisibile bruscolo. Il vanitoso che porta costantemente la parrucca e si profuma alla francese, ovvero tantissimo, che Maria Teresa dice di «fiutare come un bouquet di rose appena colte».

Anche se datato Versailles, il primo giorno di maggio 1756 il trattato viene firmato a Jouy. E al re d'Inghilterra, che attraverso l'ambasciatore si lamenta con lei per l'abbandono delle vecchie alleanze, Maria Teresa risponde risentita: «Non è colpa mia se ciò avviene, non sono stata io a lasciare il vecchio sistema. È stata la vostra corte ad abbandonarlo così come, del resto, ha abbandonato anche me, trattando col re di Prussia. Sappiate che, quando sono venuta a conoscenza di questo, mi è parso di ricevere un colpo. Infine, voglio dirvi che il re di Prussia ed io siamo inconciliabili nemici, e nessuna considerazione può indurmi a partecipare a un'alleanza della quale egli faccia parte».

«L'imperatrice, l'arciduchessa d'Austria! gettarsi fra le braccia della Francia, sua nemica ereditaria!», commenta scandalizzato l'ambasciatore britannico.

«Non mi getto fra le braccia della Francia. Mi metto al suo fianco», puntualizza lei.

Dopo aver firmato, respira di sollievo. «Non ho mai fatto niente con altrettanto piacere», confida a Kaunitz. Le vecchie alleanze sono praticamente finite. La Francia non è più legata alla Prussia. La Prussia è rimasta sola. E l'Austria si riprenderà la Slesia.

XV
VITA A CORTE. IL MORALISMO DI MARIA TERESA. L'AMANTE DELL'IMPERATORE

Maria Teresa è di profilo. Il mento appesantito, il collo eretto, i ricci tirati dietro le orecchie, un diadema di perle che ferma un velo disteso sui capelli, il mantello di corte agganciato sulla spalla destra con una spilla rotonda. È questo l'imponente ritratto che appare sul tallero, la grossa moneta d'argento che vale due fiorini e che, dal 1753, viene adottata in tutti gli stati della monarchia mentre, contemporaneamente, sono eliminate e vietate tutte le altre. La bellezza del conio e l'autenticità del peso notevole, garantito contro la tosatura dall'iscrizione *Justitia et Clementia* sul taglio, ne fanno una moneta di grande valore.

Battuto convulsamente soprattutto nella zecca di Günzburg, possedimento asburgico nell'alta valle del Danubio (nel verso, campeggia l'aquila a due teste coi blasoni degli stati), il «tallero teresiano» è protetto da una serie di regolamenti e diffuso nell'impero, in Italia e nel Mediterraneo, dove entra in seria concorrenza con la piastra spagnola e lo scudo olandese. Il suo rapido successo è tale, che i mercanti di Marsiglia ne fanno traffico nei paesi orientali, scambiandolo con l'oro, come annota lo scrittore Baker nella relazione di viaggio *Tributari del Nilo*: «Sul Setit, il tallero di Maria Teresa è l'unica moneta di grandi dimensioni. Io credo che il ritratto dell'imperatrice in una veste dall'ampia scollatura e col seno fortemente accusato costituisca un'attrattiva per il gusto arabo».

A trentanove anni, la snella ragazza di un tempo si è fatta corpulenta, quasi obesa. «Tutti si meravigliano della mia pinguedine», scrive rassegnata all'amica contessa Trautson. «Ma che posso farci? Nel corso della mia vita, non ho fatto che fare bambini». I capelli perdono via via il loro vigore, mentre il suo passo lungo e spavaldo si va tramutando in un movimento soltanto imperioso. Massimiliano, il suo sedicesimo figlio, è appena nato.

Anche se le feste a Schönbrunn sono fastose, e splendidi gli abiti che indossano sia lei che il marito e i loro figli, sempre meno l'imperatrice si diverte. Gli eleganti invitati alla Scuola d'equitazione d'inverno, che l'imperatore suo padre aveva fatto costruire dentro la Hofburg con un'arena luminosa cintata di palchi, la vedono partecipare ai caroselli oramai di rado. Il conte Tarouca non ha più bisogno di richiamarla all'ordine, ed è lui a pregarla di allentare il ritmo degli impegni, finché non le vieterà di rientrare nel suo ufficio privato dopo le otto di sera.

Prigioniera del fascino del potere, ma ancor più vittima di un'insopprimibile coscienza della responsabilità che si è assunta, Maria Teresa arriva a portarsi a letto i documenti che deve studiare, lavorando fino all'alba appoggiata a due o tre guanciali, la cuffia da notte coi pizzi bianchi ondulati, una tazza di caffè sul tavolino, una scorta di candele. Per leggere, porta un paio di occhialetti legati dietro la nuca con un cordino di seta nera mentre, per mascherare le vesti che segnano una figura deformata da sedici maternità, indossa corte giacchette svasate con maniche ampie e alti volant intorno alla scollatura. Fulgide sono però rimaste le celebri spalle, dal disegno ampio e dolce. Il seno è trionfale, vasto e materno. Intatta è ancora la pelle, candida e fine, che sempre più spesso si tinge di un rosso purpureo nei momenti dell'ira, e quando la colgono le oramai leggendarie vampate di caldo. Mentre le faceva il ritratto insieme al marito e a tutti i suoi figli, il pittore Meytens, che pure non aveva esitato a rappresentare il suo doppiomento e l'imponenza della figura, scriveva: «Non si può dimenticare chi ella sia. Non appena si fa seria, assume qualcosa di maestoso che non si dimentica».

Fanatica sostenitrice della pulizia, Maria Teresa si fa strigliare a lungo nell'acqua fredda ogni mattina, e massaggiare con unguenti balsamici. Il suo cibo è semplice. Dentro il vasellame d'oro massiccio, cesellato col suo largo e svolazzante monogramma, per ordine di van Swieten che le ha ordinato una dieta quasi liquida, vengono deposte soprattutto verdure, carni bianche, pesce in quantità sempre più ridotte. Nelle imponenti serre di Schönbrunn, dove fioriscono in grandi varietà di colori e profumi le rose, di cui Maria Teresa e Francesco Stefano si occupano amorosamente, vengono coltivati i limoni di Sicilia, il cui succo spremuto in grosse caraffe di cristallo e ghiacciato segue l'imperatrice anche in carrozza.

La famiglia imperiale vive quasi abitualmente nella tenuta di Schönbrunn. Maria Teresa sovrintende a ogni dettaglio dell'immensa residenza, mai tralasciando di guardare a Versailles e impostando uno stile che verrà chiamato «rococò di Schönbrunn», bianco e dorato, lucido, fiorito e leggero, assai simile al famoso e invidiato *rocaille* francese. Nel 1751, su disegno dell'architetto preferito dell'imperatore, Jean Nicholas Jadot, che aveva già progettato il Burgtheater sulla Michaelerplatz e l'Aula Magna dell'Università di Vienna, ha avuto inizio la costruzione di un giardino zoologico, chiamato «La managerie». Nel 1753, sono state gettate le basi per il giardino botanico. È stato Franz a volerlo, dopo essersi a lungo informato sulle nuove scienze che gli enciclopedisti francesi vanno diffondendo in ogni parte d'Europa.

Nel 1756, il goriziano Pacassi termina le volte delle due gallerie nel corpo centrale del palazzo, che in seguito verranno affrescate dal pittore italiano Gregorio Guglielmi. La splendida, stupefacente Galleria grande è adibita a feste e ricevimenti imponenti. La piccola, a eventi musicali e cene più intime. A fianco della Galleria piccola, Maria Teresa ha fatto allestire due salette arredate e tappezzate con delicate pergamene e sete cinesi dipinte, destinate agli incontri privati e rifugio dei suoi giochi notturni alle carte.

Una delle due sale, di forma rotonda, alla quale si accede con una scala segreta, è stata dotata di un ascensore in forma di tavolo mobile, che sale e scende attraverso una botola già con le vivande servite, così da permettere di pranzare nella più stretta intimità.

Maria Teresa è un'appassionata collezionista di arte orientale. Si fa inviare cataloghi dagli antiquari d'Europa, e ogni tanto si concede regali costosi acquistando cassettoni, tavolini, *secrétaires* di legno laccato e decorato in oro. «Non v'è nulla al mondo, neppure i diamanti, che mi piaccia tanto quanto ciò che viene dall'India», scrive al principe Joseph Wenzel Liechtenstein che, nel 1753, le ha inviato in dono un mobile proveniente da Delhi, intagliato in un'essenza profumatissima. Ma quando, dall'Inghilterra, rimbalzano pettegolezzi sugli sperperi per abbellire la nuova reggia, non esita a presentare i conti al governo, perché li controlli fino all'ultimo fiorino.

La camera da letto di Maria Teresa e Francesco Stefano, interamente foderata da pannelli di noce, ha tre porte-finestre che si aprono sul terrazzo prospiciente il cortile d'onore. L'immenso letto di noce con quattro colonne di legno scuro intarsiato, e sul quale ha partorito quasi tutti i suoi figli, è sovrastato da un baldacchino dorato da cui scendono pesanti cortine di velluto verde. In una stanza vicina, arredata con agili mobili bianchi dalle gambe arcuate e dorate, l'imperatrice e la sua famiglia prendono insieme la prima colazione. Alle pareti, dentro una tappezzeria di broccato candido e cinti da una cornice di legno ricoperto d'oro zecchino, vengono via via incastonati i quadri ricamati al piccolo punto, con motivi di fiori su delicati fondi celesti e rosa, che la madre e le figlie eseguono insieme, di sera, mentre un membro della famiglia siede alla spinetta suonando e cantando. Teneri, leziosi ritratti dei figli, che il pittore Lyotard esegue come se fossero tutti gemelli, vestiti con raffinatezza, rosei e sorridenti, in un'ossessionante sequela di occhi celesti tutti eguali fra loro, si inseguono sempre più numerosi nei salotti tappezzati di broccato luminoso e chiarissimo. Edificato nell'estremità nord dell'ala occidentale del cortile d'onore, dal 1747 funziona regolarmente un teatro di corte, al quale sono invitati gli ospiti di rango, i parenti e gli amici stretti. A Carnevale, a Natale, e in occasioni speciali, anche l'imperatore e l'imperatrice cantano e recitano. Maria Teresa conserva una voce bellissima, ma il vero mattatore è Franz, dicitore brillante, col tempo appesantito nel fisico ma sempre vestito con grande eleganza. Il poeta di corte Pietro Metastasio, italiano come il suo predecessore Apostolo Zeno, è infinitamente apprezzato dalla sovrana per la grazia leziosa con cui compone madrigali in suo onore, dove lei, piuttosto che donna, è contemplata come una dea gentile e splendente.

È di questi tempi che si inizia a mormorare di una particolare predilezione dell'imperatore per Wilhelmina Auersperg. La lunga e pesante chioma bruna della diciottenne principessa incanta Francesco Stefano quando la regina ha già superato quindici gravidanze e ha compiuto trentotto anni. Kaunitz si permette di dubitare della relazione osservando con Maria Teresa: «L'imperatore è troppo cauto, egli si guarderebbe dal commettere un'infedeltà. Vi sono, nella vita privata, poche persone che vivono con tanta scambievole comprensione come la coppia imperiale». Maria Teresa ha invece le prove, sa dove gli amanti si incontrano dopo le serate dietro le cortine del palco imperiale a teatro, conosce persino la somma che Franz le passa regolarmente. Soffre, e comincia a riflettere sull'eternità dell'amore. E quando il medico le annuncia una malattia della figlia Maria Anna, commenta disperata: «Tutti i miei figli appartengono a Dio, e io preferirei che morissero giovani e innocenti, piuttosto che averli in un mondo così pieno di pericoli». Non ha più pace. E all'amica contessa Trautson, che le raccomanda di cercarla nella fede, risponde amara, «non la si trova, quaggiù».

A dispetto della morigeratezza di costumi di Maria Teresa, la vita viennese è sfrenata, licenziosissima. «Le dame della società austriaca sono incredibilmente superstiziose, il che non impedisce loro di essere galanti», scrive l'ambasciatore inglese al suo re. «Peccano, pregano, si confessano e ricominciano, avendo estrema cura di non perdere la messa. Nessuna di esse mangerebbe di grasso il venerdì e il sabato, nonché nei giorni di digiuno. Tutte si confessano spessissimo, più per abitudine che per principio. Raramente portano la fede al dito, poiché corrono troppi rischi per perderla, e la mettono al sicuro nel santuario di Mariazell, dove si vedono più anelli di quanti non ne abbia raccolti Annibale sui campi di battaglia di Cannes».

Freidamenorder è invece una società di donne libere, che opera fruttuosamente sotto il patronato di una loggia massonica clandestina, e dove signore dell'alta società, con pseudonimo e mascherina sugli occhi, si divertono a ricevere persino i loro mariti. Scrive puntuale la viaggiatrice inglese lady Montague: «I mariti guardano con occhi compiacenti gli amanti delle loro mogli, trattandoli come delegati incaricati di risparmiar loro la parte sgradevole del mestiere. Ciò non vuol dire che la loro fatica personale risulti alleggerita, perché costoro esplicano di solito la loro funzione di delegati presso molte altre dame. In una parola, l'usanza vuole che ciascuna donna abbia due mariti: uno dei quali porta il nome, e l'altro che compie i doveri del suo stato. La cosa è tanto naturale e ammessa, che l'invitare una signora senza la compagnia dei due uomini che ne condividono l'esistenza significherebbe infliggerle un vero affronto pubblico. Questi duplici legami durano spesso vent'anni e riducono talvolta sul lastrico la famiglia dell'amante. È di cattivo gusto per un uomo non avere qualche relazione di tal natura, e per una donna non procurarsene una, appena sposata. Un amante fa parte del corredo di una signora di prima qualità. Il primo atto del contratto consiste nello stabilire una rendita che resta di proprietà della donna, anche in caso d'infedeltà dell'amante. Conosco parecchie persone appartenenti all'alta società le cui pensioni extraconiugali sono altrettanto note quanto quelle personali. Nessuno vi trova da ridire».

Non è vero. Maria Teresa è una donna pruriginosa e moralista, che ha sveltamente scordato le allegre scorribande nelle osterie di campagna, a tirar l'alba ballando e cantando mascherata da contadina per non farsi riconoscere. Il suo senso della famiglia è granitico, soprattutto dopo che il marito la tradisce apertamente con la Auersperg, chiassosa e leggera che pare mantenga, a sua volta, amanti giovani e allegri. Il suo furore bigotto da dove emergono le radici, finora nascoste, dell'educazione buia e spagnolesca di tutti gli Asburgo, la porta a controllare la città, peggio che se fosse un collegio per discoli.

Sepolta dopo sei mesi dal ridicolo e dalle vignette umoristiche, Maria Teresa istituisce la patetica «commissione di castità», in nome della salvaguardia dell'onore delle donne, costituita da drappelli di gendarmi che, dopo le otto di sera, multano le signore scoperte da sole per strada e senza uno speciale permesso, mandano temporaneamente in convento le minorenni trovate a passeggio dopo il tramonto senza la madre, incatenano le coppie stanate negli androni e nei vicoli appartati e oscuri, irrompono nelle case sospette, nei bordelli, e durante i ricevimenti dei nobili, non appena qualche spione abbia dato notizie di orge e incontri clandestini attraverso biglietti anonimi lanciati oltre il cancello della Hofburg. Lei stessa, intabarrata e con parrucca da uomo, sembra che una notte si sia infilata nel sospettoso drappello, non appena le era giunta notizia che il marito partecipava a festini dopo gli incontri nella loggia massonica. Ma Franz è furbissimo, conosce le uscite segrete che salvano i ricchi dalle mogli gelose e dalle retate improvvise, e un passaggio sotterraneo che sbuca in una taverna compiacente lo aiuta a ritrovare la sua carrozza parcheggiata al bordo di un palazzo insospettabile.

La furia moralizzatrice di Maria Teresa è sfrenata, e tanto la indignano le feste che si tengono nelle dimore patrizie dopo le rappresentazioni teatrali, che fa espellere senza cerimonie la celebre cantante italiana Santini e le sue giovani compagne, tutte indistintamente tacciate di «eccessi e libertinaggio», con l'ordine di non affacciarsi «mai più» ai confini dell'impero. Scortata dalle guardie, un'intera compagnia di attori veneziani viene sospinta fin oltre il Brennero, nel timore che riesca in qualche modo a rimanere in terra austriaca. I due figli del sindaco di Danzica, sorpresi in una casa di prostituzione di minorenni, vengono incatenati alle porte della città e costretti a sfamarsi della carità pubblica. Per suo ordine, nelle strade di Vienna viene messo in effigie un notissimo nobile che, colpevole di una relazione extraconiugale, era stato costretto a fuggire in Svizzera con la donna amata. Dopo aver fatto inseguire la coppia col proposito di rapire la ragazza e chiuderla in convento, Maria Teresa invia un boia armato di scure a decapitare la sagoma dell'adultero. E solo quando la piazza è gremita di vocianti e divertiti curiosi, e gli strilloni diffondono caricature della bigotta sovrana, la farsesca esecuzione viene sventata grazie a un intervento di corte.

Passeranno ancora molti anni prima che l'ebreo convertito Sonnenfels, consigliere per la giustizia di cui Maria Teresa si fida moltissimo, arrivi a convincerla dell'inutilità della pena di morte. La sovrana crede nella tortura e nella morte come passaggio obbligato verso la redenzione e, benché preghi per i condannati e non voglia conoscere le date delle esecuzioni, concede pochissime grazie. Per dare l'esempio, le pene sono durissime, spettacolari. Chi ha violato le leggi contro la morale, è incatenato alle porte della città. I ladri sono esposti su un palco al centro della piazza, con i pollici stretti in un anello di ferro. Per i reati più gravi, è previsto che il condannato venga appeso a una corda passata sotto le ascelle, così da provocare slogature inguaribili. I crimini minori sono puniti col marchio a fuoco. Prima dell'esecuzione capitale, agli assassini si taglia la lingua e si passano ferri roventi sul corpo. I condannati a morte sono spietatamente appesi a una croce a gruppi di due, uno contro l'altro, e lasciati per giorni e notti all'aperto, agonizzando sotto gli occhi del popolo fino a morire.

Mai sazia di ordine e rigore morale, Maria Teresa detta, o conferma, rigorosissime e grottesche regole di comportamento che riguardano soprattutto i nobili e coloro che hanno a che fare con la Hofburg. È assolutamente necessario che le persone di alta posizione sociale sentano non solo la messa tutte le domeniche e negli altri giorni festivi; ma, per essere meglio controllati, a una cert'ora e in certi periodi dell'anno liturgico si trovino in una chiesa prestabilita; si facciano confessare da determinati sacerdoti; prendano la comunione in presenza di persone che possano testimoniare in loro favore, nel caso di una contestazione; infine, nei giorni di magro, pranzino in trattorie scelte fra le più ligie da un'apposita commissione di vigilanza e, per provare di essere buoni cattolici, siano sempre in compagnia di testimoni.

Sotto questa tempesta di proibizioni, per reazione la corruzione dilaga, mentre funzionari, guardie, giudici, spie, domestici, vetturini e portaborse si fanno abitualmente pagare per tenere la bocca chiusa. Il vizio e gli eccessi si rifugiano nelle cantine, dietro portoni sprangati, sotto tutela di guardie armate e con parole d'ordine, attraverso messaggi in codice, passaggi sotterranei. Nonostante i controlli e i divieti, prospera felicemente il circolo *Feigenbruderschaft*, che si riunisce in località segrete cambiando sempre di sede, dove i membri dell'alta società si accoppiano per sorteggio. Una grottesca ubriacatura di moralismo, bigottismo e intolleranza che, dopo un brevissimo, noioso soggiorno, fa scappare da Vienna l'inorridito viaggiatore italiano che nel registro degli ospiti dell'albergo lascia la firma di Giacomo Casanova.

XVI
LA GUERRA DEI SETTE ANNI. INFELICISSIME NOZZE DI GIUSEPPE CON ISABELLA DI BORBONE-PARMA

«In vita mia, non ho mai fatto niente con altrettanta soddisfazione», aveva esclamato Maria Teresa firmando il trattato di Versailles. Protetta alle spalle dalle nuove alleanze, concentrando le sue truppe in Boemia per far tacere per sempre il nemico prussiano, compie per prima un passo verso la guerra. Minacciato ai confini con la Slesia, Federico si sente solo. Grandi, e potenti, sono i nuovi e gli antichi avversari. I possedimenti asburgici sono cinque volte maggiori dei suoi. I sudditi della zarina di Russia, almeno tanti quanto quelli dell'Austria. Due volte superiori alla Prussia, sono gli Stati tedeschi che, in caso di necessità, aiuteranno la consorte del loro imperatore. Anche Svezia e Danimarca si sono schierate dalla parte di Maria Teresa. Neutrale, ma questo non significa che sia con lui, è l'Olanda. Infine, le spie lo hanno informato che Augusto, re di Sassonia e Polonia, simpatizza per la cugina di sua moglie.

Allarmato da un'atmosfera sempre più minacciosa, Federico incarica il suo ambasciatore di chiedere alla Hofburg «se l'esercito disposto in Boemia sia destinato a marciare verso di lui». Metà del Consiglio, insieme a Francesco Stefano e Giuseppe, premono perché si risponda lealmente. Maria Teresa ha però imparato da Kaunitz l'arte dell'ambiguità. Le avversità l'hanno indurita, e la sua leggendaria grazia viene spesso offuscata da volgarità imprevedibili. Federico riceve un messaggio vago, che dice e non dice. Il 28 agosto 1756 reagisce alla provocazione, e marcia con l'esercito verso la Sassonia. «Non ho nessuna intenzione malvagia contro di Voi, sono stato costretto a prendere le armi per oppormi a una cospirazione rivolta contro il mio regno», scrive al pacifico Augusto, rifugiato immediatamente in Polonia con la venerata collezione di opere d'arte e diamanti (uno dei quali, verde, è unico al mondo). Quasi subito, però, confermando una volta di più una smisurata capacità di mentire, raggiunge Dresda, saccheggia le casse del Tesoro e, come un bottegaio che alza i prezzi perché sente pericolo di guerra, si impadronisce delle fabbriche di Meissen e si mette freneticamente a vendere porcellane in ogni parte d'Europa. Non sono però la ruberia e il saccheggio a spingere Federico a entrare in Sassonia. Esteso tra la Prussia e la Boemia, in caso di guerra con l'Austria, il territorio costituisce un passaggio sicuro per qualsiasi evenienza.

Maria Teresa è nel castello di Schlosshof per assistere a una partita di caccia insieme al marito. Dopo un pesante e avvilente pettegolezzo sui suoi amori con Wilhelmina Auersperg, ha regalato a Franz la ricca tenuta sperando di tenerlo sotto controllo. Si annoia, e desidera tornare presto a Vienna. Soffre di reumi alle gambe, che le impediscono di cavalcare e camminare a lungo. E non è un mistero per nessuno, che detesta lo sterminio degli animali. La notizia dell'invasione della Sassonia le viene portata al centro di una radura, dove i cacciatori si sono fermati a contare i trofei. Sconvolta dalla reazione prussiana, di cui non sente la minima responsabilità, torna precipitosamente a Schönbrunn da dove dirama in ogni parte d'Europa il suo sdegno per un sovrano «aggressivo e ladro», che ha violato la *Constitutio Westfalica* secondo la quale, in caso di invasione di uno Stato pacifico, si rischia la guerra.

Federico è solo, ma è forte. Può contare su 154.000 uomini superbamente addestrati, e 122 cannoni di grosso calibro perfezionati nel tiro. Dalla Francia, Kaunitz ottiene 105.000 uomini e un sussidio annuo di 12 milioni di fiorini: ma viene subito avvertito che non dovrà aspettarsi molto di più. L'Austria è meno preparata, e sia l'imperatore che suo figlio sono dell'opinione di non rispondere alla provocazione. Maria Teresa non dà ascolto a nessuno. Una di fronte all'altro, lei e Federico stanno rabbiosamente preparando il teatro per un conflitto che durerà sette anni, e costerà un milione di morti.

Ancora una volta, l'imperatrice ha affidato l'esercito a suo cognato Carlo. Quasi in costante stato di ebbrezza, di carattere fragile e instabile, il Lorena si riconferma un condottiero inaffidabile. Nella difesa di Praga perde 9000 uomini mentre, sotto un bombardamento che polverizza gran parte della città, gli muoiono intorno i migliori comandanti. «Ho appena il tempo di dirvi che il re di Prussia ha conquistato la più grande vittoria che sia mai stata, ad eccezione dell'arcangelo Michele. Re Federico ha semplicemente annientato la draghessa», scrive l'inglese Orazio Walpole alla corte di San Giacomo. La «draghessa» Maria Teresa manda in aiuto ai praghesi il generale Daun, che perde altri 9000 uomini ma annienta 13.000 avversari, facendoli sprofondare in una palude scambiata da Federico per un campo di erba da pascolo.

È un'alba già dorata dal sole quando un messaggero varca i cancelli di Schönbrunn per portare la buona notizia alla sovrana, che si precipita fuori dalla sua stanza ancora in camicia e cuffia da notte. Poco più tardi, il generale Benedict le stende ai piedi il bottino della battaglia di Kolin, composto da ventidue bandiere e stendardi strappati ai nemici. Ma ancora di più la rallegra il racconto delle spie, sul melodrammatico ritorno al campo del re sconfitto. Dopo trentasei ore di cavalcata, praticamente una fuga, Federico era scoppiato in pianto, invidiando chi era già morto. «Fetonte è finalmente precipitato a terra», annota nel suo diario l'invidioso fratello di lui, il principe Enrico. Ma Federico risfodera la formidabile grinta scrivendo all'amico Dessau: «Ho lasciato Praga, oggi, con tamburi e pifferi nel modo più provocante. Il mio cuore è esulcerato, ma non sono abbattuto, e cercherò la prima opportunità di far dimenticare questo rovescio».

«...18 giugno, giorno della nascita della monarchia: a voi, debitrice della sua salvezza, come io lo sono del mio caro e meraviglioso esercito. Sin quando vivrò, la vostra impresa non si cancellerà mai dal mio cuore e dal mio ricordo. Dio conservi a lungo al servizio dell'esercito, della patria e della mia persona, il mio migliore, e vero sicuro amico. E io sono per sempre la sua più cara dama...», scrive Maria Teresa al generale vittorioso. In poche ore, Daun è diventato l'eroe nazionale. E sarà l'imperatrice in persona a recarsi a casa della «generalessa», figlia della sua dama di compagnia contessa Fuchs, per annunciarle la strepitosa vittoria. Quattro giorni dopo, Daun viene insignito dell'Ordine di Maria Teresa, istituito apposta dalla sovrana come premio ai militari che si sono battuti valorosamente per lei. Si canta il *Te Deum* in Santo Stefano alla presenza della famiglia imperiale. Gli ufficiali ricevono un mese di paga. I soldati semplici godono di altre gratificazioni. Il popolo viene invitato a danze pubbliche, banchetti, cuccagne.

Maria Teresa non è riuscita a costruire un esercito sterminato come aveva sperato. È sua premura, però, renderlo più attrezzato e curato. È lei, a insistere con lettere e disposizioni precise perché si riordinino le caserme, e siano distribuiti con regolarità pasti e camicie calde al ritorno della battaglia. Né le sfuggono i problemi tecnici dell'organizzazione militare, provvedendo a che l'esercito abbia equipaggiamenti completi di ricambio, e istituendo turni di riposo in luoghi meno tetri e pericolosi delle immediate retrovie. Sovrana materna e incalzante, invia continui messaggi ai condottieri e alle popolazioni invase dalla guerra. Dopo aver contratto debiti esorbitanti coi banchieri genovesi, organizza raccolte di denaro, inaugura una sottoscrizione pubblica, convince i suoi funzionari a fondere le loro argenterie, impegna i suoi gioielli.

La vittoria di Daun rinfranca gli alleati di Maria Teresa

e, per un'intera estate, il re di Prussia viene disturbato da sempre nuove minacce. I temuti francesi, che stanno disputando agli inglesi le Antille e combattono in India e nel Canada per avere l'esclusiva del rifornimento di zucchero in Europa, hanno invaso l'Hannover. «Se arrivano a Magdeburgo», dice Federico, «sono perduto». Ma poco dopo sbaraglia l'esercito di Luigi XV, che prende una tale batosta da scomparire definitivamente dal quadro della guerra. «Ci trattano come bambini!», urla esasperata l'imperatrice. La corte di Versailles, che lei definisce «estrema, e incostante in ogni cosa», non le manderà più soldi, né uomini. Con risentita determinazione, decide insieme a Kaunitz: «Bisogna che ci comportiamo come se i francesi non ci fossero più».

Federico se ne sta per un poco tranquillo, a riprendere fiato. E dopo che Carlo ha occupato Breslavia, illudendo la cognata in un definitivo ritorno della Slesia all'Austria, il 4 dicembre 1757 lo batte a Leuthen durante un assalto entusiasmante. Scrive trionfante il re di Prussia al fratello: «Vi è ogni ragione di aspettarsi che la demoralizzazione degli austriaci ci procurerà la pace per la primavera».

Leuthen segna l'inappellabile sconfitta del Lorena e, prima ancora di venire destituito, il butterato vedovo di Maria Anna viene messo alla berlina da satire e vignette che partono da Vienna e fanno il giro d'Europa. L'attacco più frequente gli viene dall'essere fratello di Franz. «Non ci basta un imperatore che non sa nemmeno come far partire un esercito», scrivono le Gazzette austriache. «La nostra sovrana deve sperimentare l'incompetenza dei suoi parenti fino in fondo, e sulla nostra pelle». Perché si tolga di torno, Carlo viene sollecitato a tornare nei Paesi Bassi. Dopo Leuthen, non c'è più nessuno al mondo che non ritenga Federico un incomparabile stratega. Gli osservatori stranieri scrivono ai loro sovrani che la tattica del prussiano è rivoluzionaria: agile, moderna, spregiudicata, basata su una perfetta organizzazione. «Sembra», affermano tutti, «che non sia per lui tanto importante vincere, quanto sperimentare nuovi movimenti, nuove armi, nuove idee».

La guerra si trascina negli anni soprattutto per testardaggine, orgoglio, ambizione implacabile di tre donne che non si sono mai incontrate, e il cui desiderio comune è vedere Federico rotolare nella polvere. Maria Teresa d'Austria, Madame de Pompadour ed Elisabetta di Russia non fanno che sognare la sconfitta del re straccione e misogino, che ha radunato a Sans-Souci una brigata di amici, e fra questi Voltaire, sarcastici e screanzati fino all'oltraggio, con cui si diverte a comporre osceni motti e canzoni scurrili «in omaggio» alle tre «superdonne».

La guerra continua mentre, sconvolto dalle innumerevoli e atroci esperienze, Federico scrive alla sorella Ulrica regina di Svezia, che esercita su di lui un ambiguo ascendente: «Quale macello, quale sacrificio di uomini, io rabbrividisco». Sulla pietà, ha però il sopravvento l'indomabile senso del dovere. «Ma quali possano essere i nostri sentimenti personali, è necessario che induriamo i nostri cuori e ci prepariamo alle uccisioni e alla carneficina», conclude. Fra i soldati arruolati con la forza ci sono anche ragazzi di quindici anni, militari in età pensionabile, malati, invalidi. I proclami del re sono ordini, e il popolo prussiano non riesce a sottrarsi a un uomo detestabile, che tuttavia li esalta inculcando in loro per la prima volta uno smisurato amor di patria.

«La mia situazione è crudele. Compiangetemi, Dio solo può aiutarmi», scrive Maria Teresa al generale Hildburghausen. Dopo le sempre più insistenti notizie sull'amore del marito per la sfrontata Auersperg, è preda di preoccupanti crisi depressive che, da un entusiasmo assai simile all'esaltazione, precipitano il suo umore nel pessimismo più cupo. Mai, comunque, la donna malata e sconvolta dalla gelosia dimentica di essere una sovrana. I soldati prussiani sono arrivati a 140 miglia da Vienna. Ma quando le viene consigliato di ritirarsi a Graz, con regale freddezza decide: «La corte rimarrà fino all'estremo, e non si procederà ad abbandonare la capitale se non quando il nemico non sarà veramente alle porte».

«E se questo accadesse?», insinua l'ambasciatore di Francia.

«Mi ritirerei di città in città, fino all'ultimo villaggio russo», replica.

«E se a Vostra maestà non rimanesse che un ultimo villaggio russo?», azzarda il diplomatico.

«Farei dire al re di Prussia di venirmi a cercare in una carrozza di posta con postiglioni, polveri e piombo: e là, con due pistole, decideremo la nostra contesa», è la fiera risposta. Invano il Consiglio, e Franz ancora una volta, le chiedono di pensare alla pace. Maria Teresa vuole continuare a combattere. C'è in gioco il suo onore. Chinare la testa davanti a Federico? «Affronteremo i prussiani meglio che potremo. E se qui non abbiamo armi, ci armeremo, uomini e donne, di scuri e di frecce per costringerli a ritirarsi», va ripetendo alla sua gente attraverso discorsi, lettere, dispacci, proclami.

«In caso di mia morte, ma di battaglia vinta, si abbandoni il mio cadavere lì dove sta, e il nemico venga inseguito con ogni vigore», sono invece le disposizioni che Federico lascia ai suoi soldati. Il re di Prussia non chiede esequie particolari, ma un semplicissimo trasporto fino alla reggia di Sans-Souci, dove ordina di venire sepolto in giardino, ai piedi di un albero. Da tempo, ha mostrato agli amici una scatoletta d'oro che tiene legata sul petto. «Ho su di me ciò che mi può permettere di finire la commedia quando mi riuscirà insopportabile», spiega. «Queste pillole contengono oppio in dose ampiamente sufficiente a spedirmi alla cupa spiaggia donde nessuno ritorna», mormora con amarezza. Avrebbe voluto suonare il flauto, scrivere poesie, occuparsi di musica, di arte e di filosofia. «Ah, la nostra grande Prussia...» ripeteva. «Cosa non si deve fare per la grande Prussia...»

È questo il tempo in cui, nel gruppo dei comandanti di Maria Teresa, si distinguono lo scozzese Gedeone Laudon, dalla ferocia leggendaria; e il gaio irlandese Lacy, dalle sorprendenti capacità organizzative. Laudon aveva combattuto anche per Federico, ma era passato da tredici anni al soldo dell'Austria. Saranno loro a rendere ardua la vita al nemico. Di battaglia in battaglia, l'esercito prussiano scende, nel 1758, da 150.000 a 110.000 uomini. Maria Teresa, che è riuscita a ottenere rinforzi affrontando altri debiti, è invece passata da 85.000 a 120.000. Accanto a lei, stanno avanzando i russi. Laudon e Lacy sconfiggono Federico a Kunersdorf, da dove non tornano 19.000 soldati del re, 700 dei quali sono ragazzini mandati in campo per la prima volta e massacrati in un agguato lungo una strada indifesa. Alla fine della battaglia, gli attoniti superstiti vedono Federico vagare fra i morti come un fantasma, la divisa lacera, la tabacchiera forata da un proiettile che gli ha salvato il petto, mentre urla teatralmente: «Non è rimasta neppure una pallottola, per me?».

Lo strepitoso successo di Kunersdorf non viene sfruttato come si dovrebbe. Ancora una volta l'esercito austriaco, esasperante per lentezza e prudenza, è incapace di riprendersi persino dall'emozione di una vittoria. Federico fa conto su questa debolezza inguaribile e, «io ho da fare con gente tanto stupida che necessariamente, alla fine, dovrò avere la meglio», scrive nel settembre del 1759 al suo amico Voltaire.

Dopo alterne sconfitte e vittorie, Maria Teresa incomincia a chiedersi come riuscirà a continuare la guerra. La Russia e la Francia hanno chiesto la revisione dei trattati, e alzato il prezzo della loro alleanza. Lei reagisce con rabbia, e insulta l'ambasciatore francese. «Che cosa volete che faccia?» si giustifica il diplomatico. «Non abbiamo più denaro, né risorse, né marina, né soldati, né generali, né ministri. Sfido chiunque a proseguire la guerra in queste condizioni; e potete star certi che cercherò di concludere la pace con ogni mezzo». Del resto, l'abate de Bernis non è stato tenero scrivendo al re di Francia che «l'esercito di Maria Teresa non trae vantaggio dalle occasioni.

Qui, ad eccezione del re di Prussia nessuno sa condurre la guerra».

La sovrana, ancora non cede. Né ancora si è ben resa conto che Daun, Batthyány, Luccesi, Eszterházy, Colloredo, Hildburghausen, schierati in campo con la massima fedeltà e dedizione, appartengono inesorabilmente a una scuola militare vecchia e superata. L'aiuto di Laudon e Lacy la sprona a resistere e mentre i russi, «un esercito di straccioni», come li chiama Federico, occupano Berlino, gli austriaci riprendono la Slesia e Glatz. Questo, il re di Prussia non se l'aspettava. «Senza dubbio dovrò soccombere», scrive al fratello. Ma parte ancora all'assalto. Come atleti stremati, il cui orgoglio fa stringere i denti per non piegare per primo il ginocchio, i due nemici si sferrano gli ultimi colpi con rabbia disperata. Ma la fine è decisa, oramai.

La mattina del 5 ottobre 1760, da una tribuna eretta sotto le mura della Hofburg, Maria Teresa assiste all'arrivo della sposa di suo figlio Giuseppe. Accompagnata dal principe Josef Wenzel von Liechtenstein, Isabella di Borbone-Parma, scende lungo la strada che costeggia il convento degli Agostiniani, seguita da un corteo di 300 cavalli di posta e 94 carrozze. Nipote del re di Francia, già da tempo era stata promessa al primogenito dell'imperatrice che aveva scartato la proposta di nozze con la figlia del re di Napoli, Giuseppina, troppo brutta e ignorante per esser presa in considerazione.

Smilzo e sbiadito, spinoso di carattere, Giuseppe non frequenta volentieri le donne e, alla vigilia del fidanzamento, scrive all'amico conte di Salm: «Farò ogni cosa per conquistarmi il rispetto e la confidenza della mia sposa. Ma l'amore, no. Non so fare il grazioso e l'innamorato, io: è contro la mia natura».

Isabella è bruna e bella, ha diciassette anni, e così si presenta scrivendo a Giuseppe: «Ho studiato un po' di filosofia, un po' di morale, ho letto romanzi leggeri e riflessioni profonde, conosco la logica, la fisica, la storia, la metafisica. E canti giocondi». Inquietante è invece il biglietto che invia alla futura suocera: «Sono molto lusingata dell'onore che la regina mi ha fatto. Ma sono certa di non vivere abbastanza per soddisfare le sue speranze». Maria Teresa non ci fa caso. «Sciocchezze da giovinette romantiche», commenta.

Il figlio dell'imperatore deve le nozze con una donna mai vista al conte di Kaunitz, convinto che gli Asburgo trarranno vantaggi imparentandosi con la corte di Versailles. «Temo più il matrimonio che una battaglia», confessa ancora all'amico. Invece, «Io sono al colmo della felicità. Nella mia gioia di madre, ho addirittura dimenticato di essere una regina», scrive Maria Teresa nel suo diario. Legarsi con un matrimonio alla Francia, le torna utilissimo. Ma c'è anche un motivo più umano. «Spero che questo matrimonio assicuri alla mia vecchiaia una libertà dalle preoccupazioni che mi è stata negata quando ero più giovane», confida al principe Liechtenstein.

La madre dello sposo si indebita vertiginosamente coi banchieri genovesi, racimolando denaro per allestire feste e banchetti sbalorditivi, organizzare rappresentazioni teatrali composte per l'occasione, diramare inviti con lunghi e sontuosi soggiorni ai sovrani dei paesi amici, ordinare elargizioni alle coppie di sposi poveri nei suoi numerosi regni. La mattina del 6 ottobre, 220 sono le carrozze di gala, ciascuna trainata da sei cavalli sfarzosamente bardati che, dalla residenza del Belvedere, accompagnano la giovanissima coppia alla chiesa degli Agostiniani dove saranno celebrate le nozze.

È un matrimonio indecifrabile. La sposa è soffocata da una profondissima angoscia. Inquieta, depressa, non fa che ripetere che morirà presto. Nella primavera seguente, mette al mondo una bambina alla quale viene imposto il nome di Maria Teresa. La nonna è emozionata e felice. La puerpera, invece, è disperata. Il giorno del battesimo della neonata, nessuno riesce a frenare il suo pianto. Ha sognato che sua figlia morirà entro il compimento del settimo anno. Crede ai sogni, ai presentimenti. Ha visioni oscure. Si mormora che sia pazza.

Le nozze dell'erede Asburgo non fermano la guerra. Ma l'imperatrice già pensa, con sempre maggior insistenza, al giorno in cui tornerà la pace. Occorre, al più presto, rimettere in sesto l'esausto impero. Insieme a Kaunitz, ha progettato un sistema di governo agile, in grado di organizzare velocemente la ripresa dei domini dissanguati. «Un Consiglio per gli affari interni che abbia lo scopo di esaminare a fondo la situazione di tutti i miei paesi ereditari, di proporre miglioramenti possibili e di assistermi con fedeli consigli in tutti gli affari riguardanti il paese e l'esercito, senza che i membri di questo Consiglio rivestano altre funzioni pubbliche, e senza che debbano immischiarsi nell'esecuzione dei miei ordini». Così scrive a Daun. Il 14 dicembre 1760, istituisce il nuovo e ristretto Consiglio di Stato. Il 30, procede alle nomine dei sei membri scelti personalmente. Vi fanno parte Kaunitz e il suo stretto collaboratore Konig von Kronburg; l'amministratore della Moravia, Blümegen; il conte Chotek, presidente della Ministerial Banc Deputation; Daun e Haugwitz. È un governo di tecnici dai quali, nonostante l'opposizione di Kaunitz, Maria Teresa ottiene persino una forte riduzione dei loro stessi stipendi.

Il 18 gennaio 1761, all'età di sedici anni, muore di vaiolo il secondogenito di Maria Teresa, Carlo. Fidanzato con Maria Luisa, figlia del re di Spagna, ha trascorso la sua breve vita litigando col gelido e sprezzante Giuseppe. Le zuffe erano così frequenti e violente che il suo ultimo compleanno era stato festeggiato in sua assenza, punizione esemplare della madre che non tollerava gli alterchi tra i due fratelli. Per la malattia del ragazzo, Maria Teresa abbandona il grande studio dal quale, badando a tutto e a tutti, regna e governa. Temendo il contagio del vaiolo, van Swieten tenta di tenerla lontana dalla stanza del figlio. La madre rifiuta, e stringe giorno e notte la sua mano. «Mamma, non dovreste piangere tanto. Se fossi vissuto, vi sarei costato molte lacrime», sono le ultime parole del moribondo. Il lutto è brevissimo. Otto giorni dopo, Maria Teresa presiede la prima seduta del nuovo Consiglio. «Il dovere pretende sconti anche dal mio dolore di madre», scrive all'amica contessa Enzenberg.

È il 26 gennaio 1762, e un fatto inatteso costringe Maria Teresa a decisioni definitive riguardanti la guerra. Muore nel suo palazzo dipinto d'azzurro di Carskoe Selo, la zarina Elisabetta di Russia, da tempo malata di idropisia. Suo nipote Pietro, il cui regno durerà pochissimo, ha firmato una pace separata con Federico, che idolatra al punto da chiedergli l'onore di ammetterlo a combattere nell'esercito prussiano. Nella reggia del Cremlino, a Mosca, fumano ancora i grossi ceri del giuramento, e già lo zar ha ordinato all'esercito di abbandonare la regina d'Austria. Quasi contemporaneamente, si ritira anche la Svezia. Federico vince le battaglie di Burkersdorf, di Schweidnitz, di Friburgo. Ma le ultime vittorie non lo illudono più. Già trasandato per natura, alla notizia che il nuovo re d'Inghilterra intende far pace con la Francia, cade in uno stato di inguaribile prostrazione, smette del tutto di lavarsi e di tagliarsi i capelli. Ha impegnato tutti i beni della sua proprietà personale. Ha fuso e trasformato in denaro tutta l'argenteria delle chiese e dei palazzi del suo regno. Ha avvilito la sua moneta con una lega di rame. Ha vuotato le casse di tutte le banche. Ha reclutato con la forza tutti i giovani dei suoi stati, e li ha fatti massacrare, mutilare, impazzire.

Strappandoli alle loro terre, a Maria Teresa sarebbe ancora possibile portare altri uomini in guerra. Ma le manca il coraggio di chiedere il reclutamento forzato. Anche lei è completamente senza denaro. I suoi gioielli sono stati impegnati già dall'inizio della guerra. Gli amici, i nobili, il clero, le hanno dato tutto ciò che potevano. È molto stanca, la morte ha bussato di nuovo alla sua casa. «Dio ci ha tolto una cara figlia che ci prometteva molte consolazioni, ma ce ne ha procurata una molto grande con la sua morte nelle braccia del Signore. Oggi non posso dire di più». Con queste parole, dove la fede non nasconde lo sfinimento, la sovrana annuncia a Maria Antonietta di Sassonia, figlia di sua cugina Maria Amalia, la morte della figlia Giovanna Gabriella. L'antivigilia di Natale del 1762, promessa sposa a Ferdinando di Napoli, principe delle Asturie e figlio del re di Spagna, la bambina è stata schiantata dal vaiolo. Le braccia in cui si dibatteva disperata, perché non voleva morire, erano quelle della pietosa Isabella, che aveva illuso la suocera raccontandole di aver sognato la sua guarigione.

«La prospettiva è tanto oscura, che noi dobbiamo o avere una pace immediata, o non averne nessuna», riflette finalmente Maria Teresa davanti ai ministri. Avvezzi a interpretare il suo pensiero dal tono della voce, il passo, il gesto delle mani, gli uomini del governo hanno capito che è giunto il tempo di cedere. Il 15 febbraio 1763, tre giorni dopo che l'Inghilterra e la Francia hanno deposto reciprocamente le armi, nel castello di caccia di Hubertusburg, in Sassonia, viene firmato il trattato per arrivare alla pace fra la Prussia e l'Austria. Adottando eccezionalmente il francese per spiegarsi meglio col re, che non conosce bene il tedesco, Kaunitz invia a Federico lunghi e dettagliati documenti. Maria Teresa chiede Glatz; la restituzione della Sassonia al pacifico e impoverito Augusto, tornato dall'esilio polacco per fare da paziente mediatore; l'appoggio alla candidatura di Giuseppe a re dei romani, dignità distinta da quella di imperatore, di cui è sempre titolare Francesco Stefano. Spazientito dalle lettere di Kaunitz («non sopporto più queste tiritere, il conte non ha il dono della sintesi!»), Federico risponde secco: «Finché avrò vita, non restituirò mai Glatz all'imperatrice». Ma restituisce la Sassonia ad Augusto, e concede il suo appoggio a Giuseppe. Tutto ritorna allo stato in cui era sette anni prima. Alla fine, non risulta nessun vincitore. Ai due irriducibili avversari, resta soltanto da contare i morti. Fra valli, paludi, fiumi, praterie, montagne, si è steso un cimitero di un milione di uomini, donne, bambini di tutte le religioni, le lingue, le razze appartenenti a quasi tutti i paesi d'Europa.

XVII

ALTRE RIFORME. LA TRAGICA MORTE DI ISABELLA

«Attualmente siamo nella condizione di un convalescente dopo una febbre alta. Al colmo della malattia non ci si rende conto di nulla; ma quando la febbre comincia a scendere, ci si accorge molto chiaramente di essere privi di forze. È allora, nei primi momenti della convalescenza, che si ha maggiore bisogno di cure e di ristoro, e così è al momento presente che più importa aiutarci. Vi ho dato un'idea dell'estensione dei nostri debiti. Le prospettive per il futuro sono tremende». Così Kaunitz, nel marzo 1763, scrive al ministro delle Finanze di Luigi XV, in arretrato coi sussidi promessi.

La guerra è finita per esaurimento, mancavano i mezzi per andare avanti. I danni maggiori si contano in Boemia dove, fra devastazioni, ruberie e morti, sono passati e ripassati gli eserciti prussiani. Le città si sono indebitate fino all'inverosimile, i nobili hanno impegnato persino i beni di famiglia inalienabili. Per giunta, il tempo è stato pessimo. Siccità e alluvioni hanno provocato epidemie e carestie. Nelle campagne, e in città, la gente muore di fame e di freddo. Non nascono più bambini. Le casse della monarchia sono stremate, Maria Teresa affoga nei debiti. Per rimettere in piedi l'impero, occorre spremere denaro dai Paesi Bassi, la Lombardia, l'Ungheria. L'imperatrice si riduce a raccogliere denaro attraverso una Lotteria di Stato.

Creare ricchezza. Questo è il programma del nuovo Consiglio, che già si era avviato durante la guerra, in previsione di un disastroso inizio di pace. La guerra era costata alla popolazione di Maria Teresa cento milioni di fiorini l'anno e la sovrana, istituendo il Consiglio per la risoluzione dei più gravi problemi riguardanti la delimitazione delle competenze dei dicasteri, le questioni fiscali, l'esercito, la giustizia, la polizia, la finanza, aveva detto: «E con questo, mi auguro di essere capace di impedire la rovina dello Stato». Per sé, oltre al denaro da destinare alle doti nuziali delle tante figlie, e somme per i poveri e le persone meritevoli, pretende pochissimo. La sua generosità va comunque frenata, perché Maria Teresa paga spesso, di tasca sua, persino i debiti che i cavalieri di corte hanno contratto al gioco.

Negli stati più progrediti dell'impero austriaco, già qualche anno prima si erano delineati cambiamenti profondi in materia di economia. Alcuni signori con esperienze all'estero, o di buone letture, avevano creato moderne manifatture nelle loro proprietà. Con metodi scientifici, erano stati incentivati gli allevamenti di pesce e la produzione della birra. Per la tessitura, in più di un territorio erano stati adottati i nuovi sistemi di Londra. Fino a questo momento, l'imprenditore borghese era stato un'eccezione. Tutto era nelle mani dello Stato, o dei nobili. Con le nuove riforme, già si delinea qualche caratteristica di impresa capitalistica. In Boemia, si afferma brillantemente il lanificio del conte Waldstein, che ha chiamato esperti tessitori dall'Olanda e produce cinque varietà di panni: dalla fine «lana spagnola» a quella più ordinaria. I nuovi impresari hanno progetti vasti, brillanti. Fanno costruire per gli operai abitazioni decenti, dove le donne possono filare la lana a domicilio per conto della manifattura. Le manifatture presentano già i caratteri di una grande impresa, con la divisione del lavoro tra officine specializzate nelle diverse fasi di produzione, mense e dormitori per gli operai.

Maria Teresa incoraggia l'iniziativa privata, accordando prestiti ed esenzioni dalle tasse, e abolendo i pedaggi all'interno dei paesi ereditari per favorire il commercio e lo scambio. Incentiva le aree siderurgiche in Stiria, Carinzia e Boemia. Incoraggia le industrie per la produzione di lusso: sete, filati d'oro e argento, porcellana, zucchero raffinato. In Boemia, incrementa la produzione degli strass, dei granati, del taglio delle pietre dure. Le fondamenta dell'industrializzazione sono già impostate. E l'avvio, anche se frammentato, è rapido.

Maria Teresa promuove e incoraggia riforme in ogni settore. Sotto la sua guida viene pubblicata la *Constitutio criminalis Theresiana*. Anche se Sonnenfels, la maggiore autorità in campo giuridico di tutto il regno, si batte da tempo per l'abolizione della tortura, alla quale Maria Teresa resisterà ancora per poco, il codice penale segna vistosi progressi su quello precedente. La sovrana pretende di essere informata su tutto ciò che accade in materia di riforme e nuove iniziative negli altri paesi, e non si accontenta di sottoscrivere i progetti che il ministro le porge. Di notte, al margine dei rapporti, annota con la sua larga e quadrata scrittura i punti in cui, prima di accordare il suo *placet*, chiederà ulteriori spiegazioni agli esperti.

Con l'economista Chotek, la corrispondenza diventa fittissima. Trascurando la lettura delle orazioni e della *Vita della Vergine Maria*, di cui è devotissima, ora si immerge in trattati di scienza finanziaria, e in complesse relazioni riguardanti il sistema di sfruttamento della terra. Pia e bigotta, è tuttavia una tenace avversaria della superstizione, e proibisce in tutti i suoi regni la pubblicazione di un diffuso almanacco per i contadini, dove i consigli vengono dati in base a dicerie popolari e tradizioni insensate.

L'arciduca Giuseppe è fortemente interessato ai problemi di governo e, dal giorno del suo diciottesimo compleanno, siede con ligia regolarità di fianco ai genitori al Consiglio di Stato. Le sue opinioni, appena sussurrate nel più formale e profondo ossequio, sono perentorie e taglienti. In famiglia, l'erede al trono viene trattato come un ragazzino. Né Maria Teresa, né il padre, gli lasciano lo spazio che il figlio pretende. La madre vuole ancora dominarlo come faceva quando era un bambino e, anziché discutere con lui, lo faceva frustare. Invano i precettori le avevano ricordato che mai, in passato, un Asburgo aveva subito un'umiliazione simile. «E con questo?» era stata la risposta. «Si deve pur incominciare». Maria Teresa non accetta che suo figlio tratti con sprezzo il suo prossimo, e teme l'aridità del suo cuore. L'ambiguo lucore che trapela da quegli occhi socchiusi, di un celeste sbiadito e lontano, la inquieta e la insospettisce.

Fra le mura della Hofburg, si sta consumando una tragedia di cui nessuno osa rendersi conto. Allevata in un convento dal quale è stata tolta soltanto dopo la morte della madre, Isabella soffre di un'insopprimibile nostalgia della reggia di Parma, dove ha lasciato un padre e due sorelline amatissime. Già sfibrata da una fragile salute, la sua sensibilità è continuamente scossa dal matrimonio forzato, e dall'incontro con un uomo chiuso e altezzoso. La delicatezza della sposa, la sua stremata bellezza, hanno invece piegato Giuseppe. «Mia moglie mi diviene sempre più cara ogni giorno», scrive alla madre. Per quanto non riesca a ricambiarne il sentimento, Isabella si sforza di capire il marito, individuando le radici del suo carattere ispido e gelido. «Bisogna dirgli la verità in ogni cosa e trattarlo sempre con gentilezza e teneramente», scrive alla sorella Beatrice. «E non bisogna fargli troppe moine, che egli considererebbe adulazioni e falsità». Le due giovani, impreparate creature non trovano il modo di incontrarsi profondamente. Le divide, di netto, il potere. Isabella, lo aborre. Giuseppe, non fa che desiderarlo.

I rapporti fra Isabella e la suocera sembrano perfetti. La nuora è entrata nel suo cuore con tanta confidenza da osare di suggerirle minore severità nei confronti delle figlie. Isabella è intelligente, capisce i pregi e i difetti di Maria Teresa. È affettuosa con lei, ma non indulgente. «È un'anima buona, che dimentica che i buoni amici sono rari, e che di pochissimi ci si può fidare senza riserva. Le sofferenze le hanno insegnato a conoscere la vita e il mondo. I suoi consigli riescono quindi estremamente utili. Ma ella sottovaluta se stessa, e troppo spesso diffida del proprio giudizio. La sua esitazione offre l'opportunità di farsi avanti a individui che ella crede saggi, ma che sono semplicemente egoisti, e capaci di raggiungere i propri scopi sotto veste di illimitata fedeltà». Così la descrive a suo padre, Filippo di Borbone-Parma.

Maria Teresa ha perduto la sua sicurezza. Presto, per una donna neppure cinquantenne. Le guerre, la morte dei figli, l'infedeltà del marito, hanno limato gli artigli dell'ardita leonessa. La relazione di Francesco Stefano con la Auersperg addolora Isabella, che scrive a Parma: «L'imperatore è un ottimo padre; noi possiamo sempre contare sul suo affetto e dobbiamo dunque proteggerlo contro se stesso. Voglio con ciò parlare dei suoi rapporti con la principessa Auersperg. Forse voi non sapete fino a qual punto sia soggetto all'influenza di quella donna. Ha in lei la massima fiducia, e non le nasconde nulla. L'imperatrice è molto gelosa di tale attaccamento».

Ha scoperto dove si annida il seme della debolezza di Maria Teresa. «L'imperatrice è molto impulsiva e rapida nelle sue decisioni, ma si intenerisce quando parla dell'imperatore e dei suoi figli. La sua grande animazione, è il suo maggior difetto», scrive ancora al padre. È felice e consapevole del posto privilegiato che occupa nel cuore dell'incontentabile suocera. Nuovamente in preda a una delle sue ricorrenti previsioni di morte, lascia infatti un testamento nel quale chiede a Maria Cristina di sostituirla nell'affetto verso di lei, spiegandole appassionatamente come conquistarla: «L'imperatrice ha una disposizione eccezionalmente tenera e affettuosa. Quando ama qualcuno, lo ama veramente: si sacrificherebbe per ogni membro della famiglia, o anche per i suoi amici. Se vi trovate in qualche difficoltà, vi consiglio di recarvi immediatamente da lei, e di chiedere la sua opinione. Quando vi abbia dato il suo parere, affrettatevi a ringraziarla e ad esprimere la convinzione della giustezza della sua decisione, e il vostro desiderio che la cosa resti tra voi e lei. E allora, potete star certa che non sarà altrimenti».

Nella sua solitudine, nella sgomenta impotenza verso un marito che non può sorriderle, carezzarla, dirle una parola d'amore, la moglie di Giuseppe si è follemente invaghita di Maria Cristina. Bella e coltissima, Mimi è la più intelligente delle ragazze Asburgo. In tre anni, Isabella le scrive duecento lettere d'amore accompagnate da cestini di dolci, libri, fogli di musica, fiori, sciarpe e fazzoletti ricamati. Innamorata del seducente e squattrinato principe Luigi di Württemberg, col quale è segretamente fidanzata, Mimi finge di non capire la passione della cognata. «Mi è stato detto che bisogna cominciare la giornata con Dio», le scrive Isabella, «ma io comincio ogni giorno pensando all'oggetto del mio amore, e lo finisco con gli stessi pensieri». Quando Mimi decide di evitarla, incontrandola soltanto in occasioni ufficiali: «Non posso vivere in questa inquietudine. Non posso pensare a nulla se non che sono innamorata come una pazza. Se almeno sapessi perché!», la implora.

È un amore incontenibile. «Siete tanto spietata che non dovrei amarvi, ma non se ne può fare a meno», le confessa ancora, del tutto vinta. Nella speranza che la cognata si ravveda da una così imbarazzante passione, Mimi è partita per Praga. Alla smarrita principessa, la morte pare l'unica soluzione possibile. «La morte è un beneficio», le scrive. «Mai vi ho pensato tanto come ora. Ogni cosa fa sorgere in me il desiderio di morire presto. Dio conosce il desiderio di sfuggire a una vita che lo insulta ogni giorno. Che cosa ho da fare in questo mondo? Io non sono buona a nulla. Se fosse permesso di uccidersi, l'avrei già fatto». La cognata risponde con lucida fermezza: «Il vostro desiderio di morte è cosa del tutto cattiva in quanto indica o egoismo o desiderio di un atteggiamento eroico; ed è in contrasto con le stesse vostre disposizioni ad amare». Combattuta fra l'amore per Mimi, il dovere verso il marito, e la profondissima fede, Isabella si sente morire di vergogna e di colpa. La sua cupezza è impressionante. Maria Teresa sembra non accorgersi di nulla.

Isabella è tenuta prigioniera da un'etichetta rigorosa e musona alla quale, come tutti i maschi Asburgo, tiene ossessivamente Giuseppe. Pochi mesi sono bastati a farle conoscere la solitudine di una corte dove il suocero, appartato e disimpegnato, bada a divertirsi e a frequentare l'amante; la suocera, sopraffatta dal senso del dovere e travolta dalla passione per il dominio sugli altri, è troppo occupata a racimolare soldi per la dissestata monarchia; il marito, è costantemente impegnato in scontri durissimi con la madre per ottenere un suo spazio negli affari di governo; le cognate vanitose, bigotte e sentimentali, seguono soltanto gli eventi che riguardano il loro futuro con uomini sconosciuti e in paesi lontani. Inorridendo in segreto, la mano innocente di Isabella ha già troppe volte toccato la viscida ipocrisia degli Asburgo, la complessa e invincibile durezza del loro carattere, la scoraggiante e scostante coscienza dell'intangibilità del loro nome. Troppo vicini agli dei per una sensibile adolescente che, sin dall'inizio, si era sentita inadeguata a diventare la sovrana di una terra smisurata, babele di lingue e religioni, immenso crogiolo dove non si erano finora forgiate che spade, cannoni, fucili, armature, pallottole, bombe.

«Una principessa», scrive alla sorella, «non può come una poveretta nella sua capanna abbandonarsi in seno alla sua famiglia, allorché si sente oppressa. Nell'alta società in cui è costretta a vivere, non ha né conoscenze né amicizie. E per questo ella ha dovuto abbandonare la sua famiglia e la sua patria. E perché? per appartenere ad un uomo di cui non conosce il carattere, ed entrare in una famiglia in cui è ricevuta con senso di gelosia». Tutti questi pensieri si celano dietro un tenero bellissimo volto, e modi che inducono Maria Teresa a raccomandare alle sorelle di lei, «di imitare l'ammirevole originale che noi possediamo, anche se superarlo non sarà possibile».

Nei quattro febbrili, dolorosi anni di matrimonio, Giuseppe sembra non rendersi conto dell'inquietante groviglio di sentimenti in cui si dibatte la moglie. Gli basta contemplarne l'eleganza, la grazia e, nelle rare sere di calma, accompagnarla al clavicembalo mentre lei suona il violino. Se davvero ama sua moglie, non un gesto, una parola, uno sguardo consolano il cuore in tumulto della smarrita Isabella. Giuseppe non parla e, se parla, ferisce col suo tono bruciante. «Una lava», lo definisce suo padre.

È l'estate del 1763. Il granduca e la granduchessa Isabella, incinta di sette mesi, stanno tornando in carrozza da Laxenburg. L'umida calura del tramonto stende un pallido acquerello sul profilo tremulo delle cupole di Vienna, sulla linea spezzata dei tetti della Hofburg, lungo la tarchiata sagoma del campanile della cattedrale. «Laggiù mi aspetta la morte», mormora la donna. Con formale premura, Giuseppe accompagna la moglie fino al suo appartamento, ordinando alle dame di aiutarla a prepararsi per la notte. Verso l'alba, per errore, un campanello d'allarme suona all'improvviso. Isabella si sveglia di soprassalto, sudata, un ginocchio gonfio e dolente, gli occhi sbarrati. «È la morte che arriva, è il segnale!», urla atterrita, piombando in un delirio di gesti e parole disarticolati. Giuseppe e Maria Teresa non l'abbandonano più. Sgomenta, l'imperatrice scrive a Kaunitz, che ne sollecita la presenza al Consiglio: «Ci si avvicina alla tragica fine di un angelo. Tutta la mia gioia, tutto il mio riposo è morto con questa cara, impareggiabile figlia». Ardente di febbre, Isabella partorisce una bambina che vive soltanto tre ore.

Mentre, in un attacco di vaiolo, si consuma la tragica vita di Isabella, il 5 ottobre muore Augusto di Sassonia, «il quale ha un senso così spiccato delle feste e delle dissipazioni, che bisogna dedicarsi a queste cose e vivere nell'ozio per fargli la corte», aveva scritto a Maria Teresa la cugina, Maria Antonietta. Il regno di Polonia si estende dai Carpazi al mar Baltico e, coi suoi pensatori, scrittori, artisti, aveva occupato un posto eminente nello sviluppo della civiltà europea, insinuando la sua tenace fede cattolica fin dentro la Russia. Il problema della successione apre una nuova contesa. Anche se è la Dieta a eleggere il re, scelto fra principi stranieri o fra i signori polacchi, in realtà comandano i nobili. Alla morte di Augusto, nelle lunghe beghe fra Dieta e nobiltà si profila il pericolo di una spartizione del regno fra Russia e Prussia. Maria Teresa briga intensamente per impedire che gli eserciti russi varchino i confini polacchi. «Lasciate che la Russia faccia un re di Polonia», le fa sapere Federico. E ancora, agli ambasciatori, con sarcasmo: «L'imperatrice potrebbe accontentarsi di far eleggere un re dei romani. Non può pretendere di eleggere tutti i re». Il 24 settembre 1764, la Russia invade il territorio. Col titolo di Augusto, viene eletto re Stanislao Poniatowski, amico degli illuministi che aveva frequentato a Parigi e protetto di Caterina II, di cui era stato l'amante.

Isabella muore nella notte fra il 18 e il 19 novembre, e soltanto Maria Teresa assiste all'addio del figlio all'enigmatica, infelice sposa. Stringendola fra le braccia, Giuseppe piange in silenzio. Scossa dai singhiozzi, la sua slavata testolina si sperde fra i pizzi gualciti e intrisi del sudore della moribonda. Qualche giorno dopo, Maria Cristina fa avere al ventunenne vedovo un pacchetto legato con un nastro rosa, da dove sgusciano fiori disseccati, fazzolettini macchiati di lacrime, un piccolo guanto di capretto bianco, perle, pietre dure, orecchini d'oro filigranato. E duecento lettere d'amore.

Stroncato dal dolore, Giuseppe non esce per tre settimane dalle stanze della moglie. Cupo, senza parole, rifiutando cibo e compagnia, tocca ripetutamente uno per uno gli oggetti di Isabella, fissa senza espressione il suo ritratto, stringe fra le mani il suo violino. Maria Teresa si sforza di consolarlo. Su bigliettini scarabocchiati di notte e infilati sotto la porta dell'appartamento del figlio, lascia parole tenere e accorate. Giuseppe non risponde, confidando la sua disperazione soltanto al suocero: «Ho perso ogni cosa. La mia moglie adorata, il mio amore, la mia unica amica se ne è andata. A mala pena so di essere vivo. Dovrò io sopravvivere a questa terribile separazione? Non vi potrà più essere felicità finché vivrò». Come un fantasma, lo si intravede vagare, di sera, al di là delle finestre della stanza nuziale. «Spesso, mi sembra di vederla con tanta chiarezza che le parlo, e mi sento meno solo», scrive ancora al principe di Parma. Disfatta, Maria Teresa piange la morte di Isabella come quella di una sua creatura. «Non posso nascondervi che non posso riavermi dalla perdita subita, che mi diventa ogni giorno più pesante per il vuoto che lascia, e mi trovo di nuovo in alto mare dopo aver così bene provveduto per tutta la famiglia», scrive alla fidata cugina Maria Antonietta di Sassonia. Preoccupato, Kaunitz cerca di riportarla alle sedute del Consiglio. «Sognavo la mia libertà. Dio vuole che io porti ancora a lungo il peso di queste catene», borbotta l'imperatrice mentre, insieme, tornano a lavorare.

XVIII

LE RIFORME IN LOMBARDIA

Per quasi cent'anni, con sperpero di denaro e di sangue, le dinastie degli Asburgo e dei Borbone si erano affrontate per il predominio sul continente europeo. Il trattato di Aquisgrana dimostra che lo sforzo della Francia per schiacciare l'Austria è fallito, mentre Vienna non ha più motivi per temere Parigi. Per l'Austria, lo scenario degli incubi e delle minacce si sposta appena oltre i suoi confini. Il nuovo avversario è nato e si è affermato a Berlino, e costringe Maria Teresa a uno snervante duello. Federico II di Prussia è forte e popolare. Nei nuovi disegni di questo inquieto letterato e soldato, c'è la formazione di un nuovo Stato che va sempre più chiaramente configurandosi come «la grande Germania».

Col trattato di Aquisgrana, cambia anche il peso dell'Italia in Europa. Per cinquant'anni, la sua posizione strategica ne aveva fatto il centro dei conflitti fra l'Austria e la Francia mentre, in un susseguirsi ininterrotto di guerre, la penisola era stata sconvolta dagli invasori. I grandi eventi si sono ora spostati verso il nord e nell'oriente d'Europa. Di conseguenza, l'asse portante degli equilibri del continente non passa più per Milano, Firenze, Napoli.

Al tempo del trattato, l'Italia è divisa in tre parti. Gli Asburgo dominano la Lombardia e, attraverso Francesco Stefano, anche la Toscana. I Borbone hanno piazzato Carlo e Filippo, infanti di Spagna, a Napoli, Parma, Piacenza e Guastalla. Restano, così com'erano prima, i vecchi Stati di Venezia, Genova, Roma e il Piemonte.

La Lombardia è un dominio «diretto» dell'Austria. Vero e proprio avamposto dell'impero, e solida base per il predominio sulla penisola, è stata oggetto continuo di scambio. L'antico Stato di Milano, mutilato delle sue province oltre il Ticino e arricchito del ducato di Mantova, austriaca già dal 1707, si presenta come una striscia contorta e allungata, separata dall'Austria dagli estranei territori del Veneto e dei Grigioni. Né la precedente dominazione spagnola, né quella asburgica, sono mai riusciti a privarla della denominazione di ducato, di cui ha conservato le strutture, le istituzioni, le leggi, e tutti i privilegi stabiliti già da Carlo V.

Che provenissero da Vienna, o Madrid, i regnanti divenivano automaticamente duchi di Milano. Il potere degli Asburgo e dei Borbone non si esercitava, e neppure si eserciterà d'ora in avanti, in forma di conquista. Il dominio delle potenti famiglie si manifesta, piuttosto, attraverso dinastie satelliti che, pur dipendendo dallo Stato-madre, si sono costituiti come uno Stato. La Lombardia si ritiene membro di una comunità, ma con una sua identità e autonomia.

Dal 1714, lo Stato di Milano era stato assegnato all'Austria. La situazione era caotica. La dominazione spagnola, una delle peggiori della sua storia, e le continue guerre, avevano reso ingovernabile il territorio per corruzione, malgoverno, malcostume. L'alacre lombardo era ridotto a uno stracco e disincantato suddito che cercava di lavorare il meno possibile, smarrendosi in oziosità assorbite dall'abitudine a convivere con gli spagnoli, e nella costante ricerca di espedienti per non pagare le tasse.

L'Illuminismo, che punta soprattutto all'abolizione dei privilegi, e chiede al sovrano maggiori responsabilità, non tocca profondamente Maria Teresa e i suoi consiglieri. I progetti di riforme dell'imperatrice, che coincidono con le più urgenti aspirazioni della vita spirituale del «secolo dei lumi», ha un'origine pratica. Le guerre hanno stremato l'Austria alla quale, come ha insegnato Federico di Prussia, è indispensabile un esercito stabile e forte. Occorre denaro, e la fonte principale è costituita dalla riscossione delle tasse. Per ottenere introiti sicuri e continui, è quindi necessario migliorare il funzionamento della macchina statale. L'obiettivo delle riforme è riportare l'ordine, l'organizzazione, la pianificazione: e così arrivare, inesorabilmente, alle tasche del suddito.

«La Spagna ha lasciato a Milano un'eredità scandalosa, qui non lavora nessuno: il disordine rasenta il caos», scrivono gli osservatori austriaci a Maria Teresa. Compreso il ducato di Mantova, la Lombardia conta 1.400.000 abitanti, che versano un tributo annuo di tre milioni di scudi. Milano è una città fetida, dove la puzza del limo delle marcite e delle risaie che la circondano, mista a quella delle fogne a cielo aperto che si riversano nei Navigli stagnanti, ammorba l'aria e provoca infezioni mortali. Le case sono quasi del tutto prive di camini. Alle finestre, non ci sono vetri ma carte, cerate. Le grondaie sporgenti dai tetti spandono acqua sulle strade, costantemente infangate a causa della quasi totale mancanza di selciato, e ingombre di escrementi lasciati dai cavalli e dai buoi che trainano carri e carrozze. Gli stipendi sono bassi. Via Marina è il luogo prediletto dagli oziosi per chiacchierare fino a notte inoltrata. Nelle osterie e nelle campagne, anziché lavorare, i contadini si appassionano al nuovo gioco delle bocce. Davanti alle case, molti borghesi arricchiti con traffici non sempre onesti, ostentano stemmi di una nobiltà inventata. In piazza Vetra hanno luogo le esecuzioni capitali tra pubblici e macabri spettacoli di tortura, divertimento gratuito per un popolo cinico e rozzo. Ci sono soltanto due porte: la «Romana» e l'«Orientale». Le vetture pubbliche sono pochissime. Sono pochi anche i libri. Sono proibiti i saggi dell'«empio» francese Voltaire. Le ragazze senza dote vengono mandate in convento. A Maria Teresa, giungono voci di intollerabile dissipazione, sia di costumi che di denaro. «Alcune donne», le vien fatto sapere, «per avere il passo più libero, camminano con la gonna che scopre metà della gamba. I cicisbei sono più numerosi e capricciosi di quelli di Vienna». Massimo esempio di sperperi, il principe di Belgioioso fa arrivare una volta al mese, da Parigi, un parrucchiere che rinfreschi la sua parrucca e tagli i suoi capelli secondo l'ultima moda.

L'uomo che organizzerà in Lombardia le riforme di Maria Teresa, è Anton Kaunitz. Soprannominato «l'oracolo», gli bastano poche osservazioni per convincere la sua sovrana che la trasformazione deve essere radicale. «Per costruire la nuova fabbrica», sostiene, «bisogna abbattere l'antica». Dal 1757, diventa l'arbitro supremo della provincia. Tutto fa capo al suo tavolo nella cancelleria della Hofburg. È lui che decide ogni cosa, e farà avere all'imperatrice la soluzione dei complessi problemi. A lei, non rimane che aggiungere l'indispensabile *placet*.

Gli affari italiani si decidono a Vienna, in un ufficio denominato «Consiglio d'Italia» che poi, con una mossa che assicura la diretta soggezione della Lombardia alla Hofburg, diventa il «Dipartimento d'Italia». D'ora innanzi, i rappresentanti in Italia della corona austriaca avranno soltanto il compito di interpretare l'indirizzo che regola anche gli altri Stati sudditi di Maria Teresa.

Coi governatori e i burocrati di Milano, Kaunitz tiene una continua e segreta corrispondenza. Gli inviano regolarmente notizie l'abate Giusti e il tirolese Giuseppe de Sperges, poeta erudito e antiquato, che però incoraggia il movimento riformatore lombardo specialmente in materia giuridica. Kaunitz è di larghe vedute, e quando Filippo Frisi gli fa avere un manoscritto sulla giurisprudenza, per ottenerne il benestare alla pubblicazione, amabilmente risponde: «Non so i censori lombardi, ma a Vienna non si incagliano gli ingegni, qualora non offendano la religione, i costumi, lo Stato».

Maria Teresa è stata in Lombardia soltanto due volte, e solo di passaggio. Nel 1738, diretta a Firenze insieme al marito nominato duca di Toscana, si era fermata brevemente a Mantova. L'anno seguente, durante il viaggio di ritorno a Vienna, aveva soggiornato a Milano. «Maria Theresia Dei Gratia, Romanorum Imperatrix, Regina Hungariae, Bohemiae & c, Archidux Austriae, Dux Mediolani, Mantuae & c, & c». Preceduti dalle auguste parole, stampate a enormi lettere ai piedi dello stemma imperiale, già dal 1740 in Lombardia fioccano sempre più fitti gli editti, le grida, gli ordini e le ordinanze della nuova sovrana. Il suo primo rappresentante è il conte Ferdinando Harrach al quale, nel 1750, succede il nobile genovese Gian Luca Pallavicino. L'arrivo di funzionari estranei all'ambiente, scelti per evitare favoritismi e collusioni all'ordine del giorno fino a poco prima, indispettisce l'alta società milanese. Abituata fino a questo momento a spadroneggiare e compiere, senza sanzioni e controlli, ogni tipo di sopruso, si oppone tenacemente con l'ostruzionismo, le lungaggini, gli insabbiamenti a ogni minimo tentativo di riorganizzazione.

Negli uffici affollati di impiegati in soprannumero, gli abusi nelle aste d'appalto, sulle imposte, sulle rendite regie, sono la regola. Il debito pubblico è enorme, i creditori protestano, Vienna non riesce a stare al passo coi pagamenti. L'incuria, l'interesse privato, l'indomabile sete d'imbroglio, l'esercizio dei privilegi fra le caste più elevate, oltre a tenere le classi inferiori nell'ignoranza e nella miseria, privano la Casa d'Asburgo di quasi tutto ciò che le spetterebbe.

Snellire, riordinare, unificare. Questi, sono i criteri di riforma del Pallavicino. Molte, in Lombardia, sono le magistrature inutili e le prebende riservate all'aristocrazia. Pallavicino inizia le riforme assicurando i confini, puntando al pagamento del debito pubblico, pagando gli arretrati degli stipendi ai funzionari, fondendo in un solo magistrato comunale i due precedenti, così che «l'autorità amministrativa assoluta per la direzione, e l'ispezione di tutti i rami di finanza nel territorio, siano soggetti alla giurisdizione del governo»; e attaccando il sistema degli appalti per la riscossione delle imposte di alcune «privative» dello Stato, come quella del sale e del tabacco. È infatti notorio, anche se tollerato, che gli appaltatori esercitano ogni tipo di corruzione e ricatto per la riscossione dei tributi, che si verifica in modo disordinato, e soprattutto ingiusto. È la prima vittoria del governo austriaco sugli interessi locali, e contro lo strapotere patrizio. Ogni passo della riforma, è un passo di Vienna verso il cuore degli stati sudditi.

Fra i dazi, i più importanti riguardano il sale, le polveri, il tabacco. Redditizie sarebbero anche le numerosissime imposte che colpiscono le merci in entrata e in uscita. Milano paga anche sul consumo della carne, il vino, i cereali. Da tempo immemorabile, alcuni dazi sono gestiti direttamente dallo Stato. Altri, sono dati in appalto. Gli appaltatori, o «fermieri», sono potentissimi. Quasi sempre, in caso di guerra, gli Asburgo si trovano nella condizione di indebitarsi con loro, che anticipano il denaro delle imposte e poi, con mezzi più o meno espliciti, aumentano il loro potere con la forza del ricatto. Fra gli appaltatori, molti sono gli Istituti di Credito (fra i più importanti, quello di Sant'Ambrogio), e i Monti (fra i maggiori, quello di San Carlo, San Francesco e il Civico). Per assicurare i pagamenti allo Stato, Pallavicino concentra gli appalti in un'unica impresa, istituendo una «ferma generale» per le privative e intitolando l'unico Monte a Santa Teresa, in onore della sovrana. Eliminando l'inverosimile quantità di appaltatori, attraverso i quali si disperdevano i proventi dei tributi, il patrizio genovese crea, in questo modo, una sola e grande cooperativa. Il loro rappresentante, conte Antonio Greppi, gode di grande stima da parte di Kaunitz, mentre Maria Teresa, con decreto imperiale, ordina che venga «trattato come i nostri ufficiali», concedendogli una milizia personale. La grande riforma consiste nell'abolizione progressiva dell'appalto, e la riscossione delle imposte direttamente da parte dello Stato.

Finora, erano sempre stati i ceti più poveri a pagare i tributi. Già nel 1750, con le riforme volute da Vienna, Milano sembrava però intravedere un tentativo di eguaglianza fra i cittadini. «Viva el sur cunt d'Harrac che ne governa,/ dott, giust e cun prudenza senza fin,/ viva con lu, feliz in sempiterna/ el scior cont general Pallavesin», si canta per le piazze. *

Ma dopo il primo entusiasmo, i risultati deludono. L'attuazione delle riforme è lentissima, l'ostruzionismo dei ceti privilegiati è tenace. Nel 1754, i milanesi non comprano tabacco, bruciano le pipe in piazza, e mandano polemicamente un arcolaio agli impiegati disoccupati, per dimostrare come la popolazione di ceto inferiore abbia ricevuto pochissimi benefici da Maria Teresa. Contro Vienna, ci si sfoga cercando di seppellire nel ridicolo le nuove disposizioni. Si scrivono almanacchi satirici, mentre finti diplomi e onorificenze portano, appena sotto la firma dell'imperatrice, quella di segretari. «Naso lungo», «nasone», «naso curto», «Tognitt» sono chiamati con tono di scherno i suoi emissari, che introducono costumi noiosi e severi, sprezzati dai nobili eleganti e gaudenti, e dal popolo infiacchito negli ozi spagnoli. In piazza Mercanti si rappresentano farse dove la sovrana indossa le vesti scomposte di un'irosa Giuditta mentre, senza successo, tenta di decapitare il feroce Federico-Oloferne.

«Di oscuri e poveri natali, di figura grossolana e deforme, gli abiti unti e sporchi di tabacco da naso, balbuziente e ignorante». Così l'aristocratico milanese Alessandro Verri descrive Cristiano Beltrame che succede al Pallavicino e, secondo lui, inviato a Vienna dal Pallavicino stesso, perché la «colta e delicata sovrana ne venisse stomacata». Invece, a Maria Teresa piace questo varesotto di umili origini che non conosce le lingue straniere, a lei segnalato da Kaunitz come «soggetto raro da trovare in Italia, pronto, attivissimo, da alcuno accusato di interesse». Beltrame

* Viva il signor conte d'Harrache che ci governa, / dotto, giusto e infinatamente prudente, / viva con lui, felice per sempre / il signor conte generale Pallavicino.

torna a Milano come ministro plenipotenziario. Non essendo nobile, non può infatti fregiarsi del titolo di governatore.

Beltrame riduce le leggi in un unico codice, e calca la mano sulle imposte. «Borlandott», sono chiamati i suoi finanzieri, detestate figure ritratte nelle vignette con baffi minacciosi, brache sgraziate e il manganello in pugno, alla vana rincorsa dello svelto evasore. «Sovvengasi, il conte Beltrame», si scrive nei giornali cittadini, «che si grida, si strilla senza frutto, che l'affare del Bollo è cosa infame, che Milano rinata è già distrutta, poco mancandogli a morir di fame, non ha nemmen con che vestirsi a lutto».

Fedele intermediario fra Vienna e Milano, dove arriva nel 1759, è il conte Carlo Firmian, nato a Trento nel 1718 da famiglia tirolese e proveniente da Napoli. Vive in un palazzo di via Fatebenefratelli, con quarantamila libri e ventimila fra incisioni, quadri, sculture, arazzi. Serio, meticoloso, pur tenendo un carteggio giornaliero con Kaunitz, e difendendo strenuamente le ragioni dello Stato contro l'avidità dei privilegiati, non è uomo di vaste riforme. Favorisce gente di mediocre levatura, anche se trasforma la sua casa in un cenacolo artistico dove si tengono eleganti concerti, si svolgono dotte conferenze, si proteggono gli spiriti milanesi più illuminati come Beccaria e Parini, e si ospitano artisti come Mozart e Piermarini. Alessandro Verri lo descrive «ministro invisibile, rintanato nella galleria di quadri di cattivo gusto. Non legge, non conosce il paese, firma ciò che gli presentano gli scrivani favoriti». I suoi segretari Castelli e Salvador vendono favori ai «fermieri» proprio sotto il suo naso: e lui non sembra avvedersene. Tra Firmian e Maria Teresa la corrispondenza è fittissima, e riguarda anche l'acquisto di riproduzioni di opere d'arte nelle città di Milano e di Mantova.

«Qui comincia l'opera mia, e con piacere cercherò di adempirla». Così scrive Giuseppe a sua madre il 29 maggio 1769, fermandosi a Milano dopo un viaggio a Firenze.

Alloggiato nel palazzo di Firmian, è poco amato dal Verri, che lo trova assai meno delicato di Maria Teresa e lo definisce «un teutonico che mena fendenti col suo spadone». Giuseppe ascolta, osserva, raccoglie dati, prende contatti con le forze più giovani della città, si fa dare memoriali sulla «ferma», sulle monete, sul ponte di Sant'Ambrogio. «El ved tut, el sent tutt, el capiss tutt»: vede, ascolta, capisce tutto, scrive di lui il poeta Balestrieri. L'erede dell'imperatrice assiste alle sedute del Senato e del Supremo Consiglio di economia. E dopo aver riscontrato di persona come le finanze immiserite, il commercio e l'amministrazione della giustizia intralciata, il clero invischiato in faccende temporali, abbiano subito un salutare scossone grazie alle riforme intraprese, scrive a sua madre: «Qui Sua maestà è venerata, nonostante il peso delle tasse maggiori che nei paesi vicini, poiché a lei, a ragione, si riferisce ogni beneficio, e ogni malefatta ai ministri. Il fondamento di questa fiducia, è nelle riforme attuate».

Giuseppe invia puntuali osservazioni a Maria Teresa due volte la settimana. «L'infelice preferenza di tener basso il prezzo delle derrate nelle città principali, di cui si è tanto parlato in Europa, forma l'infelicità anche delle province e dei contadini lombardi, e distrugge il traffico con l'estero anche nei momenti di abbondanza», la informa. «Il paese intero aborrisce la "ferma". Almeno tre quarti delle suppliche riguardano questa istituzione, che va abolita al più presto. Si lamenta moltissimo delle eccessive dogane. Nessuno può star sicuro a casa sua. Nei tribunali, si tormentano dieci innocenti per trovare il colpevole. I preti pagano un terzo delle tasse». Ha però le mani legate. Non si muove niente senza il *placet* materno, che spesso non coincide coi suoi suggerimenti.

È però Pompeo Neri, un fiorentino titolare della cattedra di diritto pubblico a Pisa e inviato a Milano, ad animare e avviare il censimento, massima riforma della Lombardia teresiana, il cui fine è quello di stringere nella rete del fisco la proprietà fondiaria attraverso una esatta e scientifica definizione.

Milano conta 125.000 abitanti; 19.000, invece, vivono nei suoi sobborghi. Fin dai tempi di Carlo V, il Milanese gode di inamovibili privilegi fiscali. Hanno leggi speciali anche le province minori di Pavia, Cremona, Lodi e Como dove, come nel capoluogo lombardo, il patriziato non solo è esente dalle tasse, ma controlla per intero il meccanismo fiscale. Le riforme censuarie toccano sul vivo sia la nobiltà che il clero e, una volta misurate e stimate le proprietà, le proteste si ammucchiano sul tavolo del rappresentante del governo. A migliaia, i ricorsi inoltrati sono comunque paradossalmente discussi dagli stessi nobili o dai loro parenti, da tempo sistemati nei posti-chiave, in modo da formare una barriera invalicabile dalla quale il denaro incassato a nome dell'imperatrice uscirà sbriciolato.

Il nuovo programma degli Asburgo parte dal proposito di sciogliere il nodo che favorisce i nepotismi, le grandi famiglie, i clan. Ma ancora più difficile, risulta la riscossione delle imposte sui patrimoni ecclesiastici. L'Austria tratta con la chiesa in via diplomatica, da potenza a potenza. Nel 1757, Beltrame perfeziona un negoziato in base al quale i beni della Chiesa vengono sottoposti alle tasse dello Stato solo se, trattandosi di beni dominicali, sono stati acquistati dopo il 1575. Per la parte colonica, lo sconto è invece del triplo delle tasse pagate dai coloni laici.

Mentre, lentamente, si fa strada il principio dell'uguaglianza tributaria, anche i possidenti sono obbligati a contribuire alle spese dello Stato in proporzione ai propri redditi. L'allontanamento progressivo dalle cariche dei cittadini residenti, sostituiti con insospettabili tecnici provenienti da altre province, è il primo, impopolarissimo, indispensabile passo. L'occhio del governo si manifesta attraverso una rete di funzionari imperiali, senza il cui *placet* non si muove una delibera, non si attua un provvedimento. Allo scopo di controllare e riassestare il territorio, Maria Teresa ordina infine un'organizzazione omogenea dei 1492 comuni lombardi. Nel 1758, risultano del tutto rinnovati anche gli assetti delle province e delle città capoluogo. Regi delegati, che però non provengono dal patriziato o dal clero, tengono sotto controllo le città.

Attraverso il catasto teresiano, la Lombardia assume un aspetto dettagliato e preciso. La proprietà è molto frazionata sulle montagne, meno nelle colline, più concentrata in pianura. Il numero dei cittadini proprietari di terra va notevolmente aumentando, e aumentano anche i medi e piccoli coltivatori diretti. Per incrementare l'agricoltura, finora trascurata e condotta con metodi antiquati e improduttivi, Maria Teresa, che già in Tirolo ha incentivato con effetti felici la piantagione di numerosissimi boschi di castagni, utili al sostentamento degli uomini e degli animali in tempo di carestia, bandisce concorsi a premi per chi favorisce la prosperità e lo sviluppo del territorio, istituendo mostre e gare fra chi presenta il bestiame più sano, le mucche più ricche di latte, i campi meglio coltivati e curati. Nel 1776, l'imperatrice offre il suo patrocinio alla Società patriottica, rivolta soprattutto agli studi sull'agricoltura e fondata nel palazzo milanese di Brera con quaranta esperti nominati da Kaunitz, dotati di cinquemila lire per le prime spese e un sussidio annuo di novemila, che promuove soprattutto l'incremento della coltura del riso e del gelso, l'allevamento del baco da seta e delle mucche da latte, l'industria casearia. Nel 1767, il conte Kaunitz, che a Milano si è preso per amante la ballerina Caterina Gabrielli, protetta dal poeta di corte Pietro Metastasio e divenuta la star di Vienna, ordina a Firmian di vietare il gioco delle bocce, «tanto pregiudiziali sulla campagna» dove i contadini devono, invece, lavorare e sgobbare.

Dopo che gli spagnoli avevano distrutto ogni attività commerciale, la Lombardia aveva abbandonato qualsiasi interesse alla tessitura, per la quale si era distinta all'estero grazie alla bellezza delle sete e la raffinata lavorazione dei damaschi. Al tempo di Maria Teresa non si esporta più un palmo di stoffa mentre, per i nobili e il clero, che fanno grandissimo uso di tessuti preziosi, si importa quasi tutto dall'Inghilterra e dalla Francia. Decreti firmati dalla sovrana in persona portano l'ordine di incentivare la produzione di seta, lana e tela, mentre sovvenzioni, prestiti gratuiti ed esenzioni da tributi vengono largamente concessi alle manifatture più volonterose. Le attività commerciali milanesi si moltiplicano, e già nel 1749 le stoffe lombarde vengono introdotte nei mercati dell'impero. Famosi esportatori diventano i fratelli Moro di Como; i fratelli Guaita e i Fratelli Rho di Milano. Grandi setaioli sono anche i Penza e i Lorla (nel 1778, quest'ultimo conta 78 telai, 417 salariati dipendenti, di cui 41 maestri e lavoranti forestieri). Nel 1768, sono 70 le aziende di velluti e damaschi. Il titolare delle filature Clerici dà lavoro a 500 persone di Milano e sobborghi, e ne impiega altri 2000 nelle campagne. L'imperatrice si mostra però molto cauta nel favorire l'immigrazione della mano d'opera. Nel 1771, con la scusa che un terzo di queste appartiene alla religione protestante, non concede il permesso di entrata a Milano a 283 famiglie. In realtà, si tende a favorire il lavoro dei residenti.

Sull'economia dello Stato, pesano enormemente i corpi religiosi, i conventi, i monasteri e le comunità d'ogni specie lasciate in eredità dagli spagnoli. Prima ancora di suggerire alla sovrana di eliminarli, Kaunitz aveva osservato che le ingombranti costruzioni all'interno della città toglievano la vista ai giardini e incupivano le strade. Nel 1768 ha inizio l'opera di soppressione degli Ordini contemplativi e di alcune collegiate e piccoli conventi dove i religiosi pregano, ma non risultano utili alla società. Sono invece rispettati, talvolta persino sovvenzionati, soltanto quelli riservati all'assistenza, all'educazione e alla cultura, come i cistercensi di Sant'Ambrogio, la cui scuola di paleografia e diplomatica gode ottima fama. Indistintamente, gli ordini hanno l'obbligo di tenere registri contabili e bilanci precisi. Nel 1767, il governatore viene informato, da Vienna, del proposito del Papa di sopprimere la Compagnia di Gesù.

Oltre a occuparsi di educazione e scuole, i gesuiti sono i soli, a Milano, ad avere contatti coi carcerati. Nel 1769, il cancelliere di Sua maestà ordina: «Levate all'Inquisizione le carceri, in mano ai Gesuiti e ai Crocesignati. E toltole ogni ispezione sulla censura dei libri, si può dire quasi estinto questo assurdo tribunale». A Milano, le parrocchie si riducono a un numero esiguo e, mentre viene ristabilito l'assegno destinato ai parroci, Kaunitz ordina che i cistercensi abbandonino il monastero di Santo Stefano al Corso, devolvendo parte del loro denaro alla ricostruzione dell'orto botanico, destinato agli studi degli speziali. Un dispaccio reale stabilisce, infine, l'abolizione dei crocesignati, destinando i loro beni, «incongrui a questi tempi», in favore dei lattanti e dei bambini dell'Ospedale maggiore.

Il 7 ottobre 1773 arriva in Lombardia la definitiva disposizione reale dove, in accordo col «breve papale», la Compagnia di Gesù è anche qui dichiarata ufficialmente soppressa, e tutti i suoi beni confiscati. Un anno dopo, per evitare il più possibile le tentazioni del denaro, Maria Teresa proibisce al clero la professione di avvocato, medico, fattore, commerciante, procuratore. Allo scopo di riportare la disciplina e sollecitare lo studio, nel 1774, a favore degli orfanotrofi provinciali, si chiudono l'Albergo e l'Ospedale dei Pellegrini, in origine destinati ai poveri ed ora ridotti a una bolgia dove si azzuffano vagabondi e gente che vive di espedienti non sempre legali.

Maria Teresa non perde occasione di mescolare ai sudditi italiani gli uomini più fidati e capaci appartenenti agli altri paesi della corona. A causa del gran disordine monetario in Lombardia, attua nel 1778 un piano di riforma che proibisce la circolazione di monete straniere «erose», ovvero grattate sul bordo, sostituite da nuove emissioni in rame e monete nobili come le doppie, gli zecchini, gli scudi e il mezzo scudo. Per l'occasione, riprende l'attività della Zecca di Milano, però rinforzata con uomini e macchine provenienti da quella di Graz e costruite dal celebre Klotz, maestro zecchiere di Casa Asburgo.

Così come se ne era vivacemente occupata a Vienna, Maria Teresa imposta anche la riforma sanitaria lombarda. Il piano per la formazione professionale delle ostetriche, con l'istituzione di un'apposita scuola della durata di cinque anni, è attuato sul modello austriaco voluto da van Swieten. Al figlio Ferdinando, governatore di Milano, ordina di convogliare il Lambro e il Redefossi, liberando così la città da frequenti allagamenti; l'allontanamento degli opifici dalla città, la bonifica delle marcite, la pavimentazione delle strade e la loro illuminazione notturna, i bagni pubblici per i meno abbienti, la vaccinazione, l'introduzione di una dieta energetica negli ospizi degli anziani e dei bambini abbandonati, scuole professionali per gli orfani, ai quali vieta di partecipare ai funerali dei ricchi indossando l'umiliante divisa dell'istituto. Con un decreto emanato nell'ultimo anno della sua vita, proibisce infine il seppellimento nelle chiese, obbligando tutti i cittadini all'uso del cimitero.

L'ordine in Lombardia passa attraverso altre innumerevoli voci, e fra queste la creazione di un tribunale araldico, con multe di 200 scudi a coloro che abusano di titoli. L'imperatrice si fa pagare per concedere il permesso di accedere alla casta dei nobili. Il semplice «don» costa 500 fiorini; il più elevato «marchese», 2000. Con ferrea precisione, stabilisce inoltre i ranghi di chi, a seconda del titolo, abbia diritto all'uso dei cuscini in chiesa, di sgabelli per inginocchiarsi, di libri da messa e, per le dame, il privilegio di farsi sostenere lo strascico durante la passeggiata.

Un editto imperiale controlla gli abusi di lumi, lumini, lampadari e inoltre fuochi artificiali durante le feste. Pretende il rispetto delle divise militari, nelle quali Maria Teresa si sente rappresentata, vietando che siano usate per mascheramenti o balli in costume. Nel 1765 il duca di Modena, governatore di Milano in attesa che cresca il figlio di lei Ferdinando, è tanto ligio alla sovrana da proibire che le livree prendano a prestito dalle uniformi spalline, alamari, colori. Mentre i nobili vanno ancora (per poco) a teatro per giocare d'azzardo, al popolo sono vietate le carte, le bocce, e persino di bere o comprar dolci durante le processioni o le ore d'insegnamento della dottrina cristiana. Tutto questo, precisa Maria Teresa, per disabituarlo dal costume spagnolo, che lo aveva portato a cercare di sbarcare il lunario giocando, pur di non lavorare. I nobili lombardi non le piacciono, e lo dimostra vietando le genuflessioni davanti a loro, finora obbligatorie per i ceti inferiori, e intervenendo persino sulle date delle loro feste e matrimoni, che sposta in modo da non intralciare manifestazioni in onore della Casa d'Austria. La rilassata società lombarda è bombardata con «prammatiche» restrittive, che la sovrana trasmette attraverso il suo rappresentante. Le è stato detto che Milano, il cui modello non è Vienna, ma la scintillante Parigi, trabocca di lusso. Già dal 1748, per evitare che il lutto diventi occasione di ulteriori sperperi, ha disposto che si limiti a sei mesi quello stretto, per i genitori e coniugi; tre per i figli; otto giorni per gli altri parenti; e assolutamente vietato ai paggi e ai camerieri. «Stoffe nere e opache; non più di due i vestiti per le donne», è l'ordine.

XIX

L'ILLUMINISMO IN LOMBARDIA. LA SITUAZIONE DI MANTOVA

«Sono i francesi che danno tono all'Europa intera», scrive Carlo Goldoni nelle sue *Memorie*. «Sono loro, che si cerca ovunque di imitare». Una vera e propria infatuazione per la Francia, la sua lingua e le sue usanze, travolge la Lombardia teresiana. A Milano, i primi a inebriarsi del «vento dei lumi» sono i ceti privilegiati che, viaggiando, hanno possibilità di informarsi. Le avanguardie intellettuali si vanno aprendo rapidamente al pensiero illuminista, e far parte degli «spiriti illuminati» diventa innanzitutto un dovere mondano. È infatti una moda che investe soltanto il «gran mondo», mentre ai ceti più bassi non arriva che l'ombra del rivoluzionario movimento francese. La buona società conserva ancora molte forme esteriori, lievi e incipriate. Ma il pensiero si leva più alto. Si legge e si discute in gruppi, che via via si allargano, e fra loro si mischiano. Nei salotti, dame e cavalieri tengono conversazioni argute e brillanti. Si declamano prose e poesie in italiano, latino, ebraico e greco. Si discute in modo non convenzionale di problemi morali, sociali e scientifici, di agricoltura, astronomia, medicina, anatomia, guerra, giustizia. Scambiandosi opinioni e informazioni, nei chiari ed eleganti palazzi dei Trivulzio, dei Belgioioso e dei Borromeo, si incrociano burocrati imperiali, altissimi prelati, uomini di grande cultura, fra i quali spiccano i tre astri del firmamento intellettuale lombardo: Cesare Beccaria, Giuseppe Parini, Pietro Verri.

Più che rivoluzionario, come richiede Parigi, l'illuminista lombardo è riformatore. Gli innovatori escono dalla classe dominante o da chi, come Parini, vive nella sua orbita. Nelle grandi famiglie, gli scontri generazionali sono violentissimi. Si consumano veri e propri drammi, con figli che abbandonano la casa paterna e genitori che muoiono di vergogna. Dei «tre astri milanesi» che si battono impavidamente per abolire i privilegi del passato, Parini è l'unico a non nascere nobile. Viene dal lago di Pusiano, e si è fatto prete per potersi dedicare allo studio. Firmian non ostacola la pubblicazione delle sue *Odi*, dove lo spirito riformista e polemico è evidentissimo. Né quella de *Il Giorno*, dove l'abate poeta attacca satiricamente il molle costume dell'aristocrazia milanese.

Giurista, letterato, economista, Beccaria è il grande sostenitore del diritto alla «massima felicità divisa nel maggior numero» e, col trattato *Dei delitti e delle pene*, incide profondamente sul sistema legislativo criminale del suo tempo, sulla reclusione e sulla pena di morte, ponendo appassionati interrogativi, mai affiorati prima, sul fine della pena. «Le strida di un infelice richiamano forse dal tempo, che non retrocede, le azioni già consumate?» è il quesito rivolto, innanzitutto, al governo austriaco. E poi, alludendo a Federico di Prussia, che tuttavia definisce «uno dei peggiori monarchi d'Europa», scrive onestamente: «Legislatore amico dei suoi sudditi, li ha resi eguali e liberi nella dipendenza delle leggi, che è la sola eguaglianza e libertà che possono gli uomini ragionevoli esigere nelle presunte combinazioni di cose».

Nato da nobile famiglia nel 1728, Pietro Verri ha studiato dai gesuiti nel Collegio di Brera, fortemente contrastato dal padre Gabriele, conservatore e pedante. Cultore della poesia e della filosofia, Pietro è soprattutto un appassionato studioso della situazione economica e della finanza lombarda, dove subito individua i gangli cruciali dai quali dipende la massima dispersione tributaria. In materia religiosa, Verri non risparmia attacchi feroci all'invadenza del clero in ogni settore della vita pubblica, oltre alla sua insaziabile potenza economica. Con scritti brillanti e ben informati, ribadisce la libertà di produzione e scambio, proponendo un concetto moderno di ricchezza, rivalutando l'industria e il commercio. Quando, nel 1770, Maria Teresa intende avocare a Vienna l'incarico della riscossione delle imposte lombarde, l'irruento autore delle *Considerazioni sul commercio dello stato di Milano* viene invitato a corte, perché ne discuta fra i massimi esperti. Nel 1772, riceve la nomina di vicepresidente del magistrato comunale. Nel 1774, presenta pregevoli progetti finanziari e, incaricato di riformare l'Università di Pavia, trasforma la Facoltà di teologia in un centro propulsore del giansenismo, educando al libero esame e preparando il terreno contro il principio di autorità. Con uno stipendio annuo di diecimila lire, il governo austriaco lo elegge, infine, suo rappresentante per i problemi dell'agricoltura. Ed è sotto la sua spinta che l'agricoltura si avvia alle riforme, con metodi più scientifici e di ispirazione inglese.

Pietro Verri è il capo morale del movimento illuminista lombardo. Nel 1763, in una sala del palazzo paterno, il vulcanico intellettuale fonda l'Accademia dei Pugni, il cui bersaglio è il vecchio regime coi suoi privilegi e le sue ingiustizie. Per quanto di cultura umanistica, gli accademisti dei «Pugni» si pongono come studiosi di fisica e di economia, con interessi pratici e concreti.

«Non c'è dominio che abbia mai avuto leggi così sagge e così provvide come lo Stato di Milano», annotava il conte Firmian. «Ma è altressì vero che non c'è altro paese dove le leggi siano così poco osservate». Le cose stanno cambiando profondamente. Nel 1743, nella sua casa vicino alla chiesa di San Fedele e dove, ogni giovedì, si tengono riunioni ristrette bevendo la cioccolata, (il pubblico è invece ammesso tre volte l'anno, e gusterà anche i sorbetti a spese del generoso ospite), il conte Carlo Imbonati fonda l'Accademia dei Trasformati, «per tendere a promuovere l'utile e il civile», e disputare liberamente di ragione, delle leggi fondamentali della tortura e dell'inutilità della pena di morte.

Insieme alle accademie si fondano in Lombardia anche riviste, soprattutto scientifiche, dove gli intellettuali hanno per la prima volta l'opportunità di esporre le proprie opinioni, e i progetti per una società più moderna. «Il caffè», un organo d'avanguardia con tre pubblicazioni al mese, nasce a Milano nel 1764. Vi si discute di musica, di lusso e di moda, di vaiolo e di maschere. Ma si affrontano vivacemente anche le questioni di economia, del nuovo codice penale e delle riforme fiscali. Verri scrive su «Il caffè» parole di fuoco anche contro i locandieri e gli osti, che riescono a non pagar dazio a spese della comunità, obbligata a inviare il tributo annuo richiesto all'imperatrice. Dal 1772, per quattro anni, la «Gazzetta letteraria» recensirà opere europee, senza però trascurare gli argomenti scientifici. Da Vienna, giungono ogni tanto lamentele per «le mordenti critiche, che mettono in ridicolo l'autorità costituita», la Hofburg «deplora lo spirito di indipendenza» dei milanesi. Ma non sono certo fomentate da Kaunitz, che anzi appoggia il libero pensiero lombardo scrivendo a Cesare Beccaria di aver sollecitato un amico a tradurre le sue opere in tedesco, «al fine di spargere questa nuova luce sulla giurisprudenza criminale, e dilatare il regno della filosofia, che è quello dell'umanità e del buonsenso», e dimostrando alta considerazione per il professore Cremani, docente di diritto dell'Università di Pavia e impegnato nella battaglia per l'eguaglianza dei cittadini in tema di matrimonio e pena di morte.

Si rinnovano anche i sistemi scolastici. Nel 1765, il consigliere imperiale Giovan Battista de Gasperi nomina una commissione chiamata Giunta di Studi, perché venga attuato un censimento sulle scuole elementari. La ricerca denuncia l'ignoranza dei maestri, i locali malsani, il disinteresse delle famiglie non abbienti allo studio dei figli. Maria Teresa dispone un piano per le scuole pubbliche, con obbligo di esami alla fine del corso, e un'abilitazione all'insegnamento da parte dei maestri. «Lento e pedantesco», è definito da Kaunitz il modo di dettare le lezioni nelle scuole, e suggerisce di far studiare i ragazzi direttamente su libri, ordinando: «Bacone, Locke, Condillac, Bonnet, devono essere i maestri».

Nel 1771, «il volpone volteriano», come Kaunitz è soprannominato a Milano, informa seccamente Firmian che, mentre a Vienna i professori universitari tengono anche due lezioni al giorno, nello Stato di Milano le vacanze vanno da luglio a novembre, e i giorni di scuola non sono mai più di centoventi. Un'inchiesta ordinata personalmente dall'imperatrice ha rivelato la miserabile decadenza dell'Università di Pavia. Manca una scuola clinica e, tranne quello di un impiccato, spedito ogni tanto dal Senato e sotto scorta del carnefice, si insegna l'anatomia in assenza di cadaveri. Il professore anatomico non ha i ferri del mestiere, «l'erbista senza orto botanico, non c'è laboratorio di chimica, e l'intiero corso dell'anno consiste in sessanta lezioni, di un'ora ciascuna». Il controllo per la riforma del glorioso ateneo si fa stretto. Maria Teresa ordina l'aumento del fondo per l'istruzione, segue il restauro dell'edificio crollante, dispone che gli insegnanti siano scelti con criteri rigorosi, e che gli studenti abbiano l'obbligo di frequentare le lezioni. Il nuovo piano restituisce valore alla laurea pavese che, nel 1771, torna a essere «La sola fonte ove deve portarsi chiunque ama in qualche maniera impiegare se medesimo». Infine, un dispaccio imperiale del 1774 stabilisce che i preti, se vogliono ottenere la prebenda dello Stato come insegnanti, vadano prima a laurearsi a Pavia.

Mentre si recupera l'università pavese, Milano rinsalda la qualità delle scuole a livello universitario, denominate Palatine, che aumentano le loro cattedre da otto a quattordici, con insegnanti moderni e umanisti come Parini e Beccaria, e scienziati come Frisi e Moscati. Nel 1770 l'imperatrice dichiara le Palatine di Milano, e l'Università di

Pavia, «i soli istituti scientifici pubblici della Lombardia». Nel 1771 dà ordine che le università siano fornite di una biblioteca pubblica. I gabinetti di fisica e chimica sono dotati di strumentazioni moderne. Si organizzano viaggi d'istruzione per gli allievi migliori di storia naturale, medicina e chirurgia. E finché non sarà aperta una scuola di veterinaria a Milano, i giovani laureati sono mandati a perfezionarsi in quelle francesi.

La riforma teresiana risulta ancora, però, a beneficio quasi esclusivo dei ceti elevati. Il popolo è analfabeta, e il poco che veniva insegnato era in mano ai gesuiti. Dopo la loro soppressione, Maria Teresa, ma più ancora suo figlio Giuseppe, introducono in Lombardia il modello di «scuola normale» austriaca, per alunni dai sei a dodici anni, divisi nelle due categorie di gratuiti e paganti. Lo spirito è nuovo. Nuovi sono anche i sistemi di educazione e insegnamento. I maestri, a Milano, saranno istruiti nell'ex palazzo gesuitico di Brera, e a loro si insegnerà innanzitutto che non si educa con la punizione. Piuttosto, con l'abnegazione e la dolcezza dei modi. Attenta ai collegi, dove si forma la nuova classe dirigente, ancora prerogativa dei nobili e dell'alta borghesia, l'imperatrice si interessa attivamente all'antico Ghisleri di Pavia, nato per ospitare gli studenti poveri e dotato di un'eccellente biblioteca che ben presto diventa pubblica, e che lei arricchisce con copie di libri rari appartenenti alle boblioteche di Brera e Vienna.

Anche le donne cominciano a frequentare le scuole e a interessarsi di lettere, scienze, problemi sociali. Nel 1777, all'Università di Pavia la ventenne Maria Pellegrina Amoretti si laurea in diritto civile. «La sua voce era un incanto, svolse la tesi con applausi incessanti», scrive orgogliosamente di lei Giuseppe Parini. Assistevano alla cerimonia il conte Firmian e il cardinal Durini. È da notare che ella già si era rivolta a Torino per ottenere la laurea, ma i «barbarossi» dell'ateneo torinese avevano avuto scrupolo di farle varcare la soglia sacra a Minerva, temendo che il piede di una fanciulla avesse a «contaminarla».

Stimatissima da Maria Teresa, che le invia una medaglia e molti doni per le grandi capacità umanitarie, è Maria Gaetana Agnesi, «l'oracolo settelingue», come veniva chiamata a Milano. Musicista e filosofa, insegnante all'Università di Bologna e autrice de *Le Istituzioni analitiche* giudicato dall'Accademia di Scienze di Parigi il miglior trattato in argomento, la Agnesi è di origine borghese. «Più stupenda que le Dôme de Milan», scrive di lei il viaggiatore francese de Brosses. Bella e devota, fonda a Milano un ospedale per le donne indigenti e dirige il reparto femminile del Luogo Pio Trivulzio, dove andrà a vivere in gran povertà fino alla morte. La coltissima genovese Clelia del Grillo, sposata a un Borromeo e di straordinaria bellezza, trasforma il suo salotto milanese in «Accademia Clelia dei vigilanti», dove si riunisce il fiore dell'intelligenza cittadina. Maria Teresa non approva il suo spirito dissacrante e l'aperto sprezzo per la Casa d'Austria, da lei giudicata antiquata e provinciale, e fa spiare le sue serate, schedare i suoi invitati.

Nel 1755 il conte Carlo Pertusati lascia in eredità alla biblioteca del palazzo di Brera un patrimonio di 24.000 volumi. Mentre i libri sono ancora nella casa del nobile milanese, Kaunitz e Firmian convincono la congregazione dello Stato a donare la biblioteca a Maria Teresa, che la dichiara pubblica e la arricchisce di 13.000 volumi acquistati dal naturista Albert Haller, e dei rarissimi esemplari confiscati ai gesuiti dopo la soppressione dell'Ordine. Il 16 luglio 1775, l'architetto Piermarini discute con Firmian sull'opportunità di «farsi immediatamente, degli edifici di Brera, gli stabilimenti destinati a pubblico benefizio delle scuole, senza perdere di vista la magnifica fabbrica, che renderebbe questo luogo il più cospicuo di tutt'Italia». Nello stesso periodo, anche attraverso scambi con l'Accademia mineralogica di Schemnitz, si arricchisce l'attiguo Museo di Storia naturale. Per sei ore al giorno, per la prima volta, l'Archivio pubblico dello Stato è aperto al pubblico. Un decreto del 22 gennaio 1776 dichiara istituita, per volontà dell'imperatrice, l'Accademia di Belle Arti di Brera, che si aggiunge al ginnasio, la biblioteca, l'osservatorio astronomico e l'orto botanico, espropriati ai gesuiti e divenuti proprietà dello Stato. Presidente è il principe Alberto Belgioioso; segretario, Carlo Bianconi, letterato e archeologo. Giuseppe Parini sarà una delle sue figure preminenti, mentre Piermarini sceglie personalmente gli insegnanti dell'Accademia: professore di pittura, il fiorentino Giuseppe Traballeri; per la scultura, il carrarese Giuseppe Franchi; per il disegno, Domenico Aspari; per ornato, Giocondo Albertolli; per l'incisione, Fiorentino Vangelisti da Parigi.

«Il palazzo sterminato del re di un regno sterminato, non è magnifico quanto quello della marchesa Litta», scrive da Parigi il conte Pietro Verri. Nei palazzi cittadini trionfano, ma ancora per poco, la curva e la morbidezza dei mobili e dei soffitti, fra tinte e stucchi smorzati, dopo che un editto del 1749 ha proibito l'uso smodato dell'oro per le pareti, le carrozze, le cornici. A Milano, il «vento dei lumi» spazza via rapidamente, e senza riguardi, lo «stile grazioso», come viene chiamato il «barocchetto» di Maria Teresa, in favore di un'architettura più asciutta e sottile. La moda francese introduce in Lombardia il *secrétaire*, la *commode*, il *tabouret*, mentre la signora riceve gli intimi nel *boudoir*, elegantemente adagiata sul *canapè*, «di molli sete e di vernici e d'oro», come scrive Parini. Da Parigi, si impara anche un minimo di igiene. «Vi è un gabinetto con comodo inglese ove corre l'acqua essendo il vaso di maiolica in declivio o sia con buco da una parte per cui ogni cosa mediante una valvola, che si alza dalla parte del foro e dell'acqua che scorrendo velocemente e in abbondanza porta via ogni immondezza. Il tutto poi resta chiuso da coperchi di noce similmente al davanti. Vi sono poi cuscini al di sopra, dimodoché figura come comodo canapè», scrive sbalordita la marchesa di Boccapadule, dopo aver visitato i nuovi servizi igienici di palazzo Belgioioso.

È anche l'epoca delle ville in campagna o in collina, destinate alla vacanza dei ricchi. La villeggiatura nelle «case di delizia» comincia ai primi di marzo, e termina con le prime nebbie invernali. È di moda il giardino orizzontale, con specchi d'acqua, canali, siepi tagliate in lunghissime fughe architettoniche. Nel 1767 Francesco d'Este costruisce su un dosso vicino a Varese un palazzo con un parco immenso, un teatrino all'aperto, scale, fontane, belvederi. A Merate, la villa dei principi Belgioioso ha un parco enorme, e piante rarissime. Quella degli Arconati, a Castellazzo, è chiamata «la piccola Versailles». A Bogliasco, i conti Bettoni affidano il loro terreno all'architetto Cristofoli, maestro dell'arte giardiniera. Famosa per i suoi giochi d'acqua, la villa Litta di Lainate. Celebre, la Villa Borromeo sull'Isola Bella del lago Maggiore. Nel 1775, a Biassonno, i fratelli Pietro e Alessandro Verri riaprono la loro casa affrescata dai famosi scenografi Galliari. A Cernusco, l'architetto Ruggeri costruisce un palazzo che ospita Ferdinando d'Asburgo e sua moglie Maria Beatrice mentre si fanno restaurare la reggia di Milano. Gli sposi chiedono a Maria Teresa il permesso di comprare la tenuta di campagna. L'avveduta madre si fa inviare i prezzi, compresi i costi di gestione. «Troppo cara», è la replica. «Non si acquista niente di così esagerato».

Inviato da Kaunitz alla corte di Carlo III, a Napoli, per negoziare le nozze con una delle figlie di Maria Teresa, il conte Firmian ha conosciuto l'architetto Luigi Vanvitelli, autore della fiabesca reggia di Caserta. Invitato a Milano nel 1769, Vanvitelli progetta il Palazzo Ducale. «Troppo caro anche questo», decide la sovrana. Abbandonata la città, Vanvitelli lascia in sua rappresentanza il discepolo Giuseppe Piermarini, algido e scarno al suo confronto. Nel 1771, Piermarini aveva provveduto brillantemente agli arredi provvisori delle nozze di Ferdinando e Maria Beatrice. Conteso dai nobili, aveva disegnato per Antonio Greppi il palazzo in via Sant'Antonio, quello dei principi di Barbiano di Belgioioso, del marchese Cusani, dei Litta, di Giovan Battista Moriggi. Anche l'Ateneo di Pavia, l'Accademia delle scienze e delle arti, e i lavori del Teatrino scientifico di Mantova, erano opera sua.

Nel 1717, il Teatro di corte di Milano, incenerito da un incendio, era stato ricostruito a spese dei nobili da un allievo dei fratelli Bibiena, l'architetto Barbieri di Parma. Con cinque ordini di palchi e un monumentale busto di Carlo VI al suo ingresso, era ritenuto uno dei più belli e maestosi d'Italia. La notte del 25 febbraio 1776, un incendio lo aveva distrutto per l'ennesima volta. Per la sede definitiva, era stata scelta un'area tra la chiesa di Santa Maria della Scala e le scuole Cannobiane. Il 3 agosto I778 il Teatro alla Scala, costruito da Piermarini con una platea a forma di ferro da cavallo e sei ordini di palchi, viene inaugurato con l'opera *L'Europa riconosciuta* di Antonio Salieri, e *Troia distrutta* di Antonio Morellari, dedicate a Ferdinando d'Asburgo, figlio di Maria Teresa e duca di Milano, e a sua moglie Maria Beatrice, presenti col loro seguito nel palco reale.

Gli Asburgo avevano attribuito a Mantova tanta importanza da farne terra ereditaria alla morte di Giuseppe I. Per venerare i «Preziosissimi Vasi» contenenti alcune gocce del sangue di Cristo, riposti nella cripta della basilica di Sant'Andrea, il futuro padre di Maria Teresa vi era giunto su una pesante carrozza dorata durante il viaggio che lo riportava da Barcellona a Vienna, dove avrebbe raccolto l'eredità dei regni dopo la morte del fratello Giuseppe. Nel maggio dell'anno seguente, con feste e fuochi d'artificio in suo onore, sempre per la medesima e pia ragione si era fermata nel Palazzo Ducale anche Elisabetta di Brunswick, sua moglie, che lo seguiva in Austria dopo il soggiorno spagnolo.

Con i mantovani, tuttavia, l'Austria aveva sempre usato la mano pesante. Vessati dal fisco, erano inoltre costretti a mantenere la truppa asburgica, che ospitava stabilmente per difendere i confini lombardi dagli spagnoli. La guerra aveva insegnato a Maria Teresa che servivano grosse fortificazioni nei grandi centri. Mantova era una città-fortezza e, per armarla sempre più robustamente ma senza spendere troppo, già con Carlo VI erano state distrutte le piccole rocche di Castellucchio, Marcaria, Dosolo, Borgoforte, Governolo, Ostiglia, e spogliate dei loro marmi persino le scuderie dei Gonzaga.

L'amministrazione di Mantova era autonoma dalla Lombardia. Nel 1737 il governatore di Milano Traun, massimo rappresentante di Carlo, vi era rimasto per dieci giorni per creare una giunta con governo locale, nominando il conte Cocastelli suo luogotenente. Il senatore Giovan Battista Marchesi era stato designato, invece, membro del Consiglio d'Italia a Vienna. Nel 1740, la morte di Carlo VI aveva fatto temere attacchi violenti alla città. I presidi erano stati ancor più rinforzati mentre ulteriori tasse, con sempre meno privilegi, erano piombate sulla cittadinanza. Alla nascita del figlio Giuseppe, Maria Teresa si mostra benevola con gli stremati sudditi mantovani, devolvendo per la ristrutturazione dei mulini sui laghi i cinquantamila franchi che la città le deve per legge e destinati a comprare i pannolini al bambino. La situazione interna è deplorevole. I poveri e i disoccupati sono numerosissimi. La guerra polacca ha vuotato le casse, la siccità ha portato la carestia e costretto gli Asburgo a chiedere grandi prestiti anche agli ebrei. «Il popolo d'Israele fu perseguitato dal Faraone, ma finalmente egli perì nel mar Rosso. L'infelice popolo di Mantova viene tiranneggiato da un commissario speditoci dalla real Casa di Vienna, sicché imploriamo la verga di Mosè per ripararne l'eccidio», scrive un anonimo cronista dell'epoca. E tanta è la fretta di applicare l'editto che allarga le maglie dei tributi sul grano e sul fieno, che viene stampato freneticamente il sabato notte, perché l'affissione degli avvisi abbia luogo entro la domenica mattina.

È un periodo di fame, e così frequenti sono gli episodi di rapina che, nel 1743, un editto della sovrana concede di armarsi e di uccidere a scopo di difesa. Nel 1744, impietosita dal clero che non può pagare le tasse, la popolazione se ne sobbarca gli oneri. Come in ogni altra parte della Lombardia, la burocrazia austriaca si sostituisce alla classe mantovana. I nobili e i borghesi fanno a gara per difendere i loro interessi, e quando l'editto del 19 marzo 1745 proclama la città aggregata amministrativamente alla Lombardia, e podestà di Mantova è nominato il milanese don Lodovico Biscossa, il malumore è al massimo.

La fine della guerra di successione non solleva la popolazione dal peso enorme delle tasse. In compenso, viene dato l'avvio al censimento per la distribuzione dei tributi. Su sistema di quello di Milano, ne viene ordinato un altro nel 1771. Ma solo nel 1774 iniziano seriamente le misurazioni e le stime. È un'operazione grandiosa. Per la prima volta sono censite le proprietà ecclesiastiche, è abolita la distinzione fra terreni civici e rustici, si offre ai proprietari terrieri la possibilità di migliorie senza aggravi fiscali, scompaiono le imposte sul testato e la macina che gravano sui contadini, vengono risanate le finanze di alcuni comuni. Va sottosopra un mondo irrigidito da innumerevoli anni di abbandono a se stesso. Fra le nebbiose sacche dei privilegi, si fa avanti un barlume di equità. L'ostruzionismo delle classi abbienti cerca di intralciare il lavoro di Maria Teresa. Ma la grande macchina dell'organizzazione e della parità è già partita.

Affascinata dalla sua antica storia, Maria Teresa si è sempre mostrata propizia ai movimenti culturali mantovani, favorendo la nascita di «una specie di Arcadia, per ravviare sul buon sentiero il gusto corrotto del secolo precedente». Nel 1767, patrocina l'avvio dell'Accademia delle scienze, delle lettere e delle arti, con sezioni di agraria, medicina, chirurgia, arti e mestieri, e inglobando, oltre all'istituto di filarmonica, anche quello di pittura e di architettura.

Proprietari dell'edificio sono «I timidi», membri dell'omonima, preesistente Accademia. Su approvazione e con l'appoggio di Maria Teresa, «I timidi» stabiliscono la costruzione di un teatro su progetto di Antonio Bibiena, senza palcoscenico e con palchetti affrescati dal Bibiena stesso. È una sala teatrale ma, come si riferisce alla sovrana, è «da godere più con l'udito e la mente che attraverso gli occhi». «Nella mia vita non ho mai visto niente di più bello nel suo genere», scrive Leopold Mozart a sua moglie. Ha accompagnato a Mantova il figlio Wolfgang Amadeus, che il 16 gennaio 1770 ha inaugurato il teatro e ha ricevuto, come compenso, una pomata per i geloni.

XX

SECONDE NOZZE DI GIUSEPPE. L'IMPROVVISA MORTE DI FRANCESCO STEFANO

«Ciò che Sua maestà l'imperatrice mi chiede, non presenta difficoltà alcuna. È una sovrana che ho sempre stimato e rispettato, e alla quale riconosco qualità altissime. Ho dato la mia parola per l'elezione del re dei romani e, poiché non amo fare le cose a metà, la manterrò senza riserve», è la sorprendente risposta di Federico di Prussia, dopo che Maria Teresa ha sollecitato il suo appoggio per l'elezione del figlio a re dei romani. Nella reggia di Sans-Souci, più colta e raffinata di quella di Schönbrunn, il re si è tolto finalmente di dosso la divisa e, attento ai suggerimenti degli amici illuminati, si dedica alla riorganizzazione della sfiancata ma disciplinatissima Prussia.

Il 27 marzo 1764, Giuseppe d'Asburgo è proclamato all'unanimità re dei romani. Subito dopo, accompagnato dal padre e dal fratello Leopoldo, parte per Francoforte dove, il 3 aprile, sarà incoronato. L'etichetta adottata dall'erede è scabra, essenziale. Detesta tutto ciò che è teatrale. Non apprezza gli omaggi, lo infastidiscono la liturgia intorno alla sua persona, lo annoiano le lungaggini, sfugge le discussioni, crede solo nella forza dei documenti. «Questa noiosa cerimonia», scrive al suocero Filippo, «mi sarebbe stata meno sgradita se avessi avuto a fianco la mia dolce Isabella».

«Il giovane re è infagottato nella veste immensa di Carlo Magno, come in un travestimento, tanto che egli stesso, guardando al padre, non sapeva trattenersi dal sorridere. La corona, che senza dubbio doveva essere stata pesantemente ornata, stava sopra la sua testa come un tetto sporgente». Così annota nel suo diario il quindicenne poeta e scrittore Johann Wolfgang Goethe, che osserva la cerimonia da un balcone. Per coprire le spese del viaggio dell'imperatore, del re dei romani, della scorta e dei loro alloggi, i domini degli Asburgo hanno dovuto offrire un dono straordinario. «Tre milioni di fiorini furono spesi per l'incoronazione», osserva disgustato Giuseppe. E non conosce tutta la verità. Scaltro amministratore, Francesco Stefano è riuscito a risparmiarne quasi la metà della somma stanziata. Il resto, con altrettanta scioltezza, è scivolato nella sua cassa privata.

Dopo l'incoronazione, Giuseppe viene persuaso a risposarsi. L'erede di tanto nome, gli ricorda perentoria sua madre, non può permettersi un lutto eccessivo, e deve soprattutto sapere che i suoi popoli vogliono da lui un figlio maschio. «Io ho conosciuto la più grande di tutte le perdite e il dolore più rovente», scrive al suocero l'ancora inconsolabile vedovo. «Ma altri dolori mi attendono a cagione del mio disgraziato mestiere». Scegliendo il minore dei mali, chiede alla madre il permesso di sposare la sorella di Isabella, ma la quindicenne cognata è già fidanzata al figlio del re di Spagna. Sfumata la romantica speranza, Giuseppe lascia che siano altri a decidere per lui.

La scelta è delicatissima, Maria Teresa non può ignorare la ragione di Stato. Da Madrid e da Parigi, arrivano fermi suggerimenti a tener conto delle alleanze. Nelle corti germaniche, si preme perché sia presa in considerazione una donna tedesca. Contrario alle nozze con una protestante, a Giuseppe non resta che scegliere fra le principesse Cunegonda di Sassonia e Giuseppa di Baviera. In una radura di Laxenburg, la linfatica Cunegonda, «con due occhi sporgenti e i denti da coniglio», viene spinta verso il granduca. Insieme proseguono la partita e, assistendo alle danze campestri, banchettano l'uno vicino all'altra. Al ritorno a Schönbrunn, Giuseppe annuncia seccamente alla madre che Cunegonda non gli piace.

Il ritratto della principessa di Baviera inviato alla corte di Vienna è spaventoso. «Vi imploro di intercedere per me, che mi trovo in una posizione tanto difficile. Abbiate compassione di me», scrive al padre di Isabella il disperato Giuseppe. Maria Teresa è irremovibile, non vede che il benessere della Erzhaus. «Ha un bellissimo seno», gli sussurra. «I nostri emissari in Baviera garantiscono che sia il seno più bello d'Europa». È un tentativo patetico, lei stessa si vergogna di insistere. Dopo l'incontro con la fidanzata, così Giuseppe la descrive in una lettera a Parma: «Ha ventisei anni, è piccola e grassa, senza il fascino della gioventù, ha macchie rosse sul viso e denti orrendi». Terminata la litania degli orrori, chiude con un impegno rabbioso: «Mi sacrificherò per loro».

Il matrimonio viene celebrato nel gennaio 1765 e Maria Teresa, per rallegrare un'atmosfera tesissima, offre duecento *Gulden* a venticinque coppie di viennesi che si sposano contemporaneamente alla malassortita coppia. Le lettere dello sposo all'ex suocero sono sempre più affrante: «Io mi credevo tanto forte da saper trovare una consolazione nella terribile situazione in cui mi trovo, ma la debolezza umana ha avuto il sopravvento e io non so nascondervi che mi trovo in una tristissima condizione. L'amore non cede al senso comune e non è nella mia natura pretendere una cosa simile».

La principessa di Baviera è colta e dolce, ma la sua bruttezza disgusta lo sposo, che ordina la vistosa costruzione di una balaustra divisoria sul terrazzo che collega le loro stanze da letto nel palazzo di Schönbrunn. L'insulto mortifica Giuseppa. È del tutto isolata. Maria Teresa non riesce a trovarle una sola virtù. Franz ne prova pietà, ed è l'unico a mostrarle un po' di simpatia. «Credo che se fossi così maltrattata, fuggirei e mi impiccherei ad un albero a Schönbrunn», scrive acidamente a Giuseppe la sorella Maria Cristina. Giuseppa compie realmente un tentativo di fuga, ritirandosi a Baden con la scusa di curarsi la pelle. Qui, si consola spendendo cifre astronomiche in un albergo di lusso, dove tiene costantemente imbandita una tavola per quaranta invitati. Il marito non la raggiunge neppure una volta. Il matrimonio non è stato consumato, né lui vuole piegarsi. Esasperata, Maria Teresa richiama all'ordine il figlio. È indispensabile che la coppia si unisca, almeno per qualche tempo, nel tentativo di mettere al mondo un maschio. Carico di odio, «Siete senza cuore», sibila. «Voi non immaginate neppure il ribrezzo che provo davanti a quel corpo macchiato e butterato».

Maria Teresa non è una madre qualsiasi. Né lui, gli fa notare, è un uomo come gli altri. «Il dovere. Noi abbiamo da rendere conto al popolo. Non siamo liberi di accontentare il nostro cuore». Le mascelle contratte, la sovrana trattiene a stento le lacrime. Serrato nello smilzo giacchettino che mai abbandona, la voce tagliente: «Trovatemi un solo centimetro del suo corpo che non sia schifoso», le propone, «e mi proverò a baciare la sposa». È un uomo infelice, non un futuro sovrano, quello che scrive al fratello Leopoldo: «Se non avessi un po' di filosofia a sorreggermi, impazzirei».

La morte del secondogenito Carlo ha reso disponibile la diciassettenne figlia del re di Spagna, infanta Maria Luisa. Destinato all'inizio a sposare la principessa Beatrice d'Este, per sostituire il fratello viene scelto il terzogenito Leopoldo. Fin dove è possibile, Maria Teresa cerca di combinare matrimoni, se non proprio d'amore, almeno di simpatia e stima reciproca. Ma è lei a proporre le candidature, dopo aver esaminato a lungo i ritratti commissionati a pittori di sua fiducia. Se l'aspetto suscita il suo interesse, chiede più approfondite notizie agli emissari e agli agenti segreti. Se l'esame viene superato, è sempre lei che incontra per prima il fidanzato o la fidanzata. Maria Luisa le piace. «Ha la pelle luminosa, un bel colorito, i più bei capelli che abbia mai visto in vita mia, una corporatura molto aggraziata, occhi chiari, azzurri e molto vivaci. È simpatica, ne sono entusiasta». Così scrive alla sua confidente Maria Antonietta di Sassonia.

Il fidanzamento fra Leopoldo e Maria Luisa era stato stipulato proprio mentre moriva Isabella. Leopoldo ha diciotto anni e, come il fratello maggiore, è stato allevato con durezza. Di carattere pacifico e accomodante, anche lui era stato frustato per ordine della madre. Tuttavia, un'ammirazione cieca e un po' tonta gli aveva risparmiato lo sprezzo di Giuseppe, occupato a tormentare l'irriverente Carlo. Ancora prima di ereditarlo dal padre, Giuseppe ha rinunciato al granducato di Toscana. Ne diventeranno governatori i giovani sposi.

Il re di Spagna ha assicurato la sua presenza alle nozze ma, temendo che la confusione di Vienna favorisca un attentato contro la sua vita, chiede una sede più piccola e controllabile. È stato stabilito che la cerimonia abbia luogo a Innsbruck, cittadina molto amata dalla coppia imperiale, dove spesso si reca d'estate grazie al suo ottimo clima. Maria Teresa affida il compito di organizzare i festeggiamenti all'amica contessa Enzenberg, moglie del governatore del Tirolo.

Lettere dettagliate partono ogni giorno da Schönbrunn, con i desideri e gli ordini della sovrana. Le feste dovranno essere belle ma non costose, tenendo conto che sarebbe stata la popolazione a pagarne le spese. Ha in mente un arco di trionfo il cui lato meridionale rechi i simboli della gioia e dell'amore, lo ha già fatto progettare dall'architetto von Pfeilsberg, e sarà eretto alle porte della città sulla strada proveniente dal Brennero diretta alla Hofburg. «Di pietra, perché servirà a imperitura memoria. Vi farò vedere l'idea che me ne faccio, avendone visto uno a Waitzen riuscito benissimo: molto semplice, tutto di gusto romano. Si potrebbe tenerlo illuminato tre giorni: quello del nostro arrivo, quello dell'arrivo dell'infanta, e il giorno delle nozze». Seguono altre raccomandazioni di carattere pratico: «Vorrei che i viveri non aumentassero di prezzo al nostro arrivo, che Vostro marito provvedesse a piccoli favori per la città, perché il soggiorno dei loro Signori lasci un buon ricordo».

Neppure in questo momento di grande intimità familiare Maria Teresa trascura l'occasione di esercitare i suoi compiti di sovrana. «Vorrei pure che vostro marito riunisse tutti i problemi e gli affari pendenti, poiché sarò presente con i capi dei dicasteri». Scende anche a particolari che rivelano la sua indole semplice e sobria. «Vorrei un vero sposalizio da contadini. Ordino che le dame invitate alle nozze abbiano sottane larghe e vesti da pomeriggio molto modeste. Mai crinoline troppo ampie, e sarebbe bene che per venti giorni di seguito si vedessero sempre le stesse vesti. Dalla corte arriveranno un'opera e una commedia italiana. Sarebbe bene ci fosse una sala da ballo più grande, anche per le feste in maschera. Organizzate un tiro al bersaglio. E che ci siano delle recite brevi dedicate ai bambini. I miei figli vogliono visitare le miniere, io vorrei vedere come sono state prosciugate le paludi di Bolzano e, per l'occasione, chiedo per me un piccolo seguito, perché io sola accompagnerò i giovani sposi fino a quella città. Vi prego di mandarmi i preventivi».

Mentre si preparano le nozze di Leopoldo, Maria Teresa sistema la primogenita Maria Anna come priora nel Capitolo delle dame nobili di Praga. L'imperatrice aveva fondato il convento dieci anni prima, progettando di accoglìervi le donne nobili o povere, che non avevano trovato marito. La Dieta boema le aveva chiesto una delle figlie, sottolineando che, più che una bambina, avrebbe gradito un'adolescente. Era stata prescelta Maria Cristina, ma la brillante granduchessa che aveva suscitato una violenta passione nella cognata, si era opposta con tutte le sue forze. Era innamorata del principe Württemberg, per nessuna ragione si sarebbe chiusa in convento.

Alla vigilia della partenza per Innsbruck, Maria Teresa ha deciso che Maria Anna sarà la priora del convento di Praga. Del resto, la granduchessa ha oramai ventisette anni, e non c'è stato modo di trovarle un marito. È buona e premurosa, ma è la più brutta delle sue figlie. Quasi a volerne giustificare la debole costituzione, che culmina con un accenno di gobba, ricorda ripetutamente gli strapazzi subiti quando, a soli due mesi di vita, la neonata aveva affrontato in inverno il lungo viaggio che la portava con i genitori a Firenze. All'imperatrice fa comodo avere un membro della famiglia nella città sempre così ostile agli Asburgo. Ma l'intronizzazione avrà luogo più tardi, fa sapere. Intanto, si accontentino di una donazione al convento di due milioni di fiorini. Alla figlia recalcitrante e che ancora spera in un matrimonio, concede il permesso di abitare quasi abitualmente alla corte di Schönbrunn. Qui, in un'ala appartata del palazzo, col divieto di partecipare alle feste mondane, potrà dedicarsi alle sue innocenti passioni, l'incisione e la musica.

Maria Cristina continua a proclamare il suo amore per Luigi di Württemberg, ma Francesco Stefano e Maria Teresa vietano al principe di frequentare la corte. A causa dei suoi rapporti con Voltaire, l'illuminato francese che i giovani signori d'Europa cercano di conoscere e frequentare, è considerato «empio». Inviato con un incarico militare in Sassonia, l'innamorato respinto sposa, per ripicca, una ragazza senza rango. Maria Cristina non ha ancora asciugato le lacrime della sua prima delusione d'amore, e già due pretendenti chiedono la sua mano. La ragazza mostra di preferire Alberto di Sassonia, suo cugino in secondo grado, col quale ha in comune la passione per l'arte, i viaggi, la musica. Francesco Stefano è invece più favorevole al matrimonio con Maurizio di Chablais, figlio di sua sorella Elisabetta Teresa di Lorena, moglie del re di Sardegna.

La discussione fra padre e figlia si fa sempre più tesa, e Maria Teresa si impegna con Maria Cristina a convincere Franz. Nel promemoria che le scrive prima di partire per Innsbruck, la madre svela per intero le sue arti femminili e pazienti, la propensione all'intrigo leggero, e una fortissima capacità persuasiva. «Tutto può andar bene se terremo il segreto più assoluto», raccomanda. «Innanzitutto non devi fare nessuna promessa al tuo innamorato, e non ti devi confidare con anima viva, visto che non fanno che compassionarti. Ma se vuoi farti forza ancora per qualche mese, c'è la speranza che possiamo giungere alla meta desiderata. Tua madre, la tua miglior amica, ti scongiura di conservare la calma. Ti voglio molto bene». Le invia piani precisi, le insegna a simulare. «È stato stabilito che Maurizio arriverà a Innsbruck. Più sarai gentile con lui, senza per questo buttargli le braccia al collo, tanto più naturale sembrerà ad altri il tuo contegno». È complice, rassicurante. «Hai affidato la tua felicità nelle mie mani. Sii certa che non penso ad altro». Francesco Stefano è però irremovibile, e occorre sospendere le trame, aspettare il momento opportuno. «Senza dubbio troverai che sono terribilmente severa. Spero di ottenere di più da tuo padre, ma prima del ritorno non potrò combinare niente. Sii prudente con Giuseppe, assicurati solo la mia amicizia», insiste. Maria Teresa alterna l'affabile tono materno a quello, superiore e intangibile, della sovrana. Mimi crede ciecamente in lei. Sa che sua madre, quando può, augura ai figli un matrimonio d'amore.

Alla metà di luglio sono tutti a Innsbruck dove, provenienti dal Belgio, giungeranno anche la sorella e il fratello dell'imperatore Francesco Stefano, il guerriero pasticcione Carlo di Lorena e la badessa Carlotta, che vive abitualmente nel convento di Mons. La famiglia imperiale è ospitata alla Hofburg. È un palazzo composto da un fronte lungo e due corpi affiancati, scandito da tre ordini di finestre e chiuso fra due basse torri circolari. Maria Teresa l'ha fatto intonacare nei prediletti colori bianco e ocra con cui ha ricoperto Schönbrunn, che vanno diffondendosi anche nei palazzi dei ricchi e dei nobili dei suoi regni.

I parenti degli sposi hanno letteralmente invaso la piccola città con le loro corti. Benedetta dallo zio dell'infanta, principe Clemente di Sassonia e vescovo di Ratisbona e di Staubing, la cerimonia ha luogo il 5 agosto. Le nozze si celebrano nella Hofkirche, la chiesa di corte costruita due secoli prima per esaltare la tomba vuota dell'imperatore

Massimiliano I, vegliata da una scenografica scorta d'onore costituita da quaranta enormi statue di bronzo raffiguranti l'immensa stirpe degli Asburgo nei rami d'Austria e di Spagna.

Leopoldo arriva all'altare pallidissimo, barcollante di febbre. Provenienti dalla Spagna, Maria Luisa e suo padre erano sbarcati a Genova, scortati da una flotta di galeoni parati a festa e un seguito sterminato. Il futuro sposo era andato ad accoglierli al Brennero, era rimasto a lungo a capo scoperto sotto un acquazzone, e si era ammalato di pleurite. Subito dopo le nozze, il granduca di Toscana viene portato a letto, aggravandosi al punto da far temere per la sua vita. Non sta bene neppure suo padre, che aveva già subito due o tre salassi prima di partire, e che si è sentito ripetere dai medici di Innsbruck ciò che gli raccomandava da anni il dottor van Swieten: se non vuole rischiare la vita, deve perdere almeno la metà del suo peso e, d'ora innanzi, scordare per sempre le abbuffate di selvaggina, che ingurgita insieme a impressionanti quantità di vino e di birra.

La pleurite è superata. Poiché la convalescenza dello sposo si fa lunga, la parsimoniosa Maria Teresa stabilisce che le feste proseguano senza di lui. Il 17 agosto, gli ospiti assistono a una commedia italiana nel teatro di corte. Maria Luisa siede alla sinistra dell'imperatore. La notte prima, Francesco Stefano si era sentito mancare, lo avevano salassato, e invano i medici e la famiglia avevano cercato di impedirgli di andare a teatro. In vista del pranzo di gala che seguirà allo spettacolo, Maria Teresa è invece rimasta a riposare nelle sue stanze.

Alla fine del secondo atto, Francesco Stefano lascia lentamente il palco reale, e Giuseppe lo accompagna lungo il corridoio coperto che collega il teatro al palazzo. Durante il breve tragitto, impallidisce e barcolla. Giuseppe cerca di sorreggerlo ma, con un gesto della mano, il padre lo tranquillizza, insistendo perché ritorni nel palco reale. Suda copiosamente e respira con fatica. Fingendo di allontanarsi, Giuseppe si nasconde a osservarlo nel vano di una porta, e corre verso di lui quando lo vede cadere di schianto. Due medici lo salassano, il suo confessore lo benedice. Trasportato a braccia fino all'anticamera della sua stanza, Francesco Stefano di Lorena è già morto.

Richiamata dall'insolito trambusto, Maria Teresa spalanca di colpo la porta. Senza un gemito, si accoccola sul pavimento di pietra, gli occhi fissi alla fronte cerea del morto, premendo le mani contro quelle di lui. Scrive a sua madre il principe Alberto di Sassonia: «Immaginate l'imperatore morto, l'imperatrice condotta nel suo appartamento da Giuseppe e Maria Cristina, sopraffatti dal dolore quasi quanto lei; l'arciduca a letto ammalato; le arciduchesse prostrate dall'angoscia; e gli invitati alla cena che continuavano ad arrivare e scoppiavano in lacrime fino a quando tutto il palazzo parve echeggiare di pianti e gemiti».

L'imperatrice chiede di essere lasciata sola, e trascorre la notte ancora vestita con l'abito che aveva indossato per il pranzo di gala. La faccia contro il cuscino, piange ininterrottamente. Il mattino seguente, la sua cameriera personale riceve l'ordine di tagliarle tutti i capelli. È l'estremo dono al marito di ciò che resta della sua femminilità ancora intensa, improvvisamente mutilata e umiliata. La cameriera piange, ma non piange più la sovrana, che le porge le forbici e intima: «Taglia immediatamente. Tutto, fino al cranio». Subito dopo, si fa vestire interamente di nero, e una cuffia senza un ricamo o una gala serra la sua testa divenuta piccola, fragile. Così parata, riunisce i figli. Leopoldo è stato portato in braccio da due gentiluomini. Disposti in fila davanti a lei, in piedi, li fissa uno per uno. In silenzio, a occhi asciutti. «Spero che stiate tutti abbastanza bene», dice. Insieme a loro, ascolta una messa improvvisata con l'altare da viaggio nella stanza che rifiuta di abbandonare. Alla fine, li congeda con un gesto che non ammette replica. Dopo la breve cerimonia privata, ai piedi del letto dove ha trascorso l'ultima notte accanto al marito, la vedova e le sue dame siedono in cerchio a cucire il sudario del morto. Ha chiesto che si preghi in silenzio. Non vuole né mangiare né bere. Dalla finestra spalancata sui tigli del giardino, per un giorno e una notte non si ode una sola voce. Le donne hanno il permesso di congedarsi solo quando, con un ultimo punto, l'imperatrice decide che il sudario è pronto.

XXI
IL GRAVISSIMO CONFLITTO CON GIUSEPPE

I funerali di Francesco Stefano hanno luogo il 31 agosto. L'etichetta vieta la presenza della vedova e dei figli. Fra le dame di corte, Wilhelmina Auersperg, già a Innsbruck per le nozze di Leopoldo, si lascia andare a un'insolente scenata perché le è stato vietato di truccarsi per un mese. «È possibile che io non possa essere padrona della mia faccia? Io l'ho avuta da Dio, non dallo Stato», replica furibonda.

Ammutolito dalla meraviglia per l'imponenza delle esequie, e l'immensa quantità di nobili, il popolo assiste allo snodarsi delle carrozze dalle dorature velate col crespo luttuoso: due ali lunghe e ondeggianti al bordo degli argini del Danubio da dove, solitario e pesante, scende il battello che trasporta il feretro ricoperto con un drappo nero sormontato dalle insegne imperiali.

Non ancora del tutto ristabilito, Leopoldo è già in viaggio verso Firenze insieme alla sposa. Maria Teresa li ha accompagnati fino a Bolzano. Da una portantina con le tende abbassate, ha salutato gravemente il figlio e la nuora con una benedizione. Prima di lasciare la città, l'imperatrice vedova ha ordinato che l'arco di Trionfo, eretto per ricordare le nozze del figlio con l'infanta Maria Luisa, rechi nella parte settentrionale i simboli del lutto per la contemporanea, inattesa morte del marito. Inoltre, lascia disposizioni perché l'anticamera dove Franz è morto di schianto venga trasformata in cappella; e che ogni anno, nel giorno dell'anniversario, qui vengano celebrate messe in sua imperitura memoria. Approfittando della confusione, Maria Cristina implora il permesso di sposare Alberto. Stremati dall'evento luttuoso o forse consapevoli che nulla, se non l'amore, conti di fronte alla morte, Maria Teresa e Giuseppe acconsentono al matrimonio.

Il 6 settembre, Maria Teresa e Giuseppe, che ha immediatamente assunto le funzioni di coreggente, fanno ritorno a Vienna. Hanno rifiutato il corteo, chiedendo di rientrare da soli in città. Mentre Giuseppe si ferma alla Hofburg, Maria Teresa prosegue per Schönbrunn. Già prima del suo arrivo, ha ordinato che drappi di crespo e velluto nero vengano appesi intorno agli stipiti delle finestre e delle porte, velati i lampadari e gli specchi, eliminati dal suo guardaroba tutti gli abiti chiari e decorati. In un cofano d'oro, i pochi gioielli rimasti dalla svendita per sostenere le spese della guerra dei sette anni, vengono chiusi con una chiave, che nasconde in un sacchettino dentro il seno. Prega, non parla quasi più con nessuno. «La depressione non mi lascia mai», scrive alla sua confidente contessa Trautson. «Si avvicinano giorni tristi». Molti anni più tardi, nel suo libro di preghiere troveranno un biglietto: «L'imperatore Francesco, mio marito, ha vissuto 56 anni, 8 mesi, 10 giorni; è morto il 18 agosto 1765 alle 9 e mezzo della sera; ha vissuto dunque 650 mesi, 2958 settimane e mezzo, 20.708 giorni, 496.992 ore. La mia felice unione è durata 29 anni, 6 mesi e sei giorni, e come il giorno memorabile in cui gli ho concesso la mia mano era una domenica, pure in una domenica mi è stato tolto: questo fa 29 anni, 354 mesi, 1540 settimane, 10.781 giorni e 258.744 ore. Pater noster, Ave, Requiem, Gloria patri, e molte elemosine».

Nessuno riesce a distogliere Maria Teresa dal suo dolore. «Quasi non mi riconosco più, perché sono diventata come un animale, senza una vera vita, e senza facoltà di ragionamento. Dimentico tutto. Mi alzo alle cinque, vado a letto tardi, per tutto il giorno, interminabile, mi sembra di non fare nulla. Non penso neppure. È uno stato terribile, e mi rianimo un po' quando vedo qualcuno dei miei vecchi amici». È il primo giorno del gennaio 1766, e così scrive la vedova di Franz al conte Tarouca. Il piccolo portoghese sta cercando di riportarla ai suoi doveri di sovrana, Kaunitz è preoccupatissimo, il Consiglio vede Giuseppe farsi strada per occupare un posto preminente alla Hofburg. Lei li guarda con occhi lontani. «Abbiate pazienza», dice. «Se n'è andato il mio cuore».

Francesco è morto da quattro mesi e mezzo, e il lutto è ancora strettissimo. L'imperatrice ha imposto il nero assoluto alle figlie, vietando loro di truccarsi per un anno intero. «Prega quattro ore al giorno. Il programma della sua giornata è ancora più rigoroso. Si alza all'alba, si veste, ascolta la messa, legge opere religiose fino alle sette e mezzo, fino alle nove lavora col segretario privato e poi, fino a mezzogiorno, riceve i ministri. Alle dodici, convoca le governanti dei figli, che riferiscono della loro condotta e dei progressi scolastici. Pranza all'una e, fino alle tre, riposa o legge le preghiere dei defunti. Dalle quattro alle sei scrive, o concede udienze. Dopo, recita il rosario. Dalle sei alle nove scrive ancora, conversa, passeggia, gioca a carte, ricama, o legge. La domenica, concede altre udienze, e trascorre la sera con le sue dame», è la cronaca dell'ambasciatore britannico.

Soffocate dai drappi neri che rivestono le pareti dell'appartamento materno, le figlie vivono con fatica in un'atmosfera funerea dove è vietata persino l'amatissima musica. Maria Carolina e Maria Antonietta, le bambine più piccole, soffrono per la mancanza del padre allegro, affettuoso e lieve, implorando dalla madre distratta e oppressa dal dolore una carezza, un sorriso. «Oggi ho subito una leggera incisione a un dente come "una benevola distrazione"», scrive Mimi al suo fidanzato. «Venite a Eszterháza», scrive a Maria Teresa il nobile Eszterházy che ha preparato, per lei, un padiglione cinese nella grande tenuta in Ungheria. «Venite a Eszterháza, che voi tanto amate. Vi faremo ascoltare una buona musica. Vi aiuteremo».

Dopo la morte di Isabella, nell'umido sotterraneo dove

giacciono i resti degli Asburgo è stato creato un nuovo spazio destinato all'imperatore e all'imperatrice, al loro figlio e alle sue mogli. I posti sono già stati assegnati. La liscia bara di bronzo della tormentata principessa di Parma è stata sistemata sul lato destro dell'immenso monumento centrale destinato a Francesco e a Maria Teresa, ai cui piedi riposerà Giuseppe, che ha ordinato per sé uno spoglio sarcofago abbracciato da una croce. Il sepolcro della coppia imperiale, disegnato dall'architetto di corte Moll, consiste in un doppio e altissimo giaciglio, dal quale emergono i busti del defunto imperatore e dell'ancora vivente imperatrice. È un'opera ridondante e barocca, sommersa da ornamenti allegorici, simboli, scritture latine, nastri, fiori, decorazioni, coccarde, teschi, tibie, croci. Quasi fossero fratelli gemelli, anziché marito e moglie, gli sposi si assomigliano con esagerata ostentazione e, sontuosamente scollati, ricciuti e paffuti, si fissano per l'eternità con un lontano, complice sorriso agli angoli delle bocche carnose. Maria Teresa regge con la mano sinistra una spada, e con la destra lo scettro. Alle loro spalle, un angelo funebre sostiene una corona di stelle. Ai piedi, beffardo, trionfa un teschio incoronato.

Nonostante i rigori del clima, e le molte infermità, l'imperatrice vedova visita quasi ogni giorno la cripta. Il 18 di ogni mese, alle cinque del mattino, assiste a una messa in memoria di Franz. Inginocchiata davanti al monumento che la ricorderà nei secoli, a voce alta recita lamentose suppliche per la pace dell'anima del defunto. Ha disposto infine che l'intero mese di agosto di ogni anno venga considerato periodo penitenziale, che lei trascorrerà in assoluto ritiro tra messe, requiem e servizi funebri.

«Solo un anno fa, questo era il mattino più felice della mia vita. Ed è così anche oggi, perché questa giornata di felicità è impressa profondamente nel mio cuore, e non finirà che con me. Tuttavia, essa si mescola alla pena più amara», scrive alla contessa Enzenberg, in occasione del suo trentesimo anniversario di matrimonio. «Ho passato questa giornata sola, chiusa nella mia camera, circondata dai ritratti del nostro amato signore. Tutte le mie ore sono piene dei pensieri della mia felicità svanita. Né sono senza rammarico al pensiero che mentre la possedevo, ancora non facevo abbastanza conto di essa». Franz è stato davvero il suo grande amore.

A parte un piccolo legato destinato a celebrare le messe per la sua anima, e donazioni agli stretti servitori e ai poveri, Francesco Stefano ha lasciato a Giuseppe l'intero patrimonio privato. Il figlio primogenito è entrato in possesso di beni fondiari, denaro e titoli che ammontano a 18.978.178 milioni di fiorini. Si parla anche di un tesoro di venti milioni, scoperto nella privatissima, esclusiva abitazione viennese di Francesco Stefano nella Wallenstrasse; e di molte obbligazioni che, bruciandole senza un apparente motivo, Giuseppe avrebbe annullato. Due milioni della spropositata somma, accumulata speculando sulle iniziali proprietà e abili affari condotti in molte parti d'Europa, risultano infine depositati a Firenze. Nonostante le proteste di Maria Teresa, Giuseppe pretende la restituzione dei due milioni dal fratello Leopoldo che, con quel denaro, progettava di completare la bonifica della scabra Maremma, già iniziata dal padre. Trattandosi di proprietà privata, e non del granduca di Toscana, replicano però i legali di Vienna, la consegna del denaro risulta obbligatoria.

Preoccupato per l'immenso debito nazionale, Giuseppe versa allo Stato un terzo del capitale ereditato. Avvilita per l'assoluta indifferenza del marito nei confronti degli altri figli, dopo molta insistenza Maria Teresa ottiene circa 6 milioni di fiorini per la dote delle ragazze, che subito affida alla banca di Vienna a solo il 4 per cento di interessi, purché ne possa liberamente disporre in ogni momento. «Mi stordisco con il lavoro, fino a quando non ho più il tempo di pensare e di soffrire», scrive alla Enzenberg.

Giuseppe d'Asburgo ha ventiquattro anni. È credente, porta orgogliosamente il cilicio, ma detesta tutto ciò che è cerimonia e liturgia. Rifiuta di assistere alla messa domenicale, di prendere la comunione, di avere un confessore personale e, costretto in circostante eccezionali a presenziare a funzioni religiose, esce di chiesa in anticipo. Educato dai gesuiti, ostenta nei loro confronti un'avversità sprezzante e superba. Come se non bastasse, ha assunto un segretario privato che si professa «libero pensatore», che deride il clero e non osserva il digiuno.

Con la morte di Francesco Stefano, le ostilità fra Giuseppe e sua madre si acutizzano e diventano pubbliche. Il coreggente di Maria Teresa dimostra una ferma quanto impaziente volontà di rendersi indipendente, prendendo fin dall'inizio rivoluzionarie decisioni. Le sue immediate proposte mirano a semplificare la macchinosità del governo, e a ripulire la Hofburg da inutili intriganti. «Anziché dodici ministri e consiglieri», scrive alla madre, «un uomo solo dovrebbe essere alla testa dell'amministrazione interna». Maria Teresa non sopporta che lui osi pensare da solo, senza consultarla. Gli alterchi si moltiplicano. Fra il suo studio e quello del figlio, è tutto un andirivieni di appunti e biglietti contenenti reciproca indignazione. «Anziché limitare e frenare lo zelo e l'attività», incalza imperterrito il figlio, «dovrebbero essere dispensati premi e punizioni. Il compito dei consiglieri dovrebbe essere quello di far sì che i decreti imperiali vengano tradotti in atto, ascoltare le lagnanze, decidere sulle azioni dei ministri e appianare conflitti fra loro».

Giuseppe attribuisce alla eccessiva tolleranza materna la responsabilità di aver consentito che la Hofburg si riempisse di ricchi e oziosi figli di amici. «Se ha mezzi», le rinfaccia, «ogni famiglia usa la sua influenza a corte per creargli una posizione, affinché possa sposare la figlia o la nipote di qualcuno. Se la corte e i ministri non soltanto negassero ogni onore a questi individui leggeri e inutili, ma li coprissero di disprezzo, presto ci sarebbe un bel cambiamento».

Usa toni sprezzanti anche coi ministri e consiglieri più anziani, e più di una volta ha trattato duramente sia Kaunitz che Daun. Maria Teresa non lo tollera. «Credete voi di poter trattare dei servitori fedeli in questo modo? Io temo grandemente che voi cadrete nelle mani di farabutti che, per raggiungere i loro scopi, si permettono di fare ciò che il vostro nobile animo non potrebbe sopportare di fare», lo redarguisce. «Voi ferite al cuore, con la vostra ironia, le persone che voi stesso considerate le migliori, e che vivono con noi». Aveva immaginato giorni difficili, ma non credeva di arrivare così presto a un urto tanto violento. «Non è l'imperatore, non è il coreggente, colui che dice parole tanto mordaci, sarcastiche e maligne. Queste parole vengono dal cuore di Giuseppe. Questo è ciò che mi turba, e che farà la disgrazia della vostra vita e la rovina della monarchia e di tutti noi».

Finalmente libero dall'ombra di Francesco Stefano, Giuseppe non perde occasione per contestarle, anche pubblicamente, l'educazione che gli ha fatto impartire fin da quando era bambino, consenziente il padre dal carattere ambiguo, fatuo e opportunista. «Quelle anime buone», commenta sarcastico, fra persone che immediatamente riferiscono tutto a Maria Teresa, «credono di avere fatto tutto il possibile per formare il carattere di un grande statista, quando il loro figlio va a messa, recita il rosario, si confessa ogni due settimane, e non guarda mai un libro che la ristrettezza di vedute del suo direttore spirituale ha bollato come riprovevole. Certo, sarei anch'io d'accordo, se il nostro Stato fosse un convento, e se i popoli confinanti fossero monaci».

Nella risentita memoria della sua infanzia e adolescenza, Giuseppe rinfaccia alla madre anche le frequenti assenze, la durezza delle punizioni, le differenze di trattamento da un figlio all'altro. Carlo era il prediletto, lo aveva sempre saputo. E anche Ferdinando ha un posto speciale nel suo cuore. Impietrito nella sua solitudine, è diventato fobico e maniaco. Tocca gli oggetti soltanto coi guanti, non sfiora neppure le mani delle persone, si ritrae di un passo quando qualcuno dei suoi fratelli osa avvicinarsi troppo. È aspro, algido, vendicativo, e la madre soffre per non vederlo più alla sua tavola, di non riuscire a parlargli senza litigare, di essere costretta a scrivergli da un piano all'altro del palazzo, di non riuscire a convincerlo ad avere un figlio. Il futuro imperatore vive solo, alla Hofburg. In privato, veste semplicemente di nero o di grigio, e soltanto dopo aver assunto la gestione degli affari militari appare pubblicamente con la divisa di feldmaresciallo, suo inalterabile, prediletto indumento. Non si stancherebbe mai di viaggiare, conoscere i suoi paesi, parlare con gente di ogni rango e qualità.

Giuseppe è da tempo interessato al nuovo pensiero illuminista, e il suo totale disprezzo per le forme e le formalità lo dimostrano ogni giorno di più. Il suo modello ideale è Federico, coi suoi amici e consiglieri progressisti fra i quali, tagliente e spietato, primeggia il francese Voltaire. Il suo desiderio più bruciante è conoscere di persona il re di Prussia. Per Maria Teresa, non può esserci smacco più grande dell'ammirazione del figlio per il suo storico nemico. Più ancora che offesa, ne è sconvolta.

«Mi sono illusa», gli scrive, «che dopo la mia morte sarei vissuta di nuovo nel vostro cuore. Che la vostra numerosa famiglia, come pure i vostri stati, non avrebbero perso nulla con la mia scomparsa. Ma, anzi, ne avrebbero guadagnato. Posso ancora sperarlo, se voi persistete in questo atteggiamento che vi chiude contro ogni tenerezza e ogni amicizia? L'eroe di cui voi fate tanto conto, quel vittorioso, ha egli un solo amico? Non deve egli diffidare di tutti? Che vita è, quella, così tagliata fuori da ogni umanità? State attento a non cadere nella malizia. Il vostro cuore non è ancora cattivo, ma lo diverrà. È tempo, è tempo che voi vi tratteniate dall'andar escogitando frizzi che non servono se non a mettere gli altri a disagio o a farli ridere, e quindi ad alienarvi tutte le persone rette». Ha saputo che si tiene in corrispondenza con gli enciclopedisti francesi, che frequenta anticlericali e liberi pensatori. «Siete una cocotte intellettuale», lo insulta. «Correte dietro alla minima idea che vi sembra brillante, senza la minima ombra di discriminazione. Vi afferrate a oziosi giochi di parole. Un modo di esprimersi, uno scherzo che trovate in un libro o udito in una conversazione, voi lo volgete a vostro vantaggio alla prima occasione, senza pensar molto se cada o non cada a proposito». Lui, aborre la torrenziale verbosità della madre. «Se conversassi soltanto coi miei eguali, dovrei trascorrere tutta la giornata nella cripta imperiale», risponde secco. In sua presenza, come quando era bambino, evita ancora di guardarla negli occhi.

Li separa l'impenetrabile barriera di due generazioni che si scontrano: l'una per vivere, l'altra per sopravvivere. Piangendo, pregando, imprecando, Maria Teresa si batte per cambiare il figlio e ridurlo, al pari di una comune madre possessiva e chioccia, così come lei vorrebbe che fosse. Ostili silenzi si stendono pesantemente fra loro. Giorni e settimane senza vedersi, parlarsi. Giuseppe, che si vanta di essere tollerante in nome della filosofia illuministica, non tiene conto della grandezza passata dell'imperatrice, rilevandone soltanto le debolezze, le meschinità. Per lui, conta soltanto il presente. E nel presente, la sovrana che è stata risoluta, coraggiosa e sola contro tutti, non è degna di alcuna pietà.

«Questa indifferenza! Questa attitudine distante», scrive Maria Teresa al marchese Herzelle. È impulsiva, ma non permalosa. Pretenderebbe che il figlio dimenticasse alla svelta le sue sfuriate. Le sembrerebbe naturale, rivederselo intorno anche dopo un litigio. Invece, «egli evita il più possibile di trovarsi con me. Gli affari si trattano da un piano all'altro, senza che ci si veda». Giuseppe non crede al suo amore, ha ricevuto troppe umiliazioni, frustate, punizioni. «Voi potete immaginare: se pensate che io ho vissuto unicamente per questo figlio e l'ho idolatrato, che questo atteggiamento mi è più amaro che la morte. E spero che, dell'amarezza che egli mi ha procurato, mi sarà tenuto conto in un altro mondo, e che la mia triste vita di quaggiù avrà presto fine», gli scrive ancora.

Non regge alle ostilità. Su di lei, hanno il sopravvento l'affetto viscerale, il suo istinto di donna appassionata. «Io non chiedo nulla, nulla», gli dice un giorno piangendo. «Solo che voi siate amato e apprezzato nel mondo come meritate». Le sue lettere, le sue parole, rimangono senza risposta.

XXII
IL COLERA.
LA FIGLIA SEGRETA DELL'IMPERATORE.
I DISGRAZIATI MATRIMONI
DI MARIA AMALIA E MARIA CAROLINA

Trascorso un anno di lutto, Maria Teresa consente che un po' di vita ritorni alla corte di Schönbrunn. Nel febbraio del 1767 non partecipa ai ricevimenti, ma permette che la Galleria grande torni a rianimarsi per i balli del Carnevale. Mentre le arciduchesse hanno ancora il divieto di truccarsi, scivolano di nuovo sui preziosi pavimenti intarsiati le dame imbellettate e i colorati cicisbei. Le bambole che portano da Parigi gli ultimi capricci della moda hanno suggerito pettinature alte e arzigogolate, gonne larghe ma un poco più corte sui tacchetti alti, calze di seta bianca leggere, quasi trasparenti. Per il 13 maggio, in onore del cinquantesimo compleanno della sovrana, sono in programma feste eccezionali. Le ragazze Asburgo sono eccitate. Avranno di nuovo abiti, balli, divertimenti.

La primavera è ancora lontana, quando si abbatte su Vienna una tragica epidemia di vaiolo. Fra le mura non abbastanza protette di Schönbrunn, la brutta moglie dell'erede al trono si ammala per prima. Il dottor van Swieten cura l'inferma tenendola al buio avvolta in coperte tinte di rosso, e praticandole qualche salasso. Da quando le è stata diagnosticata la malattia, Maria Teresa è al suo capezzale. Giuseppe non entra mai nella sua stanza, ed è la suocera a chiuderle gli occhi per sempre.

In aprile, si ammala anche Maria Teresa. È un attacco violento, che rischia di ucciderla. In tutte le chiese degli stati, si prega incessantemente per lei. La sua anticamera è gremita di ammutoliti cortigiani, e gli ambasciatori hanno ricevuto ordine di tener pronti i cavalli per diffondere in ogni parte d'Europa la notizia del suo decesso. Da Presburgo, dove Maria Cristina si è gravemente ammalata dando alla luce una bambina, che muore di lì a poche ore, è arrivato già in lutto il marito Alberto di Sassonia, debitore a Maria Teresa del dono supremo di un matrimonio d'amore, e ora comandante dell'esercito ungherese. Le tiene costantemente la mano Giuseppe, che mostra verso la madre una sorprendente abnegazione. Turbato, gli occhi arrossati, lascia la stanza soltanto due ore per notte, rifiutando di allontanarsi e chiudendosi a riposare in una camera comunicante con quella della moribonda. Il pesante corpo della sovrana è coperto di pustole. Il volto, un tempo bello e roseo, si è trasformato in una maschera gonfia e rovente. Le vengono somministrati i sacramenti mentre, nella cappella reale, per dieci giorni e dieci notti la priora Maria Anna intona un cantilenante rosario cui rispondono, tristemente, le afflitte sorelle e i devotissimi fratelli Ferdinando e Massimiliano.

Verso la fine di maggio, le campane dello *Steffl* si sciolgono in un invito festoso per cantare tutti insieme il *Te Deum*. L'imperatrice è guarita. Debolissima, un velo di crespo nero sul viso a nascondere i lineamenti deturpati, un bastone per sorreggere la greve figura, Maria Teresa assiste al rito nella cattedrale gremita di folla. Nonostante ami canzonarla nei suoi aspetti più deboli, passandosi di mano in mano le quotidiane caricature dove viene raffigurata come una materna e petulante bisbetica, Vienna le dimostra un affetto sincero. Ai cancelli della Hofburg, mille candele non hanno ancora finito di bruciare ai piedi di una Madonna col Bambino, alla quale la popolazione più minuta e semplice si è votata in cambio della sua salvezza.

L'indomita imperatrice ha ripreso le sue occupazioni, e la più urgente è il perfezionamento del trattato di matrimonio di sua figlia Maria Giuseppina col giovane re Ferdinando di Napoli. Ha una pessima opinione del giovanotto, ma le nozze sono necessarie per portare gli Asburgo anche in fondo allo stivale dell'Italia, che altrimenti non si riesce a recuperare.

Esemplari istruzioni per addestrare la ragazza, che ha sedici anni e non vuol saperne del volgare marito, già prima fidanzato con sua sorella Giovanna, vengono date dall'imperatrice alla contessa Trauttmansdorff: «Vi è stato affidato il compito di educare mia figlia, destinata a diventare prossimamente la moglie di un re, che ella può rendere felice o infelice. Questo giovane principe, fin dall'infanzia, non ha conosciuto altra autorità che la propria. Vi assicuro che prevedo quale sarà l'avvenire di questi sposi, e che il mio cuore di madre ne è molto turbato. Giuseppina dovrà essere sacrificata alla ragion di Stato, e se compirà i suoi doveri verso Dio e verso il suo sposo, io sarò contenta di lei». Segue un deprimente ritratto del futuro genero. «Il re di Napoli si interessa soltanto di caccia e di teatro. È molto immaturo, non impara niente, ignora cosa sia la gentilezza, parla soltanto un cattivo italiano, è abituato a fare ciò che vuole, e non ha nessuno che possa o voglia dargli un'educazione. Tale è la triste verità per ciò che lo riguarda. Occorre modificare il carattere della futura regina, che avrà bisogno di una gran forza d'animo. Mia figlia ha una certa tendenza all'egoismo; spero che se ne correggerà. Ha molto riserbo: questa è una fortuna per lei, ma non conviene che spinga troppo oltre questa riservatezza. Bisogna abituarla a dar prova di carattere docile e piacevole, ed a cercare la felicità in se stessa, nell'arte, nella musica, e in altre analoghe occupazioni».

Aggrappata alla bellissima sorella Elisabetta, la ragazza è disperata. Non vuole sposare uno sconosciuto, non vuole lasciare Schönbrunn, si sente impreparata e immatura. Per allenarla ad annullarsi nell'umiltà e nella preghiera, Maria Teresa la conduce ogni giorno con sé, a pregare sulle bare del padre e delle cognate. Le due infelici mogli dell'erede hanno avuto in sorte un sacello liscio e disadorno. E nessuno porta un fiore su quello di Giuseppa, che i suoi bavaresi credono colmo di pietre, convinti che la principessa sia stata murata viva in un convento per ordine del marito. Che la bara contenga un cadavere, per giunta non perfettamente sigillato, lo dimostra però il contagio di cui è vittima Maria Giuseppina, cui la morte, avvenuta il 15 ottobre di questo stesso infausto 1767, evita un matrimonio aborrito.

«Non importa se la guarda un principe, o una guardia svizzera. A Elisabetta basta l'ammirazione di chiunque, per sentirsi contenta». Così diceva della sua figlia più bella, l'inasprita Maria Teresa. Francesco Stefano aveva progettato per lei un matrimonio col nipote duca di Chablais, che non era riuscito a sposare Mimi. Alla ribalta era venuto a proporsi anche Stanislao Poniatowski, subito scartato a causa della povertà e insicurezza del suo regno, ma soprattutto per non incorrere nell'ira dell'amante di lui, Caterina di Russia. Per stringere legami di sangue con Versailles, all'imperatrice interessano molto le nozze col re di Francia. La regina Maria Leczinska è morta, e lo splendore di Elisabetta indurrà l'orgogliosa aquila degli Asburgo a posarsi sugli ambiti gigli degli Orléans.

I negoziati sono già stati aperti, e da Parigi è partito alla volta di Vienna un famoso pittore perché ritragga la diciassettenne candidata. Ma il vaiolo che le ha già ucciso una sorella e la cognata, e portato in punto di morte sua madre, deturpa orrendamente anche la disperata «civetta», che chiede uno specchio per contemplare per l'ultima volta la sua smagliante e caduca bellezza. In un appartamento messo a disposizione in un'ala di Schönbrunn, il pittore attende impaziente la sua guarigione, e con pignola perfidia ritrae i bei lineamenti macchiati da pomfi e crateri scavati dagli innumerevoli sfregi. Il re non si degna neppure di far sapere ciò che ha deciso. Il suo crudele silenzio induce Maria Teresa a decidere che, per Elisabetta, resta soltanto il convento.

Van Swieten viene criticato violentemente per la sua inefficienza contro il vaiolo che sta decimando Vienna. È preside della Facoltà di medicina, è considerato un luminare, studia e frequenta congressi internazionali. Possibile che non riesca a far altro che salassi, dopo aver imbacuccato i malati in coperte rosse? Fedele all'amicizia, Maria Teresa lo difende, ma intanto ha chiesto al re d'Inghilterra di inviarle un medico esperto in una nuova terapia di cui si parla con interesse. Giunge a corte l'olandese Inhenhouse, insegnante all'Università di Leida, il cui metodo consiste nello scalfire il braccio del paziente, e applicarvi un impacco di pus prelevato da un caso benigno. A van Swieten, il sistema di inoculazione sembra addirittura barbaro. Anche se fosse efficace, replica, il sangue del paziente si infetterebbe, diventando contagioso anche per altri. Disposta a tutto, Maria Teresa non cede, e le prime cavie del dottore di Leida sono gli arciduchini Ferdinando e Massimiliano. Anche loro si ammaleranno di vaiolo, ma in forma molto leggera. Basta questo a entusiasmare la sovrana, che subito ordina un lavoro di prevenzione, disponendo, per i bambini poveri, l'inoculazione gratuita dietro una semplice domanda. Per convincere il suo popolo a sottoporsi al trattamento dello scienziato olandese, occorre innanzitutto guadagnare la stima dei viennesi, e l'imperatrice non esita a esibire i due figli che hanno riportato solo lievissimi segni sul volto, ma sono guariti, uscendo più volte insieme a loro in carrozza. La domenica, nei giardini di Schönbrunn, per quattro settimane vengono organizzate grandi feste con cibi, danze, bevande e alberi della cuccagna dove medici, e spesso lei in persona, spiegano al pubblico la virtù del nuovo sistema. Non si sa come, i casi di malattia diminuiscono. E anche le morti.

«Sono diventata arida, dura», scrive l'imperatrice alla sua amica Enzenberg. I continui e aspri conflitti con Giuseppe, l'hanno stroncata. Come se non bastasse, il suo matrimonio d'amore ha rivelato smagliature vistose, provocando una piaga umiliante. Da Bordeaux, le è infatti giunta da poco la lettera di una ragazza che sostiene di essere figlia di Franz. Maria Teresa incarica il conte Filippo

Coblenz di condurre un'inchiesta, e sembra che la sconosciuta adolescente sia davvero il frutto naturale della relazione dell'imperatore con Wilhelmina Auersperg.

«Dal mio letto: ore due del mattino. Quella ragazza è dunque la figlia di colui che ho amato di più al mondo. Procuratele tutto ciò di cui ha bisogno», è il messaggio che Coblenz riceve. Per molti giorni, Maria Teresa non ne parla con nessuno. Né può confrontarsi con l'amante di suo marito, uccisa dal vaiolo durante la spaventosa epidemia di Vienna. Non per questo, però, si interrompe il dolente quotidiano pellegrinaggio alla Cripta dei Cappuccini. Veste sempre di nero e, ostinatamente, si firma «l'imperatrice vedova». «Il mio cuore è spezzato», scrive all'amica di Innsbruck, dopo la notizia della figlia segreta del marito. Improvvisamente, quando già ha stanziato una pensione a vita per l'ignota ragazza, ordina a Coblenz di non occuparsi più dell'imbarazzante vicenda. «Non credo a niente di quanto mi è stato detto», decide con rabbia.

I festeggiamenti per il cinquantesimo compleanno di Maria Teresa avevano portato alla corte di Vienna il principe Carlo di Zweibrücken, non ricco e non influente, con scarse probabilità di succedere al cugino elettore di Baviera. Il giovanotto si era innamorato, ricambiato, della volitiva e linfatica Maria Amalia. A Kaunitz, la proposta di matrimonio del principe, «un sovrano di uno Stato così piccolo che dovrebbe considerarsi poco più che un privato», era sembrata addirittura comica. Il disincanto dell'imperatrice si manifesta con la tassativa comunicazione alla figlia che il matrimonio col principe amato non si farà. Intanto, Kaunitz continua a tessere instancabili e complicate trame per piantare nei punti strategicamente importanti alla sicurezza dell'Austria i riluttanti virgulti della Erzhaus. Maria Amalia ha ventidue anni, è di carattere spinoso e altezzoso, e viene promessa a Ferdinando di Borbone-Parma, fratello della prima moglie di Giuseppe. Il ragazzo ha ereditato da poco il ducato dal padre, schiacciato dal suo cavallo durante un torneo. Ha cinque anni meno della fidanzata, è bello e bruno, insolente e indisciplinato. Gli piace girovagare per i boschi dell'Appennino, arrostire castagne e capretti insieme ai pastori della montagna, spaventare la città scatenando in piena notte le campane dei conventi, frequentare attori, mimi, ballerini, saltimbanchi. Di tutto si occupa, tranne che di governare.

Maria Amalia si adatta con esemplare cinismo al matrimonio, che ha luogo per procura nei primi mesi del 1768, e fin dall'inizio sembra insostenibile. Gli sposi non dormono mai nel medesimo letto. Alla madre, con tono tutt'altro che dolente, la ragazza racconta che suo marito è immaturo e infantile, scherza e gioca tutto il giorno, per sottrarsi agli impegni scappa persino di casa e si rifugia in un convento in cima ai monti. «Non riesco a capire come la virtuosa Isabella abbia potuto avere un simile fratello. Ci sono uomini che amano le donne, il gioco, i cavalli. Ma quello...», si scandalizza Maria Teresa. Cercando di convincerlo a mettere la testa a partito, scrive frequentemente al genero, elencando i medesimi consigli che distribuisce con premurosa saccenza ai suoi figli: «Non vi dico questo per capriccio: a cinquant'anni ho molta esperienza. Io vi voglio troppo bene, per acconsentire a vedervi preso in bagatelle e pazzie. Se voi vi riempirete la testa con queste sciocchezze, ogni ragionamento serio ne sarà escluso».

Il governo del ducato di Parma è in mano al ministro Du Tillot, zelante riformatore del clero e della nobiltà, cui va infliggendo tasse e togliendo privilegi. Infastidita dalle proteste contro di lui, Amalia lo caccia, pretendendo di dedicarsi personalmente all'amministrazione, che conduce con allegra spensieratezza. Prepotente e aggressiva, mortifica la già scarsa presenza del marito contraddicendolo e ridicolizzandolo. «Noi, mia moglie ed io, ordiniamo...» iniziano i principeschi dispacci. La corte brulica di mendicanti, da lei invitati a sedere alla medesima mensa alla quale sono costretti ad accomodarsi gli esterrefatti aristocratici. Ogni tanto, Ferdinando ha qualche sussulto di lucidità. «Io sono un bambino, ma mia moglie lo è più di me, e non è capace di governare un paese», piagnucola col nonno materno, il re di Francia Luigi XV. Amalia è superba. «Io sono tedesca», scandisce perentoria. «Non dimenticatelo. Posso fare in modo che la gente mi tema o mi ami. Perciò, vi consiglio di obbedire». E prima di mandarlo in esilio, si esprime così con Tillot, che tenta di contrastare il suo sventato comportamento: «Qui, comando io; mio marito è d'accordo, e io ho abbastanza potere per esigere la massima obbedienza».

È una situazione disperata. Amalia esercita con arroganza il potere, ma il suo autentico desiderio è far pagar cara alla madre la storia d'amore spezzata in nome della ragion di Stato mettendola in condizione di passare, nelle corti d'Europa, come una sovrana che ha allevato figlie da cui guardarsi, prima di portarle all'altare. Maria Teresa si sforza invano di nascondere il fallimento del suo disegno. Sua figlia è davvero uno scandalo, la sua reputazione di grande madre è compromessa. Quando il conflitto fra loro si fa insopportabile, proibisce all'intera famiglia di scrivere a Parma. Dimostrando di non tenere nel minimo conto la grave punizione, Amalia ribatte con un cocciuto, sprezzante silenzio. Incredule, le sue sorelle si chiedono come sia possibile vivere «senza avere notizie dalla migliore delle madri».

Maria Giuseppina è morta di vaiolo da un mese soltanto, e già il re di Spagna scrive a Maria Teresa chiedendole un'altra delle sue ragazze per il figlio e re di Napoli, Ferdinando IV. L'imperatrice sceglie Carolina, in famiglia chiamata Carlotta, goffa e ossuta, impertinente e vivace, affezionatissima alla sorellina Antonietta con la quale divide la stanza da letto, e il gusto di prendere in giro le dame di compagnia, i domestici, i maestri. Incurante delle sue proteste e dei pianti, che sono altissimi, con chiassose scenate e svenimenti in pubblico, Maria Teresa comunica alla figlia che il matrimonio fra Carlotta, e il sedicenne Borbone, avverrà per procura entro il 1769.

«È immatura, non ha senso della disciplina, insegnatele

a diventare la sovrana di Napoli», scrive l'imperatrice alla contessa Brandeiss, prescelta per la frettolosa preparazione della futura regina. Dopo un disperato addio fra le braccia della sorella minore, Carlotta parte per l'Italia accompagnata da Leopoldo, il pacifico e colto granduca di Toscana che ha già parecchi bambini, è fedele alla moglie, bada a bonificare con cura la sua terra e a farsi amare dalla sua gente. Durante il viaggio, Leopoldo scrive alla madre che Carlotta è quasi fuori di sé, eccitata, non sa quel che dice. «A ogni tappa urla che scapperà da Napoli e non si farà più trovare. Ma non è colpa sua, se cerca di ribellarsi», sottolinea con un velato rimprovero. «Evidentemente, non è stata educata per un compito così severo».

Se ne stanno accorgendo tutti. Le ragazze Asburgo si comportano una peggio dell'altra. Sono indocili, impertinenti, non conoscono il senso del dovere. Maria Teresa rifiuta ogni responsabilità. Anche lei, era stata allevata nel più assoluto disimpegno. «Ma giunto il momento, ho assunto per intero i compiti che spettano a chiunque abbia giurato di amare e difendere il suo nome e il suo popolo. Carlotta dovrà imparare ad amare i napoletani, e diventerà la loro buona, brava regina». È dell'opinione che ciascuno si debba fare da sé. Lei provvede a subissare i figli e le figlie di buoni consigli e saggi suggerimenti. «Poi», conclude, «tutti quanti devono provarsi da soli».

Alla frontiera del regno, il fratello e le dame austriache consegnano ai rappresentanti del re una sposa mesta e piangente. Imperterriti, i nobili cavalieri, imparruccati e vestiti all'antica come i parenti spagnoli, fanno salire Carolina, così d'ora innanzi verrà chiamata, sulla carrozza di legno intarsiato con la quale aveva fatto il suo ingresso in città il padre di Ferdinando, don Carlos, al momento di prendere possesso del regno. Durante il viaggio, i brillanti signori acquietano la ragazzina raccontandole che a Napoli c'è sempre il sole, le feste nei palazzi sono incantevoli, la reggia è tappezzata di specchi per moltiplicare gli effetti degli incandescenti tramonti, i giardini finiscono direttamente sul mare fra inebrianti profumi di limoni. E al teatro San Carlo, si danno le più belle rappresentazioni musicali d'Italia. «Mio marito è brutto, ma è meno peggio di come me l'ero immaginato», scrive Carolina a sua madre. Ma non tralascia di sottolineare: «Ricordate che lo amo soltanto per dovere».

Traumatizzato dalla tragica morte delle due precedenti fidanzate, Ferdinando ama truccare con una parrucca bionda l'amico del cuore, travestirlo con lunghi abiti femminili simili a bianchi sudari, tingergli con la biacca la faccia, cospargere le sue mani di frammenti di carta nera simulando pustole e pomfi di vaiolo, sdraiarlo su un cataletto: e girargli intorno vestito a lutto, una candela in mano, salmodiando il *De profundis*. Strazianti sono le lettere che Carolina scrive alla governante viennese, dalle quali risulta che la sua iniziazione di donna si è trasformata in un colossale, interminabile incubo. «È un inferno: preferirei morire se sapessi di dover ripetere nella vita gli otto giorni del mio matrimonio. È stato un martirio. Se non avessi avuto la fede, mi sarei uccisa mille volte». Al corrente della disastrosa situazione fra l'atterrita figlia e l'inquietante genero, Maria Teresa risponde con fermezza che occorre essere coraggiose e pazienti. Il tono della madre è calmo, sereno. Non mostra di ignorare i patimenti della figlia. Piuttosto, la incita ad assolvere il proprio dovere. Carolina si mostra obbediente e remissiva. «Mio marito è repellente», insiste ancora con lei. «Ma ci si abitua a tutto».

L'epidemia di maggio aveva colpito a Vienna un'intera famiglia di musicisti proveniente da Salisburgo, accorsa nella speranza di lavorare in occasione del fidanzamento di Giuseppina col re di Napoli. Ma anche se la moglie e i figli, Wolfgang e Nannerl, già bruciavano di febbre, Leopold Mozart li aveva caricati in carrozza per rifugiarsi a Olmutz. Venuto a conoscenza che il musicista e compositore quattordicenne delirava nell'oscura locanda «Schwarzer Adler», il conte von Podstatsky li aveva alloggiati in due stanze del palazzo, e aveva chiamato il suo medico personale perché li curasse. Wolfgang era rimasto cieco per alcuni giorni. La convalescenza era stata lunghissima.

Nel gennaio dell'anno seguente, l'intera famiglia Mozart viene ricevuta alla corte di Schönbrunn. «Non si può immaginare con quanta bontà l'imperatrice ha parlato con mia moglie dell'infermità dei bambini e del nostro viaggio, stringendole la mano e accarezzandole con pietà le guance, mentre l'imperatore parlava con me e con Wolfgang di musica e di altre cose, e faceva spesso arrossire Nannerl. Da questa affabilità dovremo dedurne che riceveremo un dono eccezionale», scrive Leopold nel suo diario di viaggio. Dopo il concerto, tenuto nella Galleria piccola alla presenza della famiglia imperiale e dei loro nobilissimi ospiti, la famiglia Mozart riceve da Maria Teresa uno splendido medaglione col suo ritratto.

«Troppe note, caro Mozart, troppe note», è invece l'acre commento di Giuseppe.

«Soltanto quelle necessarie», ribatte il giovane compositore.

«Ha alcune macchie rosse. Piccole, è vero, ma chiaramente visibili col freddo», aveva riferito nella relazione l'ispettore, inviato dal sospettoso Kaunitz a esaminare il corpo del celebre salisburghese. Il posto d'onore, che Maria Teresa ha destinato accanto a sé per il suo fedele ministro, rimane vuoto.

XXIII

LE NOZZE DI MARIA ANTONIETTA, COL «DELFINO» DI FRANCIA, E QUELLE DI FERDINANDO,DUCA DI MILANO, CON BEATRICE D'ESTE

«Non posso dir altro se non che la "cara e degna signora" soffre di fortissimi attacchi di ingordigia e imperiosità». Così parlava di Maria Teresa Stanislao Poniatowski, scrivendo al suo rappresentante a Vienna. La chiamava anche «signora coltorto», alludendo al suo triplo mento e, forse, alla capacità di mentire dietro un sorriso. Questa volta, Maria Teresa si era schierata coi turchi. Un fatto inaudito. Proprio lei, che aborre gli «infedeli». E tutto questo perché temeva l'eccessivo espandersi in Europa della zarina di Russia.

Nel 1763, alla morte di Augusto di Sassonia, Stanislao Poniatowski era stato incoronato re di Polonia. Amante della zarina Caterina, assicurava l'influenza della Russia in tutto il paese. La ribellione dei cittadini cattolici era stata fortissima, ma il re parava i colpi concedendo privilegi e cariche pubbliche ai protestanti e agli ortodossi, che andavano occupando le migliori posizioni sociali e politiche. L'accoglienza in Turchia di esuli e dissidenti polacchi aveva scatenato una rappresaglia nella città di Balta, che era stata incendiata. La risposta dei turchi valeva come una dichiarazione di guerra alla zarina. Non apprezzando; anzi, temendo l'estendersi dell'impero di Caterina dentro l'Europa, Maria Teresa si era paradossalmente trovata costretta a schierarsi con loro, suoi secolari nemici. Maria Teresa temeva però un'altra guerra, e tentava di trovare una soluzione incruenta trattando e mediando con le potenze vicine. Aveva condotto personalmente le trattative, e il carteggio fra Schönbrunn e la Russia, la Francia, la Svezia e la Prussia era diventato voluminoso.

Nell'estate del 1769, la sottile tessitura di pace viene bruscamente lacerata dall'altero e segreto Giuseppe. Il coreggente della Casa d'Asburgo si muove indipendentemente dalla madre, sempre meno propenso a non tenerla al corrente degli affari intrapresi. L'invito a Giuseppe, da parte di Federico di Prussia, a trattare loro due soli e senza intermediari di sorta la questione polacca, riempie di orgoglio l'erede Asburgo, che idolatra il re di Prussia fin da quando era bambino. Al contrario, per la madre è un'umiliazione insopportabile.

Il 25 agosto dello stesso anno, subito dopo il matrimonio di Carlotta con Ferdinando di Borbone, Maria Teresa assiste sgomenta alla partenza del figlio alla volta della cittadina di Neisse, in Slesia. E quando gli informatori le riferiscono che Giuseppe, accolto da Federico con la massima cordialità, aveva giurato che, quello, era il giorno più felice della sua vita; peggio: «La Slesia non esiste più per la Casa d'Austria», il suo regale egocentrismo subisce il colpo di grazia. Giuseppe è andato a chiedere la neutralità di Federico in caso di guerra contro la Russia, ma l'astuto prussiano propone una soluzione vantaggiosa per tutti, a scapito della Polonia: la divisione del paese tra Russia, Austria e Prussia. È un piano scellerato, al quale Giuseppe tenta debolmente di opporsi. Al ritorno a Vienna, ne parla con la madre che, indignata ma non sorpresa, va ripetendo: «Da un uomo così, non poteva che venire una soluzione degna del diavolo».

La spartizione della Polonia è un caso di coscienza che toglie il sonno all'imperatrice vedova, e la getta in uno stato di angoscia. L'ingiustizia tramata da Federico e dai suoi alleati, è sfrontata. Federico è già avvezzo a questi mezzi. Ma lei ne capisce e ne soffre tutto l'orrore. Prega e piange. Cinicamente, la zarina le suggerisce di condurre ricerche negli archivi di Stato, dove troverà certamente qualche antico diritto da far valere, così da acquietare la propria coscienza. Nel 1770, a Neustadt, in Moravia, Giuseppe incontra di nuovo Federico. Il re ha già spiegato sul tavolo la carta del paese che sta preparandosi a spartire. Lo sguardo insinuante, ricattatorio, fissa l'erede di Maria Teresa. «Non vi lascerete influenzare dalla mamma, io spero», sibila.

Nel 1766, quando Maria Antonietta aveva undici anni, fra le Case d'Austria e di Francia erano iniziate le trattative per un matrimonio fra la bambina e il nipote del re, destinato a salire al trono col nome di Luigi XVI. Anche se le trame per il matrimonio erano state tessute da Kaunitz, da Giuseppe e il cugino duca di Choiseul, la proposta arriva da Versailles: e mai niente è giunto di altrettanto gradito a Maria Teresa, che per tutta la vita aveva dovuto temere la corte di Parigi, da dove, ultimo e gravissimo torto da parte di Luigi XV, era partito il rifiuto di sposare la figlia Elisabetta deturpata dal vaiolo.

La morte di Francesco Stefano aveva interrotto le trattative per più di venti mesi, anche se Giuseppe ospitava nel suo palco a teatro la sorellina che faceva già chiamare «delfina». E solo quando Maria Teresa riprende a riflettere sull'importanza dell'unione fra le due famiglie, si accorge che neppure l'ultima delle sue figlie è stata educata per essere regina. Maria Antonietta parla il francese in modo ridicolo, praticamente è analfabeta e, fatto imperdonabile per una giovinetta del suo rango, anziché danzare, salta e corre come un libero animale nei prati di Schönbrunn. È una bambina gaia, gentile, buona. Penultima dei suoi sedici figli, tanto graziosa da venir chiamata «la bambola», quando Maria Teresa l'aveva vista dopo averla partorita aveva sospirato: «Ecco un'altra delle mie creature destinata al sacrificio per la dinastia».

Nel febbraio 1770, Maria Teresa informa il conte Durfort, rappresentante del re di Francia, che sua figlia è in grado di procreare. Il fidanzamento viene celebrato a Vienna. Alla firma del trattato ufficiale, brindando, l'imperatrice proclama soddisfatta: «L'Austria e la Francia sono oramai così unite, che nulla potrà più separarle». E finalmente, poiché non ne hanno mai ricevuto uno, chiede che si invii a Schönbrunn un ritratto del futuro sposo.

Sono addirittura due, i dipinti del quindicenne «delfino» che arrivano a corte. E tutti e due preoccupano la madre della futura «delfina». Grezzo e goffo, il ragazzo ha un'espressione assonnata, stupida. Eccitata per la preparazione del ricco corredo in puro stile di Parigi e da dove, stanziando l'esorbitante somma di quattrocentomila franchi, la madre fa arrivare settimanalmente le *poupées de la mode* coi modelli più in voga in miniatura, Maria Antonietta, familiarmente chiamata Antonietta, si limita a chiederle il permesso di appenderne uno nel suo salotto privato. Alla notizia che la sorellina sta per sposarsi, la sfortunata regina di Napoli scrive alla contessa Lerchenfeld una lettera gonfia d'angoscia: «Patirà le pene che ho patito io? Subirà il mio stesso martirio? Se fosse vero, io piangerei per lei tutte le mie lacrime».

Per dare un'infarinatura di educazione mondana alla figlia, l'imperatrice le mette a fianco due attori della compagnia francese di passaggio a Vienna, e il maestro di danza Noverre. La scelta di due «vagabondi» scandalizza la schizzinosa corte di Luigi XV, che invia a Schönbrunn l'arcivescovo di Tolosa, abate Vermond, perché segua la delfina nella sua delicata preparazione. L'abate trasmette a Parigi missive preoccupatissime sul conto della tredicenne granduchessa, a suo parere dotata di un'intelligenza vivace. «Peccato sia di incomparabile pigrizia, e non riesca a concentrarsi su di un argomento per più di due o tre secondi scarsi», annota ogni volta.

Man mano che proseguono i preparativi per il matrimonio, la diversità fra le due corti appare sempre più sensazionale. La raffinatezza, il lusso esasperato, il gusto della dissipazione fine a se stessa di Parigi, non hanno niente a che fare con le solide cose di cui si circonda la famiglia di Maria Teresa. Tre vestiti all'anno, un cappotto, e molti grembiuli da portare in privato, sono le regole che vigono per le donne di Casa Asburgo. Ciprie e belletti di qualità, ma in quantità ridottissime, e solo per le figlie sposate o fidanzate. Acconciature elaborate, ma piuttosto antiquate, visto che il famoso *friseur* parigino Larsenneur viene mandato precipitosamente a Vienna dal premuroso e attento Mercy, perché rimedi al disastro che la contessa Brandeiss ha combinato sui capelli di Antonietta. A furia di appiattirla sotto una larga fascia di cotone, e legarla strettamente dietro la nuca, la già poco fluente chioma biondiccia è floscia e snervata, mentre la fronte scorticata si è come alzata di mezzo palmo. Da Parigi arriva anche un celeberrimo raddrizzadenti, e per tre mesi Antonietta porta il «morso» che, la notte, dovrà tenere in bocca per tutta la vita. La ragazzina sbuffa impaziente, quando il coreografo Noverre la costringe a camminare a passetti leziosi, così che sembri scivolare come una bambolina meccanica da carillon. Perentoria, la madre le ordina di seguire le imposizioni francesi. Troppo grande è la sua gioia di mandare sul trono di Francia una figlia, per soffrire l'umiliazione dei continui, innumerevoli appunti. Ma come è diventato tutto diverso, ora: superficiale, fatuo, insapore. E invano, fra i superstiti della Hofburg, quella che fu amata e conosciuta come «la Resel», la Teresina, cerca qualcuno che rimpianga il suo passo lungo e deciso, la sua risata aperta e spontanea, le irruzioni nelle case dei Kinsky, degli Eszterházy, dei Liechtenstein, dove subito si stappavano bottiglie per brindare, si suonavano violini per ballare, si ascoltavano i madrigali di Metastasio e si eseguivano musiche di Haydn, di Gluck. Sono tutti morti.

Come ha fatto con tutti i suoi figli al momento delle nozze, Maria Teresa ha regalato ad Antonietta un interminabile memorandum gremito di istruzioni, suggerimenti e raccomandazioni, che dovrà impegnarsi a leggere attentamente almeno una volta al mese. Deve essere buona e obbediente. Deve confessarsi e comunicarsi. Deve essere gentile e remissiva col marito. Deve dare poca confidenza ai cortigiani. Soprattutto, deve assolutamente astenersi dagli affari di Stato. Lei, sottolinea, ne è stata costretta dalle circostanze: ma non ne ha ricavato alcuna felicità. Il suo personale parere è che, quando qualcuno già regna e governa, chiunque altro deve considerarsi un intruso.

Come già tutti gli altri, Antonietta riceve anche le «Istruzioni ai miei figli per la loro vita spirituale e per quella temporale», scritta personalmente dal padre. «Il mondo in cui dovete passare la vita è solo transitorio». «Nulla è senza fine, tranne l'eternità». «Dobbiamo godere delle gioie di questa vita con innocenza, perché appena ci portano al male, cessano di essere gioie». «Vi raccomando di destinare ogni anno due giorni alla preparazione alla morte, come se aveste la certezza che quei due giorni sono gli ultimi della vostra vita», sono alcune delle massime che l'infedele ma tenerissimo sposo di Maria Teresa si dilettava a compilare per l'amata e numerosa prole.

Qualche settimana prima della partenza, Maria Teresa fa dormire la figlia nella sua stanza da letto. L'oramai avanzata maturità, l'amarezza, la consapevolezza di un potere a lei conteso spietatamente dal figlio, l'hanno persuasa di non essere stata, specialmente coi più piccolini, una madre esemplare. Troppi i suoi impegni di governo. E troppe anche le guerre, le decisioni da prendere, le scelte laceranti. È sempre stata sola. Ma non meno soli sono stati i suoi figli. «Quando avevo bisogno di mia madre, lei non c'era mai», avrebbe più volte raccontato Antonietta in Francia. Le venticinque notti trascorse insieme, nel medesimo letto, riuniscono la madre e la figlia creando, fra loro, una tenera, amorosissima confidenza.

Per le nozze della futura regina di Francia, Durfort torna da Parigi con un corteo di oltre cento carrozze e due stupende berline da viaggio foderate d'oro e di azzurro, eseguite su disegno di Luigi XV dal sellaio e dal carrozziere di corte. I ricami all'interno, delicati mazzi di fiori rosa, azzurri e dorati, rappresentano le quattro stagioni. Il fidanzato le ha mandato in dono un medaglione da appendere al collo, col suo ritratto tempestato di diamanti. La sera stessa, nel palazzo imperiale di Vienna viene offerto un pranzo per millecinquecento invitati che, con sommo disgusto di Giuseppe, si lanciano voracemente su duemila capi di selvaggina, cinquecento pasticci di carne, diecimila porzioni di torta, vini e liquori. Segue un ballo mascherato per duemila persone, mentre la città è illuminata a giorno e i cittadini ballano per le strade fino all'alba.

Antonietta viene sposata per procura alle sei del pomeriggio del 19 di aprile del 1770. Il corteo nuziale ha sfilato lungo le vie di Vienna per tre ore intere. E non si è mai visto niente di più ricco e fastoso. La sposa indossa un voluminoso abito di broccato d'argento, che Maria Teresa ha fatto cucire a Parigi. È il fratello Ferdinando, a inginocchiarsi al suo fianco nella chiesa degli Agostiniani, e a infilarle al dito l'anello nuziale. È invece la madre che la conduce fino al sagrato e la consegna a Durfort che, due giorni dopo, la porterà in Francia.

A metà del viaggio, su un'isoletta del Reno di fronte a Strasburgo, Maria Antonia Giuseppina d'Asburgo cessa di essere tale, per assumere l'identità di Maria Antonietta, «delfina» di Francia. Per l'occasione, sulla sabbia dell'isola è stato eretto un ricco padiglione di legno dorato, dove due stanze rivolte a est costituiscono il territorio austriaco, mentre le altre, a ovest, sono da considerare francesi. In quelle austriache, Maria Antonietta viene denudata e rivestita con abiti, calze, camicie, biancheria e merletti esclusivamente confezionati a Parigi. Un leggero, brevissimo pianto fra le braccia della nuova dama di corte, la contessa di Noailles, segna il definitivo addio dell'ultima figlia di Maria Teresa alla sua terra natale.

Il matrimonio di Maria Antonietta non ha mai distratto l'imperatrice dal problema polacco. Insieme alla Prussia e alla Russia, costretta dalle pressioni di Giuseppe e dello stesso Kaunitz, Maria Teresa aspetta controvoglia il momento opportuno per spartire il paese in tre ghiotte porzioni. I disordini, le ribellioni, gli attentati e le carestie, provocati ad arte, lo hanno oramai indebolito al punto da annullarne qualsiasi capacità di reazione. Il 5 agosto 1772, a Pietroburgo, la Russia, la Prussia e l'Austria si dividono la Polonia. La Russia si prende la parte nordorientale. La Prussia, a eccezione di Danzica e Thorn, quella occidentale. La porzione che tocca a Federico ingrandisce i suoi stati in misura del 25 per cento. La Slesia e la zona di Polonia annessa alla Prussia, in maggioranza abitate da tedeschi, diventano automaticamente parte integrante di quella che, oramai, può essere considerata una grande potenza europea. L'Austria si prende i domini che erano stati slesiani, la Polonia meridionale e la Galizia orientale. Sopraffatta dalla vergogna, Maria Teresa ha rifiutato di assistere alla cerimonia del trattato. «Ho firmato soltanto per la sollecitazione di grandi e saggi consiglieri. Ma molto tempo ancora dopo la mia morte, il mondo constaterà i tristi risultati di un atto assolutamente contrario a quanto ho finora considerato giusto e sacro», scrive agli altri firmatari. Non si dà pace. «So che non c'era altro da fare, ma non riesco a ritrovare la serenità», seguita a ripetere. Raccontano al re Federico che la sua grande rivale piange ininterrottamente. «Maria Teresa piange, piange in continuazione», è il suo commento sarcastico. «Ma è sempre pronta a prendere la sua parte».

Per rafforzare la propria influenza in un'altra consistente porzione della penisola italiana, e così garantire la sicurezza dei confini lombardi sul versante emiliano, la Casa d'Austria si è posta l'obiettivo di allearsi con gli estensi. L'unica soluzione pacifica, calcola Kaunitz, è quella di indurre il duca d'Este a spostarsi dalla parte austriaca. Ma l'arte diplomatica del governatore di Milano, Beltrame, pilotato in ogni sua mossa da Kaunitz, ha fatto anche di più. Convincendo Francesco a dare in sposa a un figlio di Maria Teresa la nipote Beatrice, unica erede del ducato di Modena, oltre che del principato di Massa e Carrara, gli Asburgo guadagneranno addirittura la successione al ducato.

«Non vedo all'orizzonte nessuna donna più degna del

mio amato fratello», scrive Giuseppe a sua madre. L'erede al trono è stato inviato a Modena per conoscere Beatrice, che ha diciannove anni ed è bella e intelligente. Il motivo ufficiale della visita è quello di esaminare da vicino la futura moglie di Ferdinando. In realtà, Maria Teresa sogna di indurre al matrimonio lo scorbutico figlio maggiore. E quando Giuseppe le scrive che la ragazza gli piace moltissimo, si illude. Ma al ritorno dell'erede a Vienna, non ha più dubbi sulla sua irremovibile decisione di rimaner vedovo per tutta la vita.

Ferdinando è bello, beneducato e cavalca benissimo. Secondo il suo precettore conte di Rosenberg, «ha una natura eccellente. Desidererei solo che prendesse un po' più di piacere per la lettura. I buoni libri sono necessari per acquisire l'arte di governare. L'arciduca legge tutti i documenti, per quanto voluminosi. Ma non si riesce a fargli aprire un libro». Il matrimonio fra il quindicenne Asburgo e la bella Beatrice viene celebrato nel Duomo di Milano il 15 ottobre 1771. Temporaneamente, gli sposi si stabiliscono nel palazzo del Broletto, che Maria Teresa ha fatto costruire in attesa del restauro della malandata residenza ufficiale. Abituato ai larghi spazi di Schönbrunn, Ferdinando insiste e finalmente ottiene dalla madre il permesso di iniziare la costruzione di una villa di campagna a Monza, su un fondo confiscato ai gesuiti. Il denaro occorrente, settantamila zecchini, è prelevato dall'erario, e l'oculata imperatrice scrive agli sposi: «Dopo le prime spese, vi raccomando di non esagerare».

L'arcivescovo benedice le nozze ma, perché non si illuda di contare a Milano più dello sposo, viene messo a sedere un gradino più in basso della coppia. Dopo il matrimonio, Maria Teresa intreccia con Beatrice una corrispondenza che fa osservare alla nervosa Mimi: «Nostra madre è sempre stata più affettuosa con le nuore che con le figlie». Attraverso le spie, controlla strettamente Ferdinando, il cui comportamento è meno esemplare di quello di sua moglie. Il granduca di Milano non è molto devoto, e induce la madre a rimproverarlo di frequente, raccomandandogli di recitare il rosario ogni sera e di frequentare la messa ogni domenica. Da quando è lei al potere, ogni membro della corte d'Asburgo deve comunicarsi pubblicamente il giorno di Pasqua. Ferdinando è obbligato a fare altrettanto, nel Duomo di Milano, alla presenza di nobili e popolo «perché imparino da lui il rispetto per nostro Signore».

L'arciduca di Milano è inguaribilmente mondano, e questo disturba l'imperatrice che non apprezza, di lui, soprattutto l'appassionato amore per il teatro, che lei stessa aveva coltivato fin da bambina ma ora, col passare degli anni, le è diventato sempre più estraneo. Legato ossessivamente all'etichetta, ma ancor più desideroso di eliminare il lassismo lasciato in eredità dalla Spagna, impone regole rigide ai milanesi, esigendo di circondarsi soltanto di persone di rango molto elevato, e dividendo i nobili in tre categorie, alla più recente delle quali è vietato di giocare d'azzardo nei teatri, di star seduti durante le rappresentazioni, e di ballare durante le feste ufficiali alle quali hanno il diritto di partecipare: ma in piedi, e lungo le pareti. A sua precisa richiesta, da Vienna gli vengono inviati «il maggior numero possibile di ussari», così «da imprimere ai cittadini maggior soggezione, poiché la preesistente milizia nazionale, priva di uniforme e mancando di disciplina e di qualche pratica nel maneggiare le armi, farebbe ben poco buona figura». I figli della coppia, relativamente ben assortita e felice, arrivano al ritmo di uno all'anno. Per ciascuna di queste occasioni, Maria Teresa ordina che non solo a Milano, ma in tutte le cattedrali della Lombardia, venga cantato il *Te Deum*.

«Sono preoccupata per lei. Mia figlia è giovanissima, eccessivamente sensibile all'adulazione, pigra, e non ha alcuna inclinazione per ogni attività seria». Il corteo nuziale di Maria Antonietta non è ancora arrivato a Versailles quando, con questo lucido scritto, il conte Mercy d'Argenteau, ambasciatore imperiale alla corte di Francia, viene incaricato da Maria Teresa di sorvegliare il comportamento della delfina. Mercy infiltra i suoi osservatori fin dentro le stanze più intime di Maria Antonietta. «Mi sono assicurato», scrive a Maria Teresa, «tre persone al servizio dell'arciduchessa, una delle sue cameriere e due servitori. Di giorno in giorno vengo informato delle conversazioni che ha con l'abate Vermond, al quale non nascondo nulla. Ho inoltre fonti di informazioni circa ciò che avviene ogni volta che la delfina incontra il marito». Per garantirsi la fiducia di Mercy, l'imperatrice gli ha promesso di non mostrare le sue lettere a Kaunitz, tantomeno a Giuseppe, giurando che le distruggerà subito dopo averle lette. Ma il cancelliere è al corrente di tutto. Sia perché, a sua volta, ha spie personali a Parigi. Sia perché Maria Teresa non sempre sa tenere i segreti che il conte francese le invia con tanta prudenza da sembrare, talvolta, un po' troppo dalla parte della sventata sposina.

Intanto, da Parma, le notizie che riguardano Amalia sono via via più allarmanti. La duchessa si esibisce in una serie ininterrotta di vergognosi e spericolati pasticci. Né migliora la situazione del marito, interessato come sempre agli scherzi, ai giochi e alle feste di piazza. «È necessario condurre questi giovani alla decenza e all'ordine», scrive a Maria Teresa, e con giusto cipiglio, il re di Spagna. «Abbiamo fatto entrambi tutto il possibile, e non ci siamo riusciti. Ma è nostro dovere cercare sempre nuovi mezzi per giungere a un risultato salutare, e non abbandonare dei ragazzi che, seguendo principi erronei, potrebbero cadere in disordini ancora più grandi».

In occasione della nascita di un maschio dell'irresponsabile coppia, le relazioni con Vienna riprendono, ma prive di calore e spontaneità. Il comportamento di Amalia ha esaurito la pazienza di Maria Teresa. Di figlie ribelli, ne ha avute. Ma non ce n'è una screanzata, offensiva e provocatoria come questa. Inviata a Parma nel tentativo di ridare un po' di equilibrio all'intrattabile signora, Mimi scrive alla madre di averla trovata «sciatta, ha perduto ogni grazia ed eleganza, è ingrassata e sformata. È aspra, nervosa, dura. Non si riconosce più». Attraverso la sorella, Amalia chiede il permesso di tornare per un poco a Vienna. Maria Teresa rinuncia faticosamente a conoscere il nipote ma, nel terrore che si accasi in Austria lasciando in asso il prezioso territorio, preferisce non rivedere la figlia e, tassativamente, le vieta di oltrepassare il confine. «Dio sa con che fatica rinuncio a conoscere il bambino. Ma la duchessa deve rimanere in quello che è, adesso, il suo paese».

Il 21 luglio 1773 il Papa Clemente XIV decreta lo scioglimento della Compagnia di Gesù. Già da anni, la maggior parte delle potenze europee chiedeva la soppressione dell'Ordine, eccessivamente influente e intrigante. Il «re cristianissimo» di Francia Luigi XV non aveva aspettato il consenso del Pontefice, cacciando dal suo paese i gesuiti il primo giorno di marzo del 1764. L'esempio era stato seguito, nel 1767, dal «re cattolicissimo» di Spagna e da quello delle Due Sicilie. L'anno seguente, il duca di Parma faceva altrettanto.

Anche a Vienna i gesuiti esercitano funzioni importantissime. Gesuiti sono il confessore di Maria Teresa, l'istruttore religioso di Giuseppe, i maestri degli altri suoi figli. Gesuiti erano stati, fino all'arrivo di van Swieten, i rettori dell'università, di sei scuole nell'arciducato d'Austria, di ventitré collegi in Ungheria. Già qualche anno prima, Kaunitz e il medico olandese avevano convinto la sovrana della necessità di liberarsene. Addirittura, Kaunitz le aveva fatto credere che il suo confessore informasse il Papa sul contenuto dei loro incontri. La piissima imperatrice resiste finché può, adeguandosi per ultima al comportamento degli altri sovrani. «Non so esprimere il dolore che provo nel prendere questa decisione necessaria», commenta, firmando il decreto che li esclude da tutte le regie istituzioni. Ma il giorno stesso in cui il Papa proclama ufficialmente nel *Breve Dominus ac Redentor* l'abolizione dell'Ordine, si precipita a confiscare tutti i loro beni.

Neppure al Papa, però, Maria Teresa ha permesso una sola volta di influenzare il suo governo. È lei, che impone la nomina di abati, vescovi e arcivescovi, scelti per la loro devozione alla Hofburg più che al trono di San Pietro. Ma nessuno dei suoi figli è ancora entrato a far parte di un ordine religioso. Le resta Massimiliano, un ragazzo di forte costituzione ma tenero e timido. Persuasa che abbia sofferto più degli altri per la morte del padre, avvenuta quando aveva appena nove anni, nutre per lui una particolare predilezione. Sognava di farne un soldato. E quando Maria Cristina e suo marito Alberto si fossero trasferiti a Bruxelles, per sostituire il malandato Carlo di Lorena, prevedeva di affidargli il governo dell'Ungheria. Max, come è familiarmente chiamato, vive con la sua corte nel castello di Schlosshof, già proprietà del principe Eugenio e luogo molto amato dal padre. Non osando forzare una vocazione che non si è ancora manifestata, Maria Teresa esita a lungo prima di sacrificarlo. Con l'obbligo di prepararle ogni tre mesi un dettagliato rapporto, il confessore del ragazzo è stato però incaricato di controllare le sue pratiche religiose e la sua salute spirituale. Sembra che la vita dell'alto prelato non dispiaccia a Massimiliano, che già fa parte dell'Ordine teutonico e non sembra granché portato alla guerra e alla famiglia. Maria Teresa gli fa assegnare l'arcivescovato di Colonia-Münster. E con questo, il suo disegno è completo. L'insediamento di un Asburgo a Colonia concluderà la grande rete di influenze che l'imperatrice ha tessuto attraverso i figli e le guerre, allo scopo di stendere sulla carta d'Europa le ali dell'insaziabile Erzhaus.

XXIV

GIUSEPPE ALLA CORTE DI VERSAILLES. CLAMOROSI ACCORDI DI PACE TRA MARIA TERESA E FEDERICO DI PRUSSIA

Nell'autunno 1776, un'epidemia di vaiolo stronca prematuramente la vita di Massimilano di Baviera. Il figlio di Carlo VII, che aveva pacificamente lasciato il titolo di imperatore a Francesco Stefano, non è ancora morto, quando Giuseppe d'Asburgo, vedovo della sua orrenda sorella Giuseppa, ha già spedito le truppe austriache a invaderne la terra. Il Consiglio e Giuseppe sono decisi a prendere la Baviera mentre, a sua volta, avanza pretese anche il principe Carlo di Zweibrücken al quale Maria Teresa, nove anni prima, aveva negato la mano di Amalia. Frugando negli archivi di Stato, un cavillo per rivendicare la regione senza combattere si potrebbe trovare. Ma la Russia, la Francia e l'Inghilterra si sentono minacciate da un'eventuale espansione dell'Austria, e reagirebbero sicuramente. «In nome di Dio, prendete solo ciò che abbiamo il diritto di chiedere», scongiura la sovrana.

Per tutta la vita Maria Teresa non ha fatto che affermare il principio secondo il quale la Casa d'Austria, non solo non dovrà mai cedere nulla, ma tenderà in ogni modo ad aumentare le sue proprietà. Questa volta, invece, la sproporzione fra i costi e i ricavi di una contesa armata le sembra enorme. «Prevedo che questo affare finirà in una guerra», scrive a Giuseppe. «E io desidero morire in pace». Anche Kaunitz è dell'opinione di riprendere le armi. Ma lei è stanca. Non le è mai accaduto prima, ma adesso è veramente stanca. «Se proprio ci tenete tanto, fatelo quando io non ci sarò più», dice.

Mentre Maria Teresa chiede al figlio qualche giorno di tempo, per riflettere in solitudine sul gravissimo problema della guerra, Federico di Prussia dirama per ogni parte d'Europa la protesta contro la «fraudolenta politica austriaca», definendo le sue pretese quelle di «un assassino e di un brigante che punta la pistola alla gola del viandante e gli prende la borsa». Ostacolerà l'espansione dell'impero della sua grande nemica, minaccia. Ed entra in Boemia col fratello Enrico, 160.000 uomini e 850 cannoni, aspettando sul Reno gli invasori della Baviera.

Dopo la morte di Daun, Maria Teresa aveva affidato al suo erede il controllo assoluto dell'esercito. Con dolore, a causa del cattivo stato di salute, aveva così compiuto un altro passo verso il distacco definitivo dal bastone del comando. «Il dipartimento militare era quello più vicino al mio cuore. Ora che ho rinunciato ai miei legami con esso, non mi costerà molto abbandonare qualunque altra cosa», aveva scritto a Tarouca. Suscitando grandi risentimenti perché non era un nobile, suo figlio aveva nominato Lacy ministro della Guerra. Assai male era stata vista anche la nomina di Laudon a ispettore generale di fanteria. «L'esercito è comandato da un imperatore radicale e gestito da due soldati di ventura, uno scozzese e un irlandese», si commentava. Estremo segno della sua volontà, il nome dei due uomini era stato suggerito da Maria Teresa. Schierata con Giuseppe, Caterina di Russia si è intanto attestata alla frontiera con l'Austria.

Contro il parere della madre, Giuseppe e il mastodontico Massimiliano partono con 200.000 uomini e 700 cannoni per la Boemia, dove si riuniranno al cognato Alberto di Sassonia e al generale Laudon, decisi a scontrarsi con Federico e con chiunque osi impedire l'attuazione del loro piano. Maria Teresa tenta ancora una soluzione di pace, supplicando la zarina di trattenere le truppe e proponendole una trattativa. Acquattato nel fango col suo fortissimo esercito, Federico studia le mosse dell'avversario. Ma anche lui, come la sua eterna, grande avversaria, non è disposto a scendere in campo.

Nell'aprile del 1777, accompagnato da un domestico e pochi bagagli, un esile, altissimo uomo in borghese scende in un modesto albergo di Parigi. Si è fatto registrare come conte di Falkestein ma, sotto questo nome, si nasconde Giuseppe d'Asburgo. Viaggia in incognito per risparmiare sulle spese, ma soprattutto per evitare la noia del cerimoniale della corte di Francia. Ha trentasei anni, è solitario e scontroso. Paradossalmente, gli piace venire adulato e lodato. «Ama risplendere», lo commisera sua madre. Come aveva lugubremente previsto la prima moglie Isabella, la sua unica figlia Maria Teresa è morta ancora bambina.

Maria Antonietta è regina da tre anni, sposata da sette, e non ha ancora avuto un figlio. La fecondità della coppia reale è un fatto che riguarda innanzitutto la Francia, ma sono in gioco anche il benessere dell'Austria e il futuro della Spagna, che potrebbe accampare diritti sul trono. Preoccupata, l'imperatrice ha inviato Giuseppe a Parigi, per controllare di persona l'imbarazzante situazione.

Il comportamento sventato dell'*autrichienne*, come viene sprezzantemente chiamata la moglie di Luigi XVI, è criticato da tutti. In cinquanta pagine di relazione, il conte Mercy ha elencato a Maria Teresa le compagnie disdicevoli di cui Maria Antonietta si circonda, gli scandalosi sperperi, la leggerezza del suo vivere in un piccolo gruppo di gaglioffi che la sfruttano, divertendosi a spese dello Stato.

I fratelli si incontrano per la prima volta nel padiglione privato della regina, che Giuseppe raggiunge attraverso un passaggio segreto nel giardino di Versailles. Dietro l'immagine frivola che mostra spontaneamente, Maria Antonietta nasconde penosi segreti. I fatti molto intimi che racconta a Giuseppe rivelano che, sia lei sia il marito, sono totalmente, desolatamente privi di ogni informazione sul comportamento sessuale di due sposi. Dopo sette anni, il loro matrimonio non è ancora stato consumato. Il re è afflitto da una banale quanto dolorosa fimosi, e i medici di corte non hanno il coraggio di spiegargli che il problema potrebbe essere risolto con un'operazione chirurgica. Invece, singhiozza la giovane regina, gli hanno consigliato soltanto stregonerie, fatture, afrodisiaci. E persino un'amante: un'attrice della Comédie Française, che però non è riuscita a destargli un desiderio capace di sovrastare il lancinante dolore che lo allontana, atterrito, dal rapporto sessuale.

Con l'ingenuità di una bambina, fra reticenze e lacrime, Maria Antonietta elenca a Giuseppe i suoi patetici tentativi per eccitare il re; la mortificazione di lui, a ogni prova ripetutamente fallita; le reciproche goffaggini nella ricerca snervante di un'intimità. «Sono due pasticcioni», scrive Giuseppe alla madre. E in una lettera al fratello Leopoldo: «Mi viene voglia di frustare nostro cognato fino a farlo eiaculare per la rabbia, come un somaro».

Durante il suo soggiorno a Parigi, Giuseppe rifiuta di abitare alla corte di Versailles, vivendo come un monaco nell'anonimo albergo. Tutti i giorni va però a far visita alla sorella, e gli eleganti figurini che circondano Maria Antonietta deridono il suo eterno abito «color pulce», l'antiquato parrucchino, i modi sgarbati, l'incapacità di ogni pratica mondana. È un uomo noioso e grave, che dimostra più anni di quanti ne abbia, non ride mai, dà l'impressione di pensare molto a quello che dice, e di ascoltare tutto con attenzione.

In presenza di suo fratello, Maria Antonietta è irriconoscibile. Non si pettina più in modo stravagante, elimina gli abiti sfarzosi, ride meno, pone domande concrete, sembra persino intelligente. Giuseppe osserva attentamente il suo modo di comportarsi con Luigi. «Il suo rapporto col re è molto strano», scrive a Leopoldo. «Egli è solo due terzi di marito, sebbene la ami, ma ancor più la teme. Nostra sorella ha quella sorta di potere che ci si aspetta di trovare nell'amante di un sovrano, e non nella moglie. Infatti, costringe suo marito a fare cose che non vorrebbe fare».

La famiglia reale gli appare detestabile. Luigi è forte come un toro, di aspetto porcino. È violento, ha ferito molti suoi amici giocando, ha quasi strozzato un cameriere, si diverte con giochini scemi, vellica la schiena degli invitati con una piuma, versa schegge di ghiaccio nella scollatura delle signore, distrugge un intero preziosissimo servizio da tavola frantumandolo con una palla d'avorio, passa il suo tempo a caccia, oppure a forgiare il ferro nella grande fucina che si è fatto costruire nei giardini di Versailles. È dispettoso, viziato, ride senza ragione. È lagnoso, tedioso. Non sono da meno i suoi fratelli, che Giuseppe definisce «l'obeso Louis Stanislas-Xavier, duca di Provenza, e la sua volgare moglie»; lo strambo e dissoluto conte Charles d'Artois e sua moglie «l'imbecille»; le zie del re, sorelle di Luigi XV, madame Adelaide, madame Victoire e madame Sophie, zitelle inacidite e zelanti che intrigano contro Maria Antonietta, e afferrano al volo ogni occasione per accrescerne l'impopolarità.

Giuseppe mette il naso anche nelle spese di corte, rimproverando energicamente la sconsiderata sorella. «È graziosa», scrive ancora a Leopoldo, «ma la sua testa è vuota, non sta assolvendo il suo compito, non è frenata da nessuna norma di etichetta. Dà l'impressione di essere un po' fuori posto».

Usando un modo perentorio come nessuno aveva mai osato, Giuseppe affronta finalmente il cognato e lo costringe a farsi operare. E dopo averne deplorato ancora una volta l'irritante condotta, suggerisce alla sorella di condurre il marito con sé nel pomeriggio; di farlo coricare nel letto nuziale; di vietare che venga disturbato, e creare piuttosto un'atmosfera di calma e di serenità, per abituarlo all'intimità di un vero rapporto coniugale. Infatti, le spiega giudiziosamente, «la sera, dopo tutti i divertimenti, le cavalcate, i balli, i pranzi ai quali non riuscite a rinunciare, non potrete che continuare a piombare nel sonno, senza neppure sfiorarvi con un dito».

Girando indisturbato fra la gente, indagando come sa fare molto bene, interrogando e spiando, l'erede di Maria Teresa ha avuto modo di rendersi conto della disperata situazione della Francia. Il popolo ha fame, e il movimento illuminista sta dando le ultime picconate per scalzare il regime assolutista. Luigi XVI prova compassione per i diseredati, ma è troppo indolente per reagire. Quanto a Maria Antonietta, non è in grado di soffermarsi più di un secondo su argomenti che non siano lo svago, i vestiti, le acconciature. «Finirete male», l'ammonisce il fratello. «Credetemi, questa sorta di cose non può durare a lungo: la rivoluzione sarà terribile, se non la preverrete».

Il soggiorno di Giuseppe a Parigi, è comunque servito. Il re si farà operare dal chirurgo che l'esigente cognato gli ha procurato. Per riconoscenza, Luigi gli regala tre carri di arazzi di Gobelins, tappeti della Savonnerie, un servizio da tavola di Sèvres con motivi di verdura e frutta in rilievo, vivacemente colorati. Maria Antonietta sembra un po' rinsavita e, al momento della partenza, posa fra le mani del fratello un orologio contenente il suo ritratto. Si salutano con affetto, la regina piange, e anche lui riconosce di provare un tenero, struggente sentimento per l'ingenua, irresistibile *autrichienne*.

«Sono partito con grande dispiacere. Mi sono affezionato molto a mia sorella. Trovo in lei una vivacità che io ho perduto, e accanto a lei mi rendo conto che il mio desiderio di vivere non mi ha abbandonato», scrive infatti Giuseppe alla madre, mentre è ancora in viaggio. Parigi ha fatto bene anche a lui. Ha frequentato attrici bellissime e intelligenti; è andato persino a far visita a Louvenciennes alla nuova favorita di Luigi XV, madame du Barry, che Maria Antonietta provocatoriamente ignorava, rischiando di farsi un'altra nemica.

Alla fine di giugno del 1777, la regina di Francia scrive alla madre al massimo dell'esultanza: «Vivo nella felicità più totale di tutta la mia esistenza. L'intervento chirurgico è riuscito benissimo, il matrimonio è stato consumato, e il re si comporta da ottimo marito e amante. Non si aspetta che l'arrivo del sospirato erede». Maria Teresa ha finalmente un motivo per essere felice. Moltiplica le lettere, i consigli, le raccomandazioni. «Nell'attesa, bambina mia, niente cavalcate, lunghi viaggi in carrozza, preoccupazioni».

«Siamo in guerra. E che guerra», scrive Maria Teresa a Mercy, il 7 maggio 1778. «Il re di Prussia è entrato a Nachd, in Boemia. Può accerchiarci, perché ha quarantamila uomini più di noi. Immaginatevi la mia disperazione. Non so più come faccio a vivere. La sola fede mi sostiene ma, alla lunga, temo di soccombere». Nel medesimo giorno, scrive anche a Maria Antonietta: «Madame mia cara: Mercy è incaricato di informarvi della mia crudele situazione di sovrana e di madre di tre figli che si trovano nel più grande pericolo, non essendo abituati a questo genere di vita. Desiderando salvare il mio stato dalla più crudele devastazione, io, costi quello che deve costare, devo ritirarmi da questa guerra. Firmando la pace, avrò la riconoscenza della grande maggioranza, anche se, così facendo, ingrandirò il re di Prussia. La testa mi gira, e il mio cuore, già da qualche anno, è interamente muto». Maria Teresa non teme solo per la vita dei figli. È la guerra, che le fa paura. Al Consiglio, si interrogano increduli. «Non è più lei», commentano scuotendo la testa.

Starrkopf, testone. È così che Maria Teresa ha sempre chiamato suo figlio. Anche da adulto, rivolgendosi alla madre Giuseppe tiene gli occhi abbassati e un tono sommesso. Dinanzi a lei, si paragona «a un buon monaco che scrive nella sua cella senza conoscere il mondo». La madre lo ritiene, invece, debole e pericolosamente influenzabile. «Mi sembra che andiate a cercare la vostra rovina», gli scrive. «Vi servite alla prima occasione di belle frasi udite da altri o attinte dai libri, e non vi preoccupate di rendervi conto se siano opportune». Di lui, teme la mancanza di una personalità ben definita. E non lesina le parole per dirglielo. Sembra volerlo provocare, la sua bruschezza rasenta spesso l'insulto. «Mi ricordate vostra sorella Elisabetta, quando prova tutti i rimedi di cui ha sentito parlare, per recuperare la bellezza perduta». Del resto, neppure Federico tiene in gran conto il figlio dell'imperatrice. «Pensa di sostenere una gran parte nel teatro d'Europa», scrive beffardamente all'amico Voltaire.

Preoccupa Maria Teresa, e sempre di più, il comportamento antipatico del figlio. «Sembra che ne proviate immenso piacere», gli scrive, «e questo mi addolora ancora di più, perché io non credo che siate cattivo come volete dimostrare». Si esasperano a vicenda. Ma, a differenza di Giuseppe, che tace per giorni interi, Maria Teresa si lagna di continuo. Si sente abbandonata. Il mondo nuovo avanza contro di lei, le sta diventando estraneo. Sollecitata dal vivace giurista Sonnenfels che, pur proteggendolo dagli attacchi del vescovo di Vienna Mingazzi e dal cancelliere di corte Rudolf Choteck, non aveva abbastanza ascoltato, nel 1776 abolisce finalmente la tortura. Ma senza convinzione. «Chiedo all'imperatore», scrive a suo figlio, «che ha studiato legge, e nel cui senso di giustizia, di ragione e di amore per l'umanità confido grandemente, di decidere questo problema senza il mio parere». È abbastanza intelligente per capire che non può respingere le idee del nuovo mondo. Ma poiché non le comprende fino in fondo, preferisce astenersi dalla responsabilità di avallarle.

Come se non bastasse, gli amici di un tempo sono morti quasi tutti. Non c'è più Daun, non c'è più Haugwitz, non c'è più van Swieten. Non c'è più neppure la contessa Fuchs, di cui ha onorato la fedeltà seppellendola nella Cripta dei Cappuccini, unica estranea alla famiglia imperiale. Non le resta che Kaunitz, sul quale rovescia il dolore e la rabbia che le provoca il figlio «testone». Il potere le sfugge di mano. «Non riesco a persuaderlo del mio punto di vista, perdo terreno ogni giorno. Spero che le preoccupazioni che Giuseppe mi dà siano tenute in conto nell'altro mondo, e che la mia penosa situazione possa finire presto». Accentratrice, dispotica, non accetta di dividere con lui il posto di comando. «Gli affari pubblici subiscono continue alternative fra lui e me. E questo mi umilia tanto, che ho l'impressione di essere sua moglie, e non sua madre».

Stanco di essere controllato e contestato, Giuseppe minaccia di abbandonare la coreggenza. Di colpo, Maria Teresa cambia tattica. Suo figlio non ha il diritto di lasciarla sola, lo accusa. Chi comanda, è ancora lei. Ma lui deve essere sempre al suo fianco. Lo spettro della solitudine la spinge a riconoscere le proprie debolezze. Si interroga, e interroga anche lui, sugli errori che può aver commesso. Talvolta, le sue parole accorate strapperebbero la commozione anche al più duro degli uomini. «Devo informarvi che tutte le mie facoltà, vista, udito, capacità di comprendere, vanno indebolendosi; che sono incorsa in errori per difetto di coraggio, per eccesso di diffidenza e per ciò che ho temuto per tutta la mia vita: l'indecisione». Si fa penosa, e lo implora: «Ditemi che cosa desiderate che io possa fare. Nulla mi sarà troppo difficile, se mi potrà liberare dalla terribile situazione in cui mi sono trovata negli ultimi sei anni». E quando Giuseppe decide per l'ennesima volta di rimettere il comando interamente nelle sue mani, lo scongiura: «Trovatemi delle colpe, e non odiatemi».

Disperatamente, l'imperatrice sta tentando di convincere il figlio a non provocare Federico. «Una volta che la spada sarà stata sguainata, i negoziati saranno impossibili», ammonisce. Non vuole la guerra. Ne ha avute abbastanza. Ne ha toccato con mano l'inutilità, e ancora sta pagando il prezzo di quelle passate. «Sono in pericolo la felicità di migliaia e migliaia di uomini, l'esistenza della monarchia e la conservazione della Erzhaus», minaccia. Lui ghigna, sprezzando le tremule idee della madre. «È vecchia», commenta con Kaunitz. «La "draghessa" ha perso gli artigli». Prevenendolo, Maria Teresa precisa: «Non dico questo per viltà. Io possiedo ancora la forza di cui disponevo trent'anni fa, ma non posso assecondare la rovina della mia casa e dei miei Stati». A causa dei forti dolori che quasi la paralizzano, la lettera viene dettata al segretario particolare. Ma al momento di firmare, la mano rattrappita aggiunge minacciosa: «Se scoppia la guerra, non fate conto su di me. Mi ritirerò in Tirolo a finire i miei giorni nella solitudine, per piangere sull'infelice destino della mia casa e del mio popolo».

Incapace di credere che suo figlio l'ascolti, Maria Teresa compie in segreto il passo più inatteso e difficile della sua vita, intraprendendo un carteggio con l'antico nemico Federico, e pateticamente presentandosi a lui come «madre di un figlio in guerra». «Col cuore oppresso dal più vivo dolore», gli scrive, «vedo profilarsi all'orizzonte una nuova guerra. Io sono vecchia, e il mio ardente desiderio di pace è ben noto, e non posso offrirne testimonianza migliore della lettera che vi rivolgo. Il mio cuore di madre è sconvolto di fronte al pericolo che minaccia due miei figli e un genero. Compio questo tentativo all'insaputa di Giuseppe e di Kaunitz, e vi prego di tenere il segreto. Vi supplico di unire i vostri sforzi ai miei per ristabilire fra noi un accordo, tanto necessario alla felicità dell'umanità e delle nostre rispettive famiglie».

«La grandezza d'animo dimostrata da Vostra maestà, è degna della sua fama», le risponde Federico. «L'ansia materna di cui date prova di fronte ai pericoli a cui sono esposti l'imperatore e i principi del vostro sangue, merita l'approvazione di ogni cuore ben nato e accresce, se è possibile, l'alta considerazione che io professo per la vostra sacra persona. Vi prometto che agirò in modo che Vostra maestà non abbia nulla da temere per la sua famiglia, e in modo particolare per suo figlio l'imperatore».

«Un vero principe!», esclama compiaciuta Maria Teresa.

La notizia della trattativa segreta fra i due vecchi giganti raggiunge Giuseppe in Boemia mentre, sulle rive dell'Elba, studia le mosse del re di Prussia. La sua reazione è furibonda. «Voi non potevate farmi, madre carissima, niente di più disonorevole, di più pregiudizievole, di più rovinoso», le scrive. L'indignazione e l'umiliazione di esser «trattato come un ragazzino», non gli consentono, tuttavia, la disobbedienza. È un uomo freddo. Aspetterà con pazienza il tempo della rivincita sulla madre padrona e dispotica. Anche Kaunitz trova la lettera di Maria Teresa «altamente disonorevole per la corte di Vienna». «Ne va del prestigio dell'erede», le fa osservare, mentre definisce addirittura grottesco che «intanto che il re di Prussia e l'arciduca d'Austria si fronteggiano sull'Elba, pronti a spararsi addosso, la madre di quest'ultimo giochi a carte segrete col nemico più accanito ed aspro del nostro paese».

Con estremo, testardo orgoglio, Giuseppe tenta di provocare il re di Prussia, che in un passato ancora vicino idolatrava («è un genio, quando parla nessuno può resistergli, e io sono fra questi»). «Mi pare che ricordiate troppo di essere stato un generale vittorioso, di avere un esercito di 200.000 uomini esperti, e un colonnello che ha scritto un commento sul *De bello gallico* di Cesare», gli scrive. «Se alla maestà Vostra farà piacere guidare 200.000 uomini sul campo di battaglia, io vi sarò con lo stesso numero di soldati. Se desiderate scoprire se siete ancora un generale vittorioso, sono pronto a soddisfare la vostra brama di combattere. Spero di trovarvi sulle rive dell'Elba. E quando avremo combattuto, offrendo all'Europa uno spettacolo di ostinazione, rimetteremo le spade nel fodero». Federico non risponde. Né con le armi, né con le parole.

Maria Teresa è consapevole delle critiche e delle illazioni che si fanno sul suo conto, e dei fogli satirici che i sostenitori di Giuseppe distribuiscono nei suoi domini, sparlando del suo vigore oramai tramontato. Ma, «nessun sacrificio è troppo grande per evitare questo disastro», proclama. «Sono pronta a qualunque cosa che possa realizzare questo fine, anche l'umiliazione del mio nome. Mi chiamino pure vile, rimbecillita, se vogliono. Niente mi impedirà di districare l'Europa da questa situazione pericolosa. Per me, non c'è modo migliore di spendere il resto dei miei giorni infelici. Confesso che questo sacrificio mi costerà molto. Ma è necessario, e l'affronterò con fermezza».

Per la prima volta, l'imperatrice si degna di dare spiegazioni del suo proposito e, come un soldato, chiarisce al bellicoso Laudon le ragioni del clamoroso gesto. «Anche se il nostro esercito avesse fortuna, un successo iniziale non porterebbe a nulla. Due o tre battaglie vinte, non ci renderebbero neppure una parte della Slesia. Il 1757 è bastato a dimostrarci che il nostro nemico non si può annientare tanto facilmente. Il suo stesso modo di fare la guerra è studiato per dargli il tempo di riprendersi. Dobbiamo tener presente che, anche avendo fortuna, dovremmo combattere tre o quattro anni. E ciò darebbe tempo a tutta l'Europa di entrare in campo per assicurarsi che noi non diventiamo troppo forti. Già adesso, tutti diffidano di noi. E io non conosco un solo amico o alleato sul quale potremmo contare». È anche la prima volta che riconosce di non essere stata sempre leale nel pretendere certi territori e nel difendere certe idee. «Purtroppo il torto è nostro, perché non vogliamo parlare chiaramente», ammette con suo figlio. «Non vogliamo parlare chiaramente, perché aspiriamo a ciò che non ci spetta di diritto».

«Che vergogna ci sarebbe, ad esser battuto dall'eroe del secolo?», replica invece Giuseppe. Non ha sparato un solo colpo di fucile, e non vuole convincersi a cedere. Irriducibile, ostinato, per un lungo terribile inverno, insieme a Laudon e ai 200.000 soldati, rimane affondato nel fango boemo, cibandosi soltanto di patate fradice e del tutto tagliato fuori da Vienna, da dove non arriva un solo carro di viveri.

Il 13 maggio 1779, sessantaduesimo compleanno di Maria Teresa, nella cittadina boema di Teschen viene firmata la pace. L'imperatrice è consapevole di non uscire vincente da questa vicenda. Abituata a combattere anche per un pugno di terra, la tanto accorata richiesta di pace rappresenta, per lei, una sconfitta. Ma le va bene così. «Si può essere tristi, ma non bisogna apparire sconfitti», scrive al re di Francia dal quale, tra l'altro, non ha avuto nessun aiuto. «Il nostro nemico si rallegrerebbe troppo». Cavalleresco dono di compleanno di Federico, è l'ordine alle truppe prussiane di ritirarsi immediatamente dalla Boemia. «Sottoscrivo implicitamente ogni cosa», le manda laconicamente a dire Giuseppe, mentre ritorna verso casa. La pace ha fatto guadagnare all'Austria soltanto il piccolo territorio dell'Innviertel, a nord di Salisburgo, «giusto per soddisfare il loro orgoglio». Niente in tutto. Ma non è morto un soldato, non è crollata una casa, non un raccolto è stato calpestato dalla cavalleria scatenata in battaglia.

Seguita da ciò che resta della famiglia imperiale, maestosamente umiliata a causa delle numerose infermità che la costringono ad attraversare Vienna dentro una portantina sorretta da otto valletti, l'imperatrice assiste a una messa solenne nel duomo di Santo Stefano. «Oggi ho finito la mia carriera con un *Te Deum*», mormora a Kaunitz.

XXV
LA FINE

Seduta per l'intera giornata su un sofà di marocchino rosso, Maria Teresa studia attentamente le carte di governo, scrive lettere a Maria Antonietta, lavora all'uncinetto, ricama, confeziona piccole borse a rete. Obbligata a tenerla aggiornata sui suoi rapporti sessuali col re, alla fine di marzo del 1778 la regina di Francia le scrive che il «generale Krottendorf», come dalle due donne viene chiamato il ciclo mensile, finalmente non è arrivato. Dunque, si presume che fra non molto nascerà un bambino. L'imperatrice è letteralmente fuori di sé dalla gioia. Prega costantemente che il nascituro sia maschio, investe la figlia di mille raccomandazioni, la ricopre di tenerezze e, visto che lei ha messo al mondo sedici figli, la subissa di consigli pratici. «La prima gravidanza», le spiega, «è sempre importante in vista delle altre. Se cominci con un aborto, è la fine. Data la tua costituzione, non temo sia il tuo caso. Ma se ti ci abitui, diventerà pericoloso».

Il 19 dicembre 1779, alla presenza di una folla sterminata di testimoni, nasce a Parigi Maria Teresa Carlotta, primogenita del re e della regina di Francia. «Voglio vivere come una madre», scrive Maria Antonietta a Maria Teresa, che le raccomanda di non infagottare troppo la neonata, di non stringerla eccessivamente nelle fasce, di tenerla al fresco più che al caldo, e di nutrirla al seno fin che le sarà possibile. A valanghe, da Schönbrunn partono lettere piene di attenzioni e ammonimenti. Da Versailles, arrivano soltanto notizie gioiose.

Sofferente di insonnia ormai cronica, Maria Teresa si alza alle cinque del mattino e, oltre a tutte le altre incombenze, si è presa anche quella di scrivere ogni sette giorni ai figli lontani, ordinando che le sue lettere vengano immediatamente bruciate. Trasgrediscono, ma non del tutto, Giuseppe e Maria Antonietta. Più attenti a conservare l'intera corrispondenza, sono Ferdinando e sua moglie.

«Eccoci qui», scrive alla nuora Beatrice, per ringraziarla degli auguri di compleanno. «Sappiate che sto di nuovo bene, e ve lo dico perché sono certa di farvi piacere. Sono però ancora debole, e per niente allegra se penso che sto invecchiando. Non c'è niente da guadagnare dagli anni che passano. Ci si impigrisce. Anziché guadagnare terreno, lo si perde ogni giorno di più. Non avete idea di come una persona che invecchia diventi abile nell'inventare delle scuse per fare il meno possibile. Tuttavia, ora sono dell'umore adatto per dedicarmi al piacere di restar viva per voi, come tenera amica e madre che non ha altro pensiero che il vostro bene, e ricambiare l'affetto di tutto ciò che le date». Quando non si fa trascinare dall'asfissiante bisogno di ammonire e rimproverare chiunque le capiti a tiro, è una madre e una suocera affettuosa, confidenziale.

Maria Teresa ama appassionatamente i nipoti, dei quali chiede di continuo il ritratto. Ringrazia Ferdinando per la premura con cui le ha inviato l'effigie della primogenita, ma non gli risparmia critiche pungenti: «Il soggetto è delizioso, mi dà una grande gioia. Ma è un quadro spaventoso. Le hanno messo in testa un berretto che mi ricorda la parrucca di suo nonno, che Dio l'abbia in gloria». È un'antiquata signora che si scandalizza per il nuovo taglio di capelli dei bambini, e mette in guardia le figlie e le nuore perché non ne seguano la moda. «Le femmine hanno i capelli sulla fronte tagliati corti come quelli dei maschietti. È davvero troppo. Certi genitori che credono di essere molto aggiornati, cominciano anche a mandarli in giro a testa nuda e senza calze. Fra poco i bambini saranno come i negri, senza niente addosso». Scrive quasi sempre di notte e, come è sua abitudine, aggiunge fittissimi appunti sui documenti di Stato. Talvolta le sue carte sono schizzate da tracce di caffè o cioccolata, ma è troppo parsimoniosa e impaziente per scartare i fogli sporcati dai resti delle bevande notturne. E annotando spiritosamente: «Ebbene sì, sono a letto e sto scrivendo», evidenzia le macchie con un tratto di matita rossa.

Ma non ha più voglia di vivere. «Ciò che ora mi rimane», scrive alla figlia Mimi, «e ciò che solo attendo, sono la bara e il sudario che mi riuniranno a colui che, unico fra tutti di questo mondo, conosceva il mio cuore ed era il pensiero e lo scopo delle mie azioni». Uno dei segni più evidenti del suo abbandono, è l'indifferenza verso il teatro di corte, che lei stessa aveva fatto costruire con tanta cura, e che ancora non è terminato del tutto. Le rappresentazioni si concludono troppo tardi per lei. Vacillando, quasi strisciando sorretta da due dame di compagnia, subito dopo cena si ritira nella sua stanza a stendere il grande corpo dolente sul letto nuziale.

Affrontando faticosi viaggi in carrozza, Maria Teresa va spesso a trovare a Presburgo Maria Cristina, madre di due bambini che sono la sua unica gioia e consolazione. Ogni tanto, torna ancora a Eszterháza dove, sostiene convinta, «si ascolta la miglior musica del mondo». In una di queste trasferte, un cavallo imbizzarrito l'ha rovinosamente sbalzata in un fossato, da dove è uscita viva, ma col volto segnato da una ferita indelebile. Il vaiolo e la precoce vecchiaia, una malattia di cuore e di polmoni, hanno completato il disastro di quella che era stata la più elegante, graziosa e brillante sovrana del suo secolo.

L'imperatrice trascorre il suo tempo quasi sempre all'aperto. Per evitarle un faticoso tragitto, Giuseppe le ha fatto costruire uno scivolo che collega col giardino di Schönbrunn il terrazzo antistante la sua camera da letto. Nella buona stagione, una portantina la conduce cautamente fin sotto un pergolato, dove può godere del profumo e della vista dei fiori preferiti, le rose. Il suo isolamento è protetto da una guardia, ritta in piedi e distante da lei non più di dieci metri. Da lontano, si può vedere la vecchia signora china sui fogli o sul ricamo, una cassettina appesa al collo e chiusa con una chiave affondata nella scollatura del corpetto, dove tiene nascosti i pochi gioielli che le sono rimasti, lettere e documenti segreti. Nei giorni più solitari e mesti, stringendo a fatica ago e fili fra le dita deformate dall'artrosi, pazientemente si è cucita, da sola, il sudario.

I viaggi di Giuseppe la irritano e l'angosciano. «Se ne va sempre via, proprio adesso che ho bisogno di assistenza e conforto», scrive a Maria Antonietta. Nell'estate del 1780, l'irrequieto e curioso erede parte per la Russia a incontrare la zarina, che lo conduce allegramente con sé a Pietroburgo a bordo di un'enorme, confortevole slitta. I rimproveri della madre sono aspri, indispettiti. Teme che l'eccessiva confidenza con Caterina infastidisca la corte di Versailles. Inoltre, ritiene la zarina una donna infrequentabile a causa della vita corrotta che conduce. E tale è oramai diventata la paura che suo figlio venga influenzato negativamente dai viaggi all'estero, che gli vieta di andare in Inghilterra, «dove sono tutti deisti e liberi pensatori, e io tremo al pensiero che l'incontro con una simile nazione turbi la vostra fede e tutto ciò che è ritenuto sacro dai buoni cattolici». Per sei mesi l'anno, Giuseppe viaggia instancabilmente attraverso le sue terre. Nel 1773, le pignole e meticolose perlustrazioni fra i contadini sfruttati dai nobili lo inducono a sollecitare presso la madre una serie di concessioni liberali. Inebriati dalla liberazione delle tasse, i contadini finiscono però per rivoltarsi. È un ulteriore motivo per convincere Maria Teresa dell'inadeguatezza del figlio. «Giuseppe non impara dai fatti, e continua a ignorare il principio secondo il quale le riforme vanno attuate lentamente», commenta con Kaunitz.

Giuseppe non è sempre aspro con l'incontentabile madre. Come può, pur mantenendo l'abituale riserbo (mai una parola di più, un sorriso, una tenerezza), una volta ogni tanto si mostra premuroso e condiscendente. L'accompagna fino a Presburgo a trovare Maria Cristina, per accontentare il suo desiderio di coccolare i nipoti. Nel 1776, quando Maria Teresa non ha più sufficienti energie per seguire i lavori di Schönbrunn, incarica l'architetto Hohenberg di completare la *Gloriette* che lei sognava di vedere finalmente posata, come una grande corona, in cima al colle alle spalle del palazzo. Quasi contemporaneamente, fa erigere dallo scultore Bayer anche il finto «rudere di Cartagine», uno sbocconcellato arco di trionfo cui l'imperatrice tiene moltissimo. Ogni attenzione o premura rasserena la madre, infinitamente grata di ogni gesto, anche piccolo. «Nelle piccole come nelle grandi cose, io sono tranquilla solo quando ho la vostra collaborazione», gli scrive. E quando, finalmente, in un giorno di metà settembre del 1776, lui va a confessarsi, la sua gioia è incontenibile. «Godo per il ritorno del figlio prodigo, più di quanto non abbia goduto della sua nascita», scrive a Ferdinando, esultante.

Ma i conflitti continuano. Ogni pretesto è buono per scontrarsi, azzuffarsi. «È terribile amarsi e torturarsi a vicenda, ed essere capaci di esser contenti di sé», lo rimprovera. E ancora, sfogandosi con Ferdinando: «Viviamo perennemente in un'atmosfera di calunnia, dalla quale non ci si può liberare». Lo fa spiare come quando era ragazzo. Frugando fra le sue carte, trova lunghi e dettagliati appunti per un discorso da fare in Consiglio sull'opportunità di confiscare i beni dei gesuiti. Irritata, lo convoca e, platealmente, getta il documento nel caminetto.

«Bruciare non è convincere», commenta Giuseppe. La detesta.

Non sono buoni neppure i rapporti fra Giuseppe e Kaunitz. Ottimo diplomatico, pessimo statista, Kaunitz ha esasperato l'erede di Maria Teresa col suo comportamento irriverente. Mentre sua madre non protestava, lasciando che il suo pranzo si raffreddasse in tavola nell'attesa del cancelliere in perpetuo ritardo, l'erede e coreggente non tollera che si presenti alla conferenza mattutina quando gli fa comodo, e mai prima di mezzogiorno. Tuttavia, i due uomini si intendono più di quanto si intendano Kaunitz e la sua sovrana. Anche Kaunitz è un ammiratore di Voltaire. Anche lui è consapevole che tutto è da cambiare. Come Giuseppe, è un razionalista. Kaunitz è però un aristocratico. Giuseppe, invece, tende a rendere sempre più debole il ceto dei privilegiati e dei nobili.

«È tempo che mi metta da parte», annuncia Kaunitz a Starhemberg, che ha già richiamato da Parigi per farne il suo stretto collaboratore.

«Mi avete resa infelice per ventiquattro ore», gli scrive Maria Teresa quando riceve la lettera dove chiede il permesso di dimettersi. «Dopo matura decisione vi rendo questa carta, non come sovrana ma come amica: non la riconoscerò mai. Come sovrana, tuttavia, non posso permettermi un simile passo da parte vostra, senza darvi nello stesso tempo l'aiuto e la protezione necessari a conservare la vostra vita preziosa». Sa ancora come tenere un uomo legato a sé. «Spetta a voi», lo incoraggia, «mostrare che la mia confidenza in voi non è mai stata maggiore di ora. Voi avete visto che nei momenti più terribili in cui mi sono trovata, il mio primo pensiero è sempre stato di stabilire il vostro credito presso mio figlio. Nulla mi sta più a cuore. Accade, devo ammetterlo, che in principio egli non vi era favorevole. Ed ora volete lasciarmi? In questo momento? Non riconosco in questo vostro atto la vostra fedeltà e il vostro cuore di una volta. È gelosia, o mancanza di rispetto? Responsabili di tutto ciò sono le cattive lingue, o false dicerie? È colpa mia? E, se così, perché non me l'avete detto? Verso di voi, le mie colpe non sono state mai tanto grandi perché voi mi disertiate». Adesso, Maria Teresa tocca abilmente le corde del cuore. «Questo è il mio destino. Io non trovo appoggio nei miei amici. Sempre me ne vedo abbandonata, e nella mia triste vita ho sofferto delusioni che si manifestano nell'estraneità di coloro nei quali riponevo completa fiducia. Che disgrazia immensa, non avere amici».

Per forza o per amore, Kaunitz ritira le dimissioni, impegnandosi a restare al controllo degli affari finché Starhemberg non sarà in grado di sostituirlo completamente. Riconoscente, Maria Teresa ordina a Giuseppe: scenda le scale della Hofburg, cammini fino alla cancelleria, e vada personalmente a ringraziare il cancelliere.

Nell'ormai deserto palazzo di Schönbrunn, le sono accanto le due figlie badesse: l'infelice Elisabetta e la gobbetta Maria Anna, familiarmente chiamata Marianna. Sono due donne spente, che l'annoiano con le loro frustrazioni. «Ormai appartengo a un altro tempo», scrive la sovrana a Maria Cristina. Il teatro del mondo le sta venendo a mancare. Tutto, oramai, accade fuori da qui. Non ultimo, ai già numerosissimi affanni della donna e della madre stanchissima, s'è aggiunta la sparizione nel nulla della ragazza che sosteneva di essere la figlia di Franz. Presa dal rimorso di averle negato un aiuto, l'ha fatta cercare di nuovo. Ma Coblenz è morto, e non ha confidato a nessuno dove poterla trovare.

Gli ultimi mesi della vita di Maria Teresa sono penosi. Nel maggio del 1780, scrive a Beatrice che le sue mani non le obbediscono più, e teme di perderne l'uso. «Sarebbe imbarazzante, a causa del mio peso. Nessuno sarebbe più in grado di muovermi». Cammina a stento. Durante una delle sue frequenti visite, Mimi scrive al marito che, camminare su un pavimento, per sua madre è faticoso come salire una scala. È ottobre, quando un'altra preoccupazione le fa perdere il poco sonno che ancora le resta. È stata informata che Maria Antonietta non dorme più nel letto nuziale insieme al marito e immediatamente le scrive chiedendole la verità. E quando la regina di Francia la informa soavemente che questo è normale, e che non si sentirebbe giustificata se insistesse «presso il re di una cosa tanto contraria al suo modo di vivere e ai suoi gusti personali», commenta contrariata: «La colpa è vostra, Madame. Se voi foste riuscita a imporgli le usanze tedesche, avreste guadagnato in quell'intimità che viene soltanto dal dormire insieme». Maria Antonietta la tranquillizza, i suoi rapporti col re sono sempre ottimi. Non le dice, però, che ha recentemente abortito. Per Maria Teresa, che non tralascia di insistere sull'importanza di partorire un maschio al più presto («Sareste immediatamente amata dal Vostro popolo: e questo, per Voi, è indispensabile»), il colpo sarebbe insopportabile.

Il primo giorno di novembre, per far contenti i suoi figli, Maria Teresa partecipa a una partita di caccia. Il tempo è ventoso e umidissimo. Adagiata su una pila di cuscini dentro una carrozza dai finestrini spalancati, immensa, immobile, l'occhio distante, le mani nascoste in un manicotto di volpe grigia, resiste impavida sotto la pioggia al detestato svago che appassiona Maria Cristina e Giuseppe.

Si è fatta pensosa, taciturna. Il 3 novembre, informa Maria Antonietta: «Signora figlia mia diletta, ieri sono stata tutto il giorno più in Francia che in Austria, ricapitolando il buon tempo andato, che ormai è davvero lontano. Sono molto contenta che intendiate riprendere la vostra vita di rappresentanza a Versailles: ne riconosco il tedio e anche il gran vuoto; ma, credetemi, se viene trascurata, gli inconvenienti che ne derivano sono assai più pesanti dei minimi incomodi che essa comporta. Sono molto preoccupata per Marianna, che ha forti dolori allo stomaco dovuti alla sua terribile conformazione. Mi addolora vederla soffrire, anche perché il coraggio che ben le conoscete comincia ad abbandonarla. Da quattro settimane io soffro di un reumatismo al braccio sinistro, ed è questa la ragione per la quale vi scrivo in modo ancor meno chiaro del solito. Anzi, sono costretta a chiudere qui, assicurandovi tutto il mio profondo affetto».

Come ad ogni scadenza del mese, all'alba del 18 novembre si fa portare nella Cripta dei Cappuccini. Non è più in grado di scendere gli alti gradini che portano nella lugubre marmorea caverna, dove fumigano eterne candele e appassiscono mazzolini di fiori azzurri raccolti nelle serre di Schönbrunn. Uno speciale argano a funi aiuta a calare attraverso una botola la pesante sovrana. Una fune si spezza, Maria Teresa viene salvata dalla prontezza di un robusto famiglio. «È Franz che mi vuol tener qui», borbotta alle figlie badesse che l'accompagnano. È amara. Talvolta, sembra adirata contro la sorte che l'ha ridotta a un tronco dolente, impoverendo la sua leggendaria energia mentale, ingolfando la sua fulminea capacità di decidere. «Non avrà da aspettare molto», preannuncia, «io sto per morire». Sta per morire davvero. Ma all'amatissima Mimi, che è tornata a Presburgo preoccupata per la sua salute, scrive stoicamente: «Non sono ancora fuori uso, non c'è né febbre né altro di serio».

Dal 18 novembre, Maria Teresa non si è più coricata nell'enorme letto nuziale. Fatica a respirare, ed è costretta a rimanere seduta in poltrona, la schiena sostenuta dai cuscini, le gambe distese su uno sgabello. Tre giorni dopo, Mimi e il marito escono dalla sua stanza sconvolti.

«La mamma sta per morire», dicono a Giuseppe.

«Impossibile. La mamma non muore».

Il medico personale dottor Störck, allievo e successore del defunto van Swieten, è palesemente allarmato.

«Scene», insiste Giuseppe. «Il dottore dice così per farsi bello. Quando la mamma si sarà ripresa, dirà che è stato merito suo».

Il 26 novembre Maria Teresa convoca il suo successore. «Io sto per morire: e tu devi star qui», ordina. Chiama il confessore, ma inutilmente chiede l'estrema unzione.

«Non è ancora tempo», la rassicurano.

Giuseppe rifiuta di credere alla gravità della malattia: enfisema, o forse polmonite, e anche idropisia, nefrite, tubercolosi.

«Impossibile, impossibile», ripete.

Assiste a crisi gravissime, durante le quali sembra che la malata cessi di vivere. Ma quando la crisi è stata superata, l'inferma si riprende, conversa, scrive, lavora, discute.

«Vedete? L'imperatrice non muore».

Di fronte alla morte, l'imperatrice si conserva lucida, dura e risoluta come era stata di fronte a Federico negli anni del suo vigore. E come un tempo, quando aveva chiesto a Tarouca di programmare la sua giornata, «Fatemi sapere quando la morte verrà», ordina al medico.

Il 28 novembre, il dottor Störck le comunica che sta per arrivare il momento. Alla moribonda manca il respiro, le parole escono smozzicate, faticosamente. Chiede che siano avvertiti i figli. Se vorranno essere presenti alla sua estrema unzione, precisa, potranno farlo. Se qualcuno, però, non resisterà alla commozione, sarà scusato e capito. In piedi, attorno alla sua poltrona, assistono al commiato Maria Cristina, Maria Anna, Elisabetta e Giuseppe. Subito dopo, sopravviene un nuovo, soffocante attacco di tosse.

«È la fine?», chiede al dottore.

«Non ancora», risponde Störck.

Non appena riesce a parlare, balbetta: «Se non era la fine, chissà quanto dovrò soffrire, quando arriverà davvero».

Il 29 novembre, giorno dell'estrema unzione, ha congedato tutti, tranne Giuseppe. Madre e figlio non hanno molto da dirsi. E quando Maria Teresa riesce a parlare, l'argomento è lo Stato, la Erzhaus, i sudditi. Sono le sue ultime raccomandazioni, il suo testamento spirituale. Le stesse di sempre. Mai ascoltare i cialtroni. Difendere la Casa Asburgo. Dare al popolo la consapevolezza di avere un gran posto nel cuore della Erzhaus. Giuseppe risponde a monosillabi, la voce continuamente alterata per vincere la sordità dell'inferma. Non le stringe la mano, non le passa un fazzoletto sulla fronte madida di sudore, non le porge il bicchiere di acqua ghiacciata, implorata per la sua inestinguibile sete. Pallidissimo, incredulo, si limita a fissarla. Quando, per pochi attimi, lascia la stanza, i suoi occhi sono arrossati, accorati. I corridoi sono gremiti di cortigiani, ambasciatori, parenti. Con un gesto secco della mano, allontana tutti. A passi lenti, la testa china, si ritira in un'anticamera dove si inginocchia a pregare.

Verso sera, il dottor Störck prepara un calmante per la moribonda.

«Che cosa fate?» I suoi occhi possono ancora vedere.

«Qualcosa per farvi dormire».

Maria Teresa ha un sussulto d'orgoglio. «Volete che dorma? Che passi dormendo le mie ultime ore di vita?»

Respira a stento. Ha chiesto che siano spalancate le finestre, e non si è accorta che sono già tutte aperte. Giuseppe è in piedi, lo sguardo vuoto sul giardino smagrito dal vento. È notte. Nella cattedrale di Santo Stefano, stanno pregando per l'imperatrice. Pregano in ogni parte delle sterminate terre degli Asburgo.

«Che tempo fa?», chiede la madre.

«Piove», risponde il figlio.

«Gran brutta sera, per mettersi in viaggio», commenta con un sospiro.

Alle nove, una crisi più forte delle altre le strozza la gola. Alla disperata ricerca di un alito d'aria, Maria Teresa tenta di alzarsi dalla poltrona. Barcolla pesantemente, abbattendosi su un divano. Il figlio allontana il medico e le infermiere. Da solo, l'aiuta a sdraiarsi.

Maria Teresa si è raggomitolata su se stessa. Un greve, ansimante fagotto di bianchi merletti impregnati di sudore e sete nere disfatte. Ha chiuso gli occhi contro la parete della stanza. Ancora prima di lasciare il mondo, con sprezzo supremo, o per noia, gli ha ostentatamente girato le spalle.

«Non siete comoda», sussurra Giuseppe.

«Per morire, anche troppo». Non risponderà più.

(Vienna, h. 21, 29.11.1780.)

INDICE DEI NOMI

«Maria Teresa»
di Edgarda Ferri
Oscar storia
Arnoldo Mondadori Editore

Questo volume è stato stampato
presso Arnoldo Mondadori Editore S.p.A.
Stabilimento Nuova Stampa - Cles (TN)
Stampato in Italia - Printed in Italy